我
思

敢于运用你的理智

唯识学乃佛学中最精细、最系统的学说。"唯"乃"不离"之意，万法唯识即万法不离意识，其对意识结构及由意识所构造的世界之剖析，可以说是对宇宙和人生给出了最彻底且理性的解释。

唯识学在近现代中国的思想潮流中发挥了重要的作用。近现代的大学者大多重视唯识学，并借助其理论来构建自己的思想体系。如章太炎的得意之作《〈齐物论〉释》，以唯识学的义理来解《齐物论》；熊十力的代表作《新唯识论》，以批判唯识学来建立自己的新儒学。

唯识学与西方的科学、心理学和哲学等最易沟通。面对近代以来的西学大量传入，思想界高举唯识学的旗帜，正是因为唯识学思辨、理性、逻辑、系统的特征可与西学有效对话。而20世纪西方哲学中最有生命力的"现象学"，与唯识学更是达到了理论共鸣。

鉴于唯识学本身的理论透彻性、其在历史上的重大影响及在当代社会中的理论生命力，我们特策划此"唯识学丛书"，相关图书将陆续分批出版。

唯识讲义

唯识学丛书

欧阳竟无 著

金陵刻经处 校点

长江出版传媒｜崇文书局

图书在版编目（ＣＩＰ）数据

唯识讲义 / 欧阳竟无著；金陵刻经处校点. —— 武
汉：崇文书局，2021.1（2023.2重印）
（唯识学丛书）
ISBN 978-7-5403-6115-0

Ⅰ．①唯… Ⅱ．①欧… ②金… Ⅲ．①唯识宗—研究
Ⅳ．① B946.3

中国版本图书馆 CIP 数据核字（2020）第 209442 号

我
思

敢于运用你的理智

唯识讲义

出 版 人　韩　敏
出 　 品　崇文书局人文学术编辑部·我思
策 划 人　梅文辉（mwh902@163.com）
责任编辑　梅文辉
装帧设计　甘淑媛
出版发行　长江出版传媒｜崇文书局
地　　址　武汉市雄楚大街 268 号 C 座 11 层
电　　话　(027)87680797　邮政编码　430070
印　　刷　湖北金港彩印有限公司
开　　本　880mm×1230mm　1/32
印　　张　5.5
字　　数　120 千
版　　次　2021 年 1 月第 1 版
印　　次　2023 年 2 月第 2 次印刷
定　　价　68.00 元

（读者服务电话：027-87679738）

编校说明

近年来，金陵刻经处在编辑整理《欧阳竟无全集》时，发现了诸多《竟无内外学》中未收的著作，其中有部分著作鲜见于后世出版发行，如《唯识讲义》《〈唯识讲义〉笔记》。

欧阳竟无大师在民国十一年（1922）支那内学院开学之际，做《唯识抉择谈》演讲后，开始讲解《成唯识论》纲要。他形式上虽沿用古人"八段十义"科分以释三能变识，实际则归纳融贯古德学说，阐发《成唯识论》要旨。其讲课纲要被弟子辑录为《唯识讲义》，而《〈唯识讲义〉笔记》则是吕澂、聂耦庚另外整理的听课笔记。

《唯识讲义》《〈唯识讲义〉笔记》底本为民国十二年至十三年支那内学院合订本的复印本。其中《唯识讲义》分为三期发表，一期一卷，每卷后附有一卷《〈唯识讲义〉笔记》。本编将《讲义》《笔记》两种分开，各自独立成篇。

底本竖排繁体，为民国时期的新式标点。现为便于当代读者研阅，改成简体横排，以目前通行的现代标点加以点校，并勘定原版。

金陵刻经处

目　录

唯识抉择谈

聂耦庚笔记/吕澂校订

将谈《成唯识论》之八段十义，先于本宗要义作十抉择而谈。❶
将谈十抉择，先明今时佛法之蔽。其蔽为何？略举五端：

一者，自禅宗入中国后，盲修之徒以为佛法本属直指本心，不立文字，见性即可成佛，何必拘拘名言？殊不知禅家绝高境界系在利根上智道理凑泊之时。其于无量劫前，文字般若熏种极久；即见道以后亦不废诸佛语言，见诸载籍，非可臆说。而盲者不知，徒拾禅家一二公案为口头禅，作野狐参，漫谓佛性不在文字之中；于是前圣典籍、先德至言，废而不用，而佛法真义浸以微矣。

二者，中国人之思想非常优侗，对于各种学问皆欠精密之观察；谈及佛法，更多疏漏。在教理上既未曾用过苦功，即凭一己之私见妄事创作。极其究也，著述愈多，错误愈大，比之西方佛、菩萨所说之法，其真伪相去诚不可以道里计也。

---

❶ 原有注云："引用标以内系直录演讲原稿之文，以下并同此例子。"今改用黑体字表演讲原稿之文。——编者注

三者，自天台、贤首等宗兴盛而后，佛法之光愈晦。诸创教者本未入圣位，如智者即自谓系圆品位。所见自有不及西土大士之处。而奉行者以为世尊再世，畛域自封，得少为足，佛法之不明也宜矣。

四者，学人之于经典著述，不知抉择。了义不了义乎，如理不如理乎，皆未之思也。既未之思，难免不误。克实而谈，经论译文虽有新旧，要以唐人新译为胜。唐人之书间或深博难通，然其一语一义俱极谛审，多旧译所不及。又谈著述，唐人亦称最精。六朝要籍未备，宋明古典散亡，前后作者乏于依据，难云尽当。今人漫无简择，随拾即是，所以义解常错也。

五者，学人全无研究方法；徘徊歧途，望门投止，非视学佛为一大难途，即执一行一门以为究竟，如今之言净土者即是。如此安望佛法之能全显露耶！且今之学者视世、出世智截然异辙，不可助成，于是一切新方法皆排斥不用；徒逞玄谈，失人正信，比比见矣。

欲祛上五弊，非先入唯识、法相之门不可。唯识、法相，方便善巧，道理究竟。学者于此研求，既能洞明义理，又可药思想优侗之弊，不为不尽之说所惑；且读唐人译述，既有了义之可依，又得如理之可思，前之五蔽不期自除；今所以亟亟提倡法相唯识也。抉择之谈理难详尽，**时俗废疾，略而起之，要其精义，络绎随文**。

第一、抉择体用谈用义

无为是体，有为是用；此粗言之也。若加细别，则有体中之体、体中之用、用中之体、用中之用。今先言其粗者：无为有八，即虚空、择灭、非择灭、不动、想受灭、此五皆就真如义别而立。三性真如是也。云何虚空？真如离障之谓。云何择灭？由慧简择得证之谓。云何非择灭？缘缺不生之谓。云何不动？苦乐受灭即第四禅。之谓。云何想受灭？离无所有处欲，想受不行之谓。云何三性真如？谓善、恶、无记法中清净境界性。盖真如遍一切一味，非恶无记中即不遍也，此理须辨。无为法不待造作，无有作用，故为诸法之体。反之由造作生，有作用法，即是有为，故有为是用。此所谓粗言体用也。次细分体用有如下表：

一、体中之体——一真法界；

二、体中之用——二空所显真如；又三性真如。

三、用中之体——种子；

四、用中之用——现行。

何以谓一真法界为体中之体？以其周遍一切故，诸行所依故。何以谓二空所显为体中之用？以其证得故，为所缘缘故。何以谓种子为用中之体？以种子眠伏藏识，一切有为所依生故。何以谓现行为用中之用？以现行有强盛势用，依种子而起故。此总言体用也。如更以相明体用二者，则**非生灭是体，生灭是用；常一是体，因果转变是用**。何谓非生灭与生灭？欲明此义，须先解刹那义。刹那者，念之异名。念者，变动不居之幻相也。吾人一生心之顷，有无数幻相于中显现，非可以暂时止息。此顷间无数幻相，以其至促至细，故假以刹那之名。言刹那者，微细难思，才生即灭，不稍停留；正成果时，前念因灭，后念果生，如秤两头低昂时等。然将成果时种现同在一处，此即因果同时之义。当情幻现，亘古迁流，所谓生灭大用，其实如是。反乎此则是非生灭之相也。

复次，何谓常一与因果转变？转变即是生灭。因果生灭，相续幻现，证得其实相，是谓如幻三昧，亦名不空金刚。盖幻相历然，如量显现，不坏一法成其全知，故曰如幻三昧。有种能生，势用终存，幻作宇宙众相，从无始来尽未来际转变而现，故曰不空金刚。所谓因果转变其相如是。反乎此则是常一之相也。

上以诸相显体用，体用之义则已明矣。然有为生灭因果无漏功德，尽未来际，法尔如是，非独诠于有漏也。生灭向流转边是为有漏，向还灭边是为无漏。从来误解生灭之义，以为非无漏果位所有；所据以证成者，则《涅槃》"生灭灭已，寂灭为乐"《大论》十八译作"由生灭故，彼寂为乐"。之文也。此盖不知寂灭为乐之言非谓幻有可无、大用可绝、灭尽生灭别得寂灭，亦几同乎断灭之见而视佛法为死法也；其实乃了知幻相，无所执著，不起惑苦，遂能生灭不绝而相寂然；夫是之谓寂灭为乐也。诸佛菩萨皆尽未来作诸功德，常现其幻，生灭因果又如何可无耶？是故须知有为不可歇，生灭不可灭，而拨无因果之罪大。又复须知一真法界不可说。何以故？不可思议故，绝诸戏论故。凡法皆即用以显体；十二分教皆诠俗谛，皆就用言。又复须知体则性同，心佛众生三无差别；用则修异，流转还灭语不同年。

第一次，民国十一年九月二日

第二、抉择四涅槃谈无住

涅槃一名，向来皆以不生不灭解释之，此大误也。不生不灭所以诠体也，非以诠用。诸佛证得涅槃而作诸功德尽未来际，故其涅槃实具全体大用无所欠缺；其体固不生不灭，其用则犹是生灭也。此生灭之用所以异于世间者，以尽破执故，烦恼、所知二障俱遣；以真解脱故，相缚、粗重缚，一切皆空。障缚既除，一切智智乃生，即此妙智以为用，一切自在而有异于世间。假使仅以不生不灭为言，则涅槃犹如顽空，果何以诠于妙智之用耶？

涅槃义别有四，即自性涅槃、有余依涅槃、无余依涅槃、无住涅槃是也。自性涅槃者，诸法自体性本寂静，自然具有，不假他求，凡夫三乘无所异也。有余依涅槃者，显苦因尽，苦依未尽、异熟身犹在，故名有余依。无余依涅槃者，有漏苦果所依永灭，由烦恼尽果亦不生，故名无余依。此二皆就灭谛为言，故三乘具有而非凡夫。无住涅槃者，就大用方面以诠，诸佛如来不住涅槃，不住生死，而住菩提；菩提者即因涅槃体而显之用，非可离涅槃而言之也。体则无为，如如不动；用则生灭，备诸功德；曰无住涅槃，即具此二义。此唯大乘独有，非二乘之所得共。今本宗之所侧重，则在是也。

佛为一大事因缘出现于世。大事因缘者，所谓无量众生我皆令入无余涅槃而灭度之是也。或者曰：何不曰令入无住涅槃，而谓无余涅槃耶？解之曰：涅槃为全体大用，在前已明；今兹无余就体边言，即亦赅用边言之。体用不离，故举无余即所以显无住。《法华经》有法身说法不假言诠之义；其全体表白即全用显现，最可以见无余不离无住之理。又无余涅槃四姓齐被，三乘通摄，故独举以为言也。有人于此不如理思，遂有歧途曰：**大事因缘，出离生死，灰身灭智。**此惑之甚者也。大智由大悲起；圣者不断生死，但于生死因缘既明了不迷，虽复生死而不为生死漂流；如是乃能出入生死以说法度生，如是乃得谓永远出离生死证得涅槃。此岂灰身灭智之可比者？故唯识家言，虽则涅槃而是无住；不住生死，不住涅槃，尽未来际作诸功德。然作功德乃曰无住，而相寂然仍曰涅槃。《金刚般若不坏假名论》亦作是说：无余涅槃者何义？谓了诸法无生性空，永息一切有患诸蕴，资用无边，希有功德清净色相圆满庄严，广利群生妙业无尽。是则无余涅槃者，决非灰身灭智之谓也。自其了诸法无生性空、永息一切取蕴、所知清净、能知圆满方面言之，即是涅槃寂静相；自其资用无边、妙业无尽、广利群生方面言之，即是无住功德相。涅槃寂静相者显体，无住功德相者显用。故举无余涅槃即所以显无住涅槃也。

此大事因缘亦即是佛唯一不二之教。佛虽三时说法，分乘为三，然教唯是一，即一切众生我皆令入无余涅槃而灭度之也。诸有不知，说顿，说渐，说半，说满。如天台有四教之判，贤首亦有五教之称。寻其依据，天台则《无量义经》，贤首则《璎珞本业经》，皆以事义判别，教味无殊；故说四说五，以义言则可，以教言则不可。教所趣归，三乘无别，故谓三兽渡河、河流是一也。诸有昧此义者，岂识圆音无非一妙，闻者识上故局一偏，瀛渤潢污率视其量。然子贡因论学而知诗，子夏因论诗而知礼；执诗执礼，世典且难，况于佛说？

行者修习地波罗蜜有地前、地上、地后之三期。地之为言，近取譬也。能生，能持，其象如地，故以地喻。地前二位，曰资粮、加行。资粮位曰顺解脱分，加行位曰顺抉择分，即地前七方便；所谓十住、十行、十向、暖、顶、忍、世第一法是也。地上二位，曰见道、修道，即由初地乃至十地是也。地后一位，曰究竟，即等觉、妙觉是也。又地地有三心，曰入、住、出。即地地有四道，曰加行、无间、解脱、胜进。以四道配三心，入心则加行道也，住心则无间道、解脱道也，无间道是正住，解脱道是住果。出心则胜进道也。因有胜进，乃得愈趣胜妙至于圆满。修行次第虽如是其繁，然一以涅槃贯之，无异趣向。故初发心入资粮位曰顺解脱分，金刚喻定曰无间道，大觉极位得大菩提曰解脱道，其因、其果，皆以解脱为言也。

问：教既是一无余涅槃，然发心者不曰发涅槃心而曰发菩提心，证果者不曰证解脱果而曰证大觉果，何耶？答：涅槃是体，菩提是用；体不离用，用能显体。即体以求体，过则无边；但用而显体，善巧方便。用当而体现，能缘净而所缘即真，说菩提转依即涅槃转依；唯识所以巧妙莫阶也。诸有不知如是义者，每以现法乐住为涅槃，如初禅之离欲、二禅之离苦、三禅之离喜、四禅之离乐，乃至于神我周遍、自然、道家以用为体。自在、上帝造物之类。哲学真理、儒家世乐，暂时息机。此皆误以体为可求，妄构似相执著之；然此似相转瞬即非，乐且无常，况云涅槃。至于佛法，但于用边著力，体用不离，用既面面充实，不假驰求，全体呈现，不期而然。是故菩提转依不异涅槃转依，于发心者亦不曰发涅槃心而曰发菩提心也。又诸佛与二乘解脱身同，牟尼法身不同。牟尼法身具足涅槃菩提之果，功德庄严，**故不曰证解脱果，而曰证大觉果。**

第二次，九月四日

第三、抉择二智谈后得

智是抉择之谓。于一切所知境当前照了，复能抉别简择，明白决定，无隐蔽相，无迷惑相，是以谓之抉择，此与慧异。慧是有漏，与我见相应，不离执著，常不如理分别而有迷昧；故有执之识，六、七识。决定俱有。又慧虽间有抉择之功用，然不尽明彻，遍而不全，皆与智有别。是以对治功用独举智为言也。智凡有三：一曰加行,二曰根本,三曰后得。加行未能究竟,根本究竟而不能起言说以利他,如今又独举后得而谈也。

加行智何以非究竟?**加行智,四寻思后四如实,见似非真。**加行智所得盖为似相真如。当其加功而行,寻思名、义、自性、差别皆假,而如实了悟之际,虽与真抉择相顺,闻思工夫亦不可以忽而视之,然其所证未至究竟处也。

根本智何以不起言说以利他?曰:**根本智入无分别,斯乃见道。**无分别云者,非空除一切之谓,乃不变种种相状相分而泯诸分别之谓也。正智缘如,恰如其量,能所冥契,诸相亘得,如是乃为诚证真如,名曰见道。此时戏论既除,思议不及,故无言说可以利他也。利他之用恃相见道。**然真见一三又益之相见十六者,必后得智见乃周圆。真见自悟,相见悟他;有一众生未成佛,终不于此取涅槃,菩萨以他为自故。**所以须起后得智以悟他也。

何谓真见一三?释真见道有一心、三心二家之言。一心真见道者,谓根本智实证二空真理,实断分别烦恼所知二障,虽多刹那事方究竟,而前后相等,不妨总说一心。三心真见道者,谓由三方面缘遣一切有情等假:一则内遣有情假,二则内遣诸法假,三则遍遣一切有情诸法假。以是前后续起有三。是皆以根本无分别智为其体。

何谓相见十六?真见道后次第起心,取法真见道中无间解脱二道能缘正智,所缘四谛真如,变起相分,重加分别以说与他;于此有二重十六心差别。第一重十六心差别有如次表:

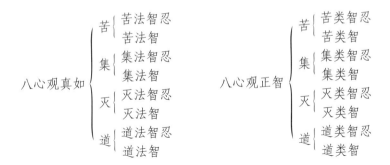

何谓法四谛教。忍？忍之为言忍可也；虽则忍可，而未重证，重证取者，要须法四谛如。智。法忍虽已入住，而火候未熟，法智乃得圆证解脱。此即取法真见解脱道故尔。于此了知法忍有观之用，而法智则有证之用，此二者之区别也。然法忍、法智，皆系外观，观所缘故。类后法是前法之类曰类。忍、类智，皆系内观，重观能缘故，用慧为忍，用智为智，要由无漏慧无间引生无漏智故，先后次第如此。

于此亦有歧说，谓真见一心、相见三心十六心者，以三心别缘人、法，同于安立，故亦说之为相见。斯说也，《唯识》从之，吾今不从。何以故？三心遣假，泯诸分别，不过次第总别有异，而与相见所缘四谛无关；故以真见一心三心、相见十六心为尽理也。

大乘相见道重之以两重十六心，故后得智之功用极大。菩萨于何求？当于五明求。一切智智，五明是资，闻思所成，修慧引生。直往菩萨。不回心，趣发心。异于初今。若入果位，所作独摄，成所作智唯后得智摄。余三通二。圆镜、平等、观察三智皆通根本、后得。如理根本智证会真如。匪艰，如量后得智遍知依他。实繁，尽所有性，斯乃殊胜。此义引伸，读《菩萨藏经》。

元明人未见古籍，多昧后得妙用之义，至有解《八识规矩颂》而轻视果位五识为未至者；今且一旁辨之。颂曰：变相观空唯后得，果中犹自不诠真。变相观空是后得智。其根本智无有影像，亲证真空；后得则带空相而观空也。前五净识至果位而后有，虽无根本智，不可证真，然其妙用，即依后得而不穷，并非以其不诠真即有所未至也。

又在因位起六七后得智，更有断惑之用。惑从迷事起者，此就亲迷而言，贪、瞋、慢、无明、戒取、见取等烦恼皆是。一分通后得智断。惑从迷理起者，就亲迷言，疑、无明、身见、边见、邪见等烦恼皆是。一分不执非独头起，同于迷事，大乘修道断之，亦用后得智；故后得智之用大也。

问：唯识义是用义，于涅槃则无住，于菩提则后得；无住、后得，证根本智证真如。以后事则依智不依识，何不曰唯智而曰唯识耶？答：无漏智强识劣，识应其智，智实主之。有漏识强智劣，此智体即是慧。又此有漏指地上所起者言。智应其识，识实主之。五位而及于资粮、加行，此皆用识为主。百法而及于烦恼、不定；作意在凡外小内故，凡夫外道小乘内大不善用取者。法为众建故，舍智标识而曰唯识。

第三次，九月六日

第四、抉择二谛谈俗义

性相二宗俱谈空义，但性宗之谈系以遮为表，相宗之谈系即用显体。以遮为表故一切诸法自性皆无，即用显体故依他因缘宛然幻有，此两宗之大较也。

性宗之空，龙树与清辨所谈前后迥别。所谓以遮为表者，惟龙树得之，读《大智度论》可以概见。盖胜义谛本非言诠安立处所，说之不得其似，遮之乃为无过。譬如言红，红之相貌难于形容，愈描画必愈失真，不若以非青非黄非白遮之；此虽未明言何色，而意外既有非青黄白之红色在。龙树言空，大都如是，故为活用。善解其义者，固不见与相宗抵触，其实且殊途同归矣。后来清辨之徒意存偏执，但遮无表，所谈空义遂蹈恶取，相宗破之不遗余力，未为过也。

相宗谈空所谓即用显体者，此盖于能安立言诠之处即相。直以表为表也；故曰无能取、所取而有二取之无，此即显空以无性为性。此义详于《辩中边论》。论以五义辨空性：

第一为相，即谓空性非有无二取。非无，有无性。非一非异。此与虚妄分别对辨。

第二为异门。

第三为异门义，谓空性假名有五，义即各别。所谓五者：一、真如，无变义；二、实际，非颠倒义；三、无相，相灭义；四、胜义，最胜智所行境义；五、法界，一切圣法缘此生义。《对法》解空，七门分别，除前五外，加无我性及与空性。《般若》解空亦有十四门分别，除前五外，更加法性、空性、不虚妄性、不变异性、平等性、离生性、及与法住、虚空界、不思议界。但《般若》异门皆就遮遣为言，此与《中边》《对法》谓有“无相”者实不同也。

第四空性差别，略有二种：一、染净差别，由用有垢无垢以显。十二分教舍染净法外，别无可说，故《显扬圣教》亦即此二门而显扬之。盖流转、还灭于斯建立，一切佛法不能外也。二、所治差别，依对治法说，有十六种：一、内空，六根空故；二、外空，六尘空故；三、内外空，根身空故；四、大空，器界空故；五、空空，对治内外一切执故；六、胜义空，如实行所观真理即空故；七、有为空；八、无为空，二净法空故；此之八空依境上立；九、毕竟空，饶益有情所为即空故，菩萨以他为自，众生尽成佛乃证果故；十、无际空，生死无际即空故，不住涅槃不畏生死故；十一、无散空，直至涅槃无一时而间断故；此之三空依行上立；十二、本性空，种姓本有即空故；十三、相空，大士相好即空故；十四、一切法空，令力无畏等一切佛法皆得清净即空故；此之三空依果上立；十五、无性空，无人、法实性故；十六、无性自性空，无性为空自性故；此之二空总依境、行、果三上立。如是十六空，《显扬》同一建立。复有异门。《大论》七十七，加此无所得，说十七空；《般若》第三分则立十九，加所缘、增上、乐无。四禅天。又二会则立十八，于十六空除相空，加自共相、不可得、自性三种。一会则立二十，同上分自共相为二，又加散空。勘之可知。《中边述记》卷一具引。

第五空性成立。总括颂云：无染应自脱，无净应无果，非染非不染，本净由客染。盖染净是境，解脱是行，得果净是果，三者相因。设无染净之境，何得有于行果？又说染净依用而殊，无关本性。《中边》就相诠空，故得如此切实详尽；此盖一宗大旨所在也。

性宗之辨空有也，以二谛；相宗之辨空有也，亦以二谛。空宗俗有真无，相宗则俗无真有。俗有真无者，于世俗谛一切皆有，于胜义谛一切皆空。《般若》所谈，非义遮义，匪是其表。清辨之徒从此立论，如上已说。俗无真有者，于世俗谛瓶盆遍计一切皆无，于胜义谛一真法界圆成而实。然此真俗唯是一重，若说依他，则四真俗。三科、四谛、及于二空，真之前三即后三俗。此四重二谛之说，乃窥师本《大论》六十四及护法义建立者，料简空有，精审无伦。今更表明其大概如次：

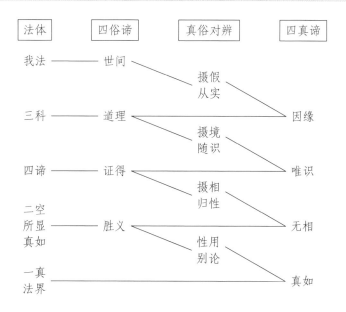

次表所列四重二谛之名皆从略称，若具列之：四俗谛，一曰假名无实谛，二曰随事差别谛，三曰证得安立谛，四曰假名非安立谛；四真谛，一曰体用显现谛，二曰因果差别谛，三曰依门显实谛，四曰废诠谈旨谛。

四俗中初遍计是无，四真中后圆成叵说，惟后三俗与前三真，是依他法，或其所证。真俗皆有；俗则如幻，真则不空，是诠是表，非是其遮。《瑜伽》所说，不空空显，如幻幻存，善巧绝伦，于斯观止！空宗俗有乃相宗初俗，是为情有，情则有其遍计瓶盆也。空宗真无乃相宗后真，是为理无，理则无其遍计瓶盆，俱以一真法界不可名言也。若夫真之前三、俗之后三，不可名而可名，不可言而可言，不了义经乌乎齐量？

第五、抉择三量谈圣言

就用而谈，**取舍从违，自凭现量。然真现量，见道乃能；非应无漏，虽现而俗。**盖现量之现有三义：一者，现成，不待造作，当体显露。二者，现见，全体呈现，无一毫模糊。三者，现在，现前实现，非过未无体。此三义约识分别，则第八识恒时现量，而微细不可知；五六识少有其义，以有执故唯是率尔心堕境第一念。得，非如无漏之可以久也。盖前五依第六识，第六识依意根。意根有染，前六识有现量时亦不免有染。由此可知，前六识所有现量唯是世俗，实不可恃。**据俗而评，患生不觉。故唯圣言，最初方便，驯至证真，纵横由我。**譬如五根，此谓净色也。别有粗色相扶助者，名为扶根尘。旧亦视同根类，而谓为浮尘根，实属错误。**五识难缘，恃圣言量，以能发识比知有根。**譬如赖耶，意识难知，恃圣言量，以能执持比知有八。**不信圣言，瓶智涸海。圣不我欺，言出乎现，问津指南，岂其失已？**

第四次，九月八日

第六、抉择三性谈依他

依义净《寄归传》之说，**空宗以二谛为宗，故谈真绝对；相宗以三性为宗，故因缘幻有。因缘幻有者，依他起也。**本宗安立三性，理兼空有；而以因缘幻有之依他起为染净枢纽，包括全体大用于无余，故今所谈独在于是。**他之言缘，显非自性。缘之为种；法尔新生起有漏种，法尔新生起无漏种，都为其缘。法待缘生，即无自性，即显毕竟空义。**此与空宗本属吻合，观《中论》

"因缘所生法，我说即是空，亦名为假名，亦名中道义"此即天台三观所本。一颂可知。但龙树虽知有赖耶，而不谈其持种受熏，于因缘生法之实际略焉不详。至于清辨变本加厉，并赖耶亦遮拨之，缘起道理遂不能彻底了解。以视本宗立义，无即说无，有亦说有，称量而谈于我无与者，其相去诚远矣。

缘起通于有漏、无漏，依他起法即有二别。有漏缘生曰染依他，无漏缘生为净依他。遍计、圆成二性即依依他而显。执为实有曰遍计所执，空其所执曰圆成实。夫以成之为言乃一成不变义者，则是常义，即涅槃常、乐、我、净义；彼依他缘生则三法印者，无常义、无我义、苦义。若以成之为言为究竟断染义者，则净分依他是其所事，体遍而用亦遍，非虚而亦非染；圆实二义依他别具。三界心、心所是虚妄分别故，净分依他摄属圆成。若分别立名唯目缘虑，则净分染分皆依他摄。拨因缘无，黜依他有，彼恶取空流，诸佛说为不可救药者。

即如清辨造《掌珍论》，有颂曰"真性有为空，缘生故如幻"云云，拨无依他起法。此颂具足三支，成一比量。真性简过，有为正是有法，空是其法，合之为宗。缘生故为因。如幻为喻。然量有过，立义不成。清辨宗俗有真无，以真性言简有为是其真谛，故性本空。然对本宗真性有为胜义是有，如此出量，便犯因明有法一分不极成过。又因喻云缘生故如幻，此虽遣法自性，而不遮功能，即可幻有，如何空无？故此量有过不能立也。据此谈空，便铸大错。若以本宗道理解者，即可用其因喻立相违量云：真性有为非空非不空，缘生故，如幻。盖缘生法分明有相，是故非无；待缘而起，生灭不停，取喻如幻。《楞伽》幻不自生依明咒起，亦是缘生。即因缘生法非有自性，不从自故，不从他故，不从共故，非自然生故；唯各自种子仗托而起，生必有灭，无实作用，故缘生诸法又毕竟性空；此亦喻之如幻。"真性有为空"一颂别见于《楞严经》，清辨立说似依至教；然在当时清辨对敌立宗并不提明此是圣言。若是圣言，显揭以谈，诤论冰销，何梦千古？护法宗徒纵加破斥，而亦未闻有人据为叛教。奘师东传法相，又亦未闻说有此经；故其门下直就量破，不留余地。若果圣言，显蹈悖谬，岂其有智！故《楞严》一经入于疑伪，非无因也。经文更有可疑之处，今不具举。

第七、抉择五法谈正智

五法者何？相、名、分别、正智、真如是也。云何为相？谓若略说所有言谈安足处事。云何为名？谓即于相所有增语。云何为分别？谓三界行中所有心、心所。有漏心法。云何为正智？无漏心法。即是世、出世间如量如理之智。云何为真如？即是法无我所显、圣智所行、非一切言谈安足处事。此之五法，前四为依他起，分别一种合诸识见相分而言。然安慧别义，渊源性宗，以相见为遍计无，不可遵信。后一为圆成实。或为能缘，或为所缘，先总括为一表；次释其义。分别惟缘相、名。正智自缘其智，亦缘分别，以成一切智智，将能作所故。篇末附录，答梅君书，可以参看。

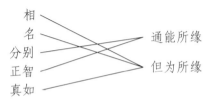

就无漏言，真如是所缘，正智是能缘。能是其用，所是其体。

诠法宗用，故主正智。用从熏习而起，熏习能生，无漏亦然。真如体义，不可说种，能熏、所熏，都无其事。漏种法尔，无漏法尔，有种有因，斯乃无过。是故种子是熏习势分义，是用义，是能义。正智有种，真如无种，不可相混。真如超绝言思本不可名，强名之为真如，而亦但是简别。真简有漏虚妄，又简遍计所执。如简无漏变异，又简依他生灭。此之所简，意即有遮。盖恐行者于二空所显圣智所行境界不如理思，犹作种种有漏虚妄遍计所执或无漏变异依他生灭之想，故以真义如义遮之。是故真如之言并非表白有其别用。如谓以遮作表，亦但有表体之义。本宗即用显体，以正智表真如净用，即但视真如之义为遮。古今人多昧此解，直视真如二字为表，益以真如受熏缘起万法之说，遂至颠倒支离莫辨所以，吁可哀也！

第五次，九月十一日

（续讲前节）真如缘起之说出于《起信论》。《起信》作者马鸣学出小宗，首宏大乘；过渡时论，义不两牵，谁能信会，故立说粗疏远逊后世，时为之也。此证以佛教史实无可讳言者，次请约略述之。佛灭度后，小宗盛行。约百余年。有大天者，唱五事以说阿罗汉不遗所知障，未为究竟。上座部学者坚守旧义，故《毗婆沙论》《异部宗轮》等，皆斥大天为极恶，不留余地。五事者，颂云：余所诱无知，犹豫他令入，道因声故起，是名真佛教。阿罗汉仍有烦恼习气为天魔娆，是为余所诱。又微细无明不染污者未除，是为无知。处非处善巧方便未得，是故犹豫。自证不知，仗他指示，是故他令入。因声闻得道，故道因声起。即此五事是名佛法。当时四众争论甚盛，遂分两部；从此说者为大众部，不从者为上座部。自后迄于佛灭四百余年，两部又屡屡分歧，大众部分为九，上座部析为十一，合有二十。其间说理精粗颇有等差，其最精处且有接近大乘性相两宗而开其先路者。马鸣初宏大教，由粗而精，由杂而纯，法尔如是，无待饰言。今先表诸部分裂之次第，再叙其理论之大概。

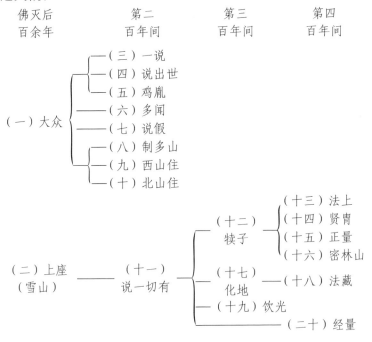

诸部异执若以浅深列成次第，凡得六宗。第一犊子部"我法俱有宗"，计我在蕴外，非有为、无为；此正对破外道所计主宰常遍之我。第二说一切有部等"我无法有宗"，此计三世三科皆属实有，但不立实我，较犊子部之说为进。第三大众部"法无去来宗"，于三世法中惟说现在法及无为法有。第四说假部"现通假实宗"，于现在法中又分别界处是假，不可得故。惟蕴是实。第五说出世部"俗妄真实宗"，于现在实蕴更分别世俗是假，胜义是真。第六一说部

"诸法但名宗"，于胜义世俗蕴法说为但有假名。此上四宗立义渐次精微，至于诸法但名则几与法性宗说相衔接矣。然说法实有，乃小宗之通执。其间异论，或谓现在蕴法是实，界处是假；说假部、分别论之末流。分别论者，合大众、一说、说出世、鸡胤四部而名之。《成实论》，经量部别派。皆同此计。或谓界是实法，蕴处是假；经量部本宗作此计。又或谓界处是实，蕴是其假，《俱舍论》作此计。《俱舍》用经量部义，故亦是其别派。所谓界则是因义种子义也，故小宗视界为实法者，自然意许有种，而其立说侧重用边，与大乘法相宗立种子义以界处摄无为而阐明依他者颇相接近。又小宗视界为假法者，自然不许有种，而其立说侧重体边，与大乘法性宗遮拨种子惟谈圆成者亦甚接近。大乘教虽非直接自小宗出，然流布较后，传播者对机立说，其与小宗思想难免关涉，不辩可知。今即本上所说，略示大小关合之点以成一表如次：

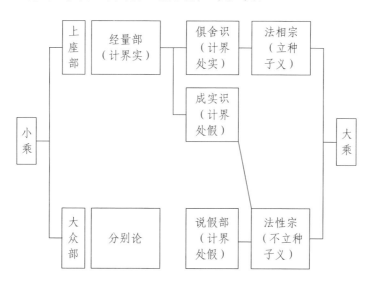

观上表即可知法性宗之不立种子颇与分别论等相近，而首先就法性立说之马鸣《起信论》即极见有此种形迹。又马鸣初在中印度盛唱异说，中印度则分别论流行之地也，其思想之受影响当有不期然而然者。及后为胁尊者弟子，北去迦湿弥罗，从五百尊者之后笔受《毗婆沙论》解释有部本论《发智论》。之文，备闻一切有部诸师异论，不能惬怀，以至于别宏大乘，其取反对一切有部之思想如分别论等者，又属应有之事，可无待言也。然分别论之义颇觉粗浅支离，马鸣为相似之谈，其失遂同。**分别论者无法尔种，心性本净，离烦恼时即体清净为无漏因，如乳变酪，乳有酪性，是则以体为用。体性既淆，用性亦失。**体为其因，因是生义，岂是不生？自不能立，须待他体以为其因，故用性失。**过即无边。**本论出过备有八段，至文讲释。马鸣之论与分别论相似处，观下所对列各条自明。

《分别论》：（一）心性本净；（二）客尘烦恼所染污故，名为杂染；（三）离烦恼时，转成无漏。

《起信论》：（一）是心从本以来自性清净；（二）而有无明，为无明染有其染心；（三）虽有染心而常恒不变。中略。所谓以有真如法故，能熏习无明。中略。谓诸菩萨发心勇猛速趣涅槃故。

《分别论》：（一）无为法有九，第八缘起支无为。缘起非即无为，然有无常生灭之理是常是一，说名无为，（二）能令缘起诸支隔别有转变故。

《起信论》：（一）以依真如法故；（二）有于无明，则有妄心，不觉念起现妄境界，造种种业，受一切身心等苦。

《起信论》不立染净种子，而言熏习起用，其熏习义亦不成。熏习义者，如世间衣服实无于香，以香熏习则有香气。世间衣香，同时同处而说熏习；净染不相容，正智无明，实不并立，即不得熏。若别说不思议熏者，则世间香熏非其同喻。又两物相离，使之相合则有熏义，彼蕴此中，一则不能。如遍三性，已遍无明，刀不割刀，指不指指，纵不思议，从何安立？

第六次，九月十三日

（续讲前节）《起信》之失，犹不止熏习不成而已，其不立正智无漏种子也，则于理失用义，于教违《楞伽》；其以三细六粗连贯而说也，则于理失差别，于教违《深密》。《楞伽》五法，真如正智并举而谈。《起信》无漏无种，真如自能离染成净，乃合正智真如为一，失体亦复失用也。《深密》平说八识，故八识可以同时而转，以是俱有依故；又识各有种，种生现行不妨相并故，因缘增上二用俱有故。《起信论》竖说八识，三细六粗次第而起，几似一类意识，八种差别遂不可立矣。从史实与理论观之，《起信》与分别论大体相同也如彼；以至教正理勘之，《起信》立说之不尽当也又如此；凡善求佛法者自宜慎加拣择，明其是非。然而千余年来，奉为至宝，末流议论，鱼目混珠，惑人已久，此诚不可不一辨也。即如《起信》有随顺入无心之说，谈者遂谓无分别是智，有分别是识，佛之遗教依智不依识，即是去识不用。然根本智无分别，而后得智则明明有分别，又与智相应者亦明明有分别之识，安可以无分别是智等概为解释？无分别有分别系所对待之言，正未可以一句说死。至于佛教依智不依识云云，盖谓依智得证圆成而如量知依他起性，依识思惟分别则多为遍计所执而不能当理也。反观《起信论》家所谈，非错解之甚乎？今故因论正智有种而详言及之。

马鸣著《起信论》，立义虽多疏漏，然仅此一书不足以见马鸣学说之全而决定其真价也。考马鸣之重要著述已传译者犹有数种。一、《六趣轮回经》，详谈六趣生死轮回，无甚精义。二、《大庄严论经》，归敬胁尊者而说引凡外入内事，又说归依供养因果事，说十二因缘事；此似初入佛教时之作，犹限于小宗所说。三、《佛所行赞经》，与《大庄严论经》同其旨趣，而原典文辞特美。四、《尼乾子问无我经》，昔人于此未尝重视，然提法空要领而谈因缘生法俗有真无，实为法性宗之要籍。五、《大宗地玄文本论》，此论亦有疑为伪作者，然其所谈五位，义极广博，甚可推重。所谓五位乃谈五义，非立五宗。一切诸法俱非位谈《大般若经》法无自性之义，一切诸法俱是位谈《阿毗达磨经》五姓齐被之义，无超次第渐转位谈《解深密经》三祇成佛之义，无余究竟总持位谈《楞伽经》乱住之义，周遍圆满广大位谈《华严经》帝网重重之义。五经皆大乘最要之籍，而此论已概括其大义而无余。又其说果位有无量过患，故教化之用尽未来际；此既含有无姓之义，实为甚精。是故马鸣所宏大乘不可但以《起信》一论相推测也。

第八、抉择二无我谈法无

执之异名为我；烦恼障存则有人我，障其所知则有法执。我者主宰义，人与法皆因缘和合而生。谓有主宰即名曰执。佛教大要无非破执二字。执著是众生，执破即是佛，而破执者则二无我之教法也。依教修行，大小乘各不同。**大乘悲增，修一切智，十王大业，贯彻法空。** 盖智从悲起，所悲者深，故所修者广，所知者遍，而历时不得不久；自欲界人王至于色界诸禅，大乘直往菩萨必在色界成佛，与回心者异。皆受极果，得以自在度生；故地前造十王业，人中铁金二轮王，欲界五天之王，色界初二四禅王。而后得除所知障净尽，以贯彻法空无我也。补特伽罗无我亦大乘所证，但依小乘所不共者专谈法无。此在法相唯识两宗所修，又各有别。三科、蕴、处、界。缘起、十二有支。处非处、善因果、不善因果。根、二十二根。六种善巧，法相所修。自性、八种识。相应、诸心所。色、诸所缘。及无为，识体。百法明门，一切唯识，唯识所修。法相道理等视万法，有即说有，无即说无，故依他圆成真幻俱立，遍计本无不加增益；此之谓如量之证，相应如如；唯识道理独尊识法，摄一切法不离心王，识亦虚幻，法空无我，空就体言，无我就用言，三法印中合此二为一法印也。归无所得。两宗究竟，一极唱高，宁有容上！

第九、抉择八识谈第八

凡夫小乘分别心粗，止知有六种识。盖前五识现前可知，第六识亦显明易加比度也。但了别之谓识，了别之用依根而起，前五识既各依一根，第六识亦必有不与他识相共之根。前五识外缘实色，此说第八识所变非前五识所亲取名外缘。故五根属于净色；第六识多内缘独影相分，待分别而后起，故所依根必非无知色法。又前五识缘现境色、声、香、味、触，相分自有其种，即有能引见分之力。六识缘境，相分多随见分种而生，不复能引于见分，故第六识所依根必倍有势力助第六之能缘使其强盛而后可。依上三义应知别有第七识。自此识常与我执相应分别力强而言，得名为识；又自此识能发生第六而言，得名为根；盖一心法而有二义也。但此第七识性有转易，染净功能仍不能依彼恒存，知必更有受持之第八识在。立第八识而后一切染净起灭，此但功用隐显，非是法体有无。犹如熟睡时五识不起，非其功能断灭，特睡眠种子现行，前五识种隐而不现耳。皆有依据，不同凭空来去；此盖大乘法相宗立义最精之处也。

法相宗之立第八识也，所依至教凡有五类，所依证成道理复有十种或八种。勘《唯识论》。

（一）五教十理及于八证而立此识。第八识。

此义在八段十义后，姑不必谈。然《显扬》先谈建立，后说体业，读者心朗；今虽不能详谈，亦必略表其目。其显近易知者，更抉一二别续而详之。

五教大意：

五教者，《阿毗达磨经》二颂为二，《解深密经》《入楞伽经》各一颂，又合小乘共许经，乃有五也。第八识梵云阿赖耶，义译为藏，旧译阿梨耶，义为无没失。凡具三义：能藏，持种。所藏，受熏。我爱执藏。第七识恒量所缘。又梵云阿陀那，译为执持，亦有三义：执持，执受，执取。此种种义皆非前六识所能有。**五识无依义。**为诸法依即所藏义。**六识无摄藏义。**此即能藏义。**六识无执持法种、执受色根、执取结生相续义。**大乘四教证成此识，不外就此诸义立说。

初一教，《对法》颂云：无始时来界，一切法等依，由此有诸趣，及涅槃证得。此颂以用显体，凡有三解：一解，初句明能生之因，界即是因。次句明依持之缘。前五识既依五根即不能更持五根，必别有一识持之，即是第八。因缘具而后有诸趣之染及涅槃之净。二解，初句说自性，次句说缘生，针对空宗立义；后二句同前。三解，初句明此识相续，次句明依他，三句明遍计，四句明圆成。此颂所明受熏及与依义，盖偏就所藏边为言。

第二教，同上经颂云：由摄藏诸法，一切种子识，故名阿赖耶，胜者我开示。此颂明持种义，盖偏就能藏边言之。

第三教，《解深密经》颂云：阿陀那识甚深细，一切种子如暴流，我于凡愚不开演，恐彼分别执为我。以其执持、执受、执取三义，说此识为阿陀那。此中言执与第七识之执不同，七计有主宰为我，而八则不尔也。所云执受又有二义：一、觉受义，执受根身而能领略。二、执持义，执受器界。至云恐彼执为我者，凡愚本有其俱生之我执，闻说不了，必更起分别我执，故不为说也。

第四教，《入楞伽经》颂云：藏识海亦然，境等风所击，恒起诸识浪，现前作用转。此颂仍显赖耶三藏之义。初二句明赖耶受熏即是所藏义，恒显我爱执藏之恒时不舍，起则显能生诸法是持种能藏也。

第五教，合小乘诸密意经说而言。**大众根本识，上座有分识，三有之因，即种子义。化地穷生死蕴**，生死位俱有之。**有部爱乐欣喜阿赖耶，五教外之小教皆谈第八。**此等不过名目不同，所指之法实是第八也。皆详《摄论》，可勘。《述记》以大并为一教，小为四教；今以大为四，小为一，亦可。

第七次，九月十五日

十理大略：

唯识十理：一、持种心；《瑜伽》《显扬》《对法》八证第四，有种子性。有契经说，诸法种子之所集起故名为心。此心必要决定、恒转，方能持种。决定云者，谓于三性中决定是一类无记。恒转云者，非断非常，亘古相续。由前一义乃得遍持三性法种，由后一义乃得持久不失。前六识皆无此义，故必别立一第八识。此在小宗颇有异计，然皆不成，详《成唯识》，今但略叙之，如经部计转识是心。然有间断故，易脱起故，不坚住故，非可受熏持种。彼部或计六识无始时来前后分位识类无别，即名为心。然即彼识类是实则同外道，是假则无胜用，受熏持种之义不成。彼部或计六识事类前熏于后而得名心。然前后念不俱有，如何相熏，此亦不成。又如大众部计六识可俱时转，第六为依名心。但诸识俱而无熏习，即无种子，更无持种之义。又如上座部计色心自类前为后种，有因果义。然彼自类无熏习，且有间断，不成心义。又如有部计三世诸法皆有，因果感赴无不皆成。然过去未来非常非现，又无作用，亦不得名为心。又如清辨等恶取空者执大乘遣相空理为究竟，谓心非实有。彼违经论，成大邪见，无种无识，功用唐捐。是故应信有第八识能持种心，依此建立染净因果。

二、异熟心；八证第六，身受差别。真异熟心酬牵引业，遍无间断。依据此义应别立第八识，第八犹如库藏，凡所藏物随用取携；诸法依第八，随其业报有现有不现。眼等识有间断故，非一切时是业果故，又在定中或不在定、起眼识时或余识时、有别思虑无别思虑、如理作意或不如理、此来彼去理有众多身受生起，后时此身遂有怡适或劳损，若非恒有真异熟心，如何有此？故知定有此第八识真异熟心。

三、趣生体。有情流转五趣四生，为彼体者必应实有、有体。恒、无间无杂。遍、遍界地有。无杂。惟生自趣法。命根非实有故，诸生得善及意识中业所感者不恒有故，诸异熟色及五识中业所感者不遍无色界故，非异熟法住此趣起余趣生法故，皆非真实趣生体，故知别有第八识。

四、能执受；八证第一，依止执受。五色根及彼依处惟现在世是有执受，能执受心必具五义：一、先业所引，体任运起，非现缘起。二、非善染等。三、一类异熟此真异熟非异熟生。无记性摄。四、遍能执受五根等法，为五根等共依。五、相续执受不使烂坏。此五义皆前六识所不具，故应别有第八识能执受心也。

五、持寿暖。寿谓命根。因业所感第八名言种子现行之时长短不定，假名彼功能上生现分位为命根。暖谓暖触。经说寿、暖、识三，更互依持。寿暖一期相续，识亦应无间无转。此义非前六识所具，故应别立第八识也。

六、生死心；八证第八，命终不离。经说受生命终必住散心。当时身心昏昧，如极闷绝，明了转识必不现起；非别有第八识相续无变，不成散心。又将死时，由善恶业下上身分冷触渐起，若无此识，彼事亦不成。

七、二法缘。经说：识缘名色，名色缘识，展转相依。名谓非色四蕴，色谓羯逻蓝等。前六识即摄在名中，不能更与名色为缘，故应别立第八。

八、依识食。一切有情皆依食住。食是合义，为生顺缘，与生合故。此食有四种，欲界香、味、触三变坏时，能长养造色，是为段食。欲界身需段食乃自然之理，苦行少欲，固不可非，然至违反生理时则不可许。欲、色界六识相应之触与思，皆有资益于身之义，谓为触食、思食。又有相续执持之三界有漏识，能使诸根得受触思资长，是为识食。一类相续，前六并非，故应别立第八识。

九、识不离；八证第七，二定不离。经说：住灭定者识不离身。持寿暖故。灭定中前六识不行，故应别立第八以成不离身之识。无想定例此可知。

十、染净心。经说：心染净故有情染净。此谓染净法依心生，心持彼种子故。前六识于三性，时时转易，无染心中，无想等上地。应不能持烦恼种，后时下没应不起烦恼。世间道中应不能持净种，彼出世道初不应生。故须别立第八识也。

上来十理当八证之五，余有三证皆对小宗有部不许诸识俱转难立第八而说。即第二、并不初起；如有一俱时欲见乃至欲知者，尔时作意、根、境三种无差别而现前。不应随有一识最初生起；故立第八恒时现行与他识俱无妨也。**第三、并则明了；**眼等识缘境，意识分别，如不同时并起，则意识忆念过去，必不明了；实不如是，故诸识可以俱起，即不妨立第八识恒与他识俱也。又五六俱起则应于别依外犹有总依，此即第八也。**第五、业用差别。**识法起时随有了别器、依、我、境等用，即用显体，应有诸识俱转，即不妨立第八识。

第八次，九月十八日

（续讲前节）法性法住，如是如是，本不待于安立。然而有五教十理证成唯识者，此乃方便破执，不得不尔。凡夫外道计执实我，说是五蕴假名，小乘又计实法；更说法无自性，不了义大乘又蹈于恶取空；以是摄法归识，显二无我，示其中道。假使诸执尽除，唯识自亦不立。乃今人之闻唯识教者，每视为实有建立，有识可唯；是则仍成法执，同于所破也。于此不可不特举现观一义以补救之。现观之义，同于证量。诸法相用历然差别，由用显体，由能带所，现前现成，无用安排；此唯现观能亲得之。若谈唯识犹不免执，毋宁即说佛教使人现观之为究竟。今故略明其义如次：

一者，何为现观？现有义三：一非造作而现成，二不隐没而现在，三不迷昧而现见。观亦三义：一思，二证，三行。思谓地前于诸谛理决定思惟，证谓地上证得二空所显，行谓如量遍知诸法。此诸行相即能观智；现前明了，观察现境，故曰现观。

二者，何所观？见道以后所观至繁，姑以六门列之：（一）三界九品_{三界各有九品}所知事，（二）苦集有漏法，（三）灭道无漏法，（四）四谛所摄未见法，（五）灭道所摄未受法，（六）法智类智所行境。

三者，以何观？以出世无分别智_{平等性智}与妙观察智俱起。能观。邪见、见取、戒取、及疑等俱遣故，方得现观。

四者，何处观？恶趣苦障，上界耽乐，皆无现观。唯在欲界人、天，有佛出世，说三法印，方得现观。

五者，谁能观？此通三乘学、无学果，凡有五种人：一、未离欲者，离修道所断欲界烦恼。此谓声闻初果十六心见道、二果；二、倍离欲者，离欲界修惑尽。谓三果；三、已离欲者，离三界修惑尽。谓阿罗汉果；四、独觉；五、菩萨。

六者，何者入？唯心能入，非我能入。心是无常、有漏能作无漏等无间缘。有境、待缘、能生智故，依心能断粗重我执及与我爱故；我由七识执起，违一切法无我，非是智因故。

七者，何次入？次第有六，即六现观。一、思现观，谓最上品喜受相应思所成慧。二、信现观，谓缘三宝世、出世间决定净信。三、戒现观，谓无漏戒，除破戒垢，令观增明。四、现观智谛现观，谓一切种缘非安立、根本、后得、无分别智。有四后得智：一、缘理后得与根本智俱时；二、缘事后得在根本后时；三、有漏后得，地上无漏仍有漏故；四、无漏后得，佛果功德纯无漏故。此非安立无分别智后得，缘后得也。五、现观边智谛现观，谓现观智谛现观后诸缘安立出世智。六、究竟现观，谓尽智等究竟位智。此六现观，思、信、戒三，是现观加行，所以引生现观；次二是根本现观，以因果分为二；究竟现观则在圆满佛位。修行次第，首重加行。依至教量广为辩论，惟在凡夫；禅境好寂，圣位自证，都不喜净；理以净明，惟凡夫事。多闻熏习，如理作意，是思现观。无漏种子由此引生，三十七菩提分法始于此修，三法印无常，无我，涅槃寂静。于此深契，一切法共相真如亦于此证知。益以信戒现观，以次能得后三。

八者，现观相。智境决定，凡有十相：一、众生无；二、遍计无；三、无我二无我。有；四、相有；五、粗重有；此二缚无。六、我无无我有；此二不灭。七、法及法空无别；法即空，空即法。八、空无分别；九、法性无怖；十、自在能断，不复从他求断方便。

九者，现观差别，有十八种：闻、思、修所生智为三，顺决择分智、见修究竟道智为四，不善净善净俗及胜义智为三，不善净善净行有分别、善净无分别智为三，成所作前正后智为三，声闻菩萨智为二；合有十八。现观诸门，略如上辨。

谈第八识以五门明建立所由，上来初一门讫。

（二）唯识以识摄蕴而立此识：**羯罗蓝位**胎中初七日位，义云杂秽。**五识不行；而《名色经》言，识缘名色，名色缘识；则七八仍行。受想行识之名及色为五蕴，五蕴中之识为名中识，但是六识。名色缘识之相依识乃是八识。相依识与名中识互为其缘，即是八识与六识互为其缘耳。法相以蕴摄识，**摄是不离之义。**所被极广，及于二乘。是故不善《般若经》、僻执声闻藏，都但说六，信有五蕴，不信赖耶。时多邪慧，正学荒芜，六识不足范围，更恃谁何而堪折正？**

（三）**深细不可知之识是此识：二定、无想天、睡眠、与闷绝，此之五位，六识不现，七八仍行。如加二乘无余依则为六位无心，就人分别有无，略如次表：**

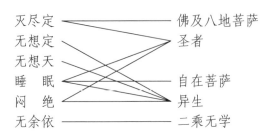

　　且谈眠闷，粗显免争。死生一寤寐间耳，斯又何奇！寤而复醒，仍依此身，死而又生，但身别易。身依容异，识有是同。但是细微极深无底，非若六识粗浅可知。若以深细不知而即言无，无则现前粗细俱无，云何熟睡昏迷震惊仍觉？此意深长，乌容释究。斯固知八识持种，六虽不现，种为八持，断而复续。就现行言。职是之由，立有八识，夫然后理可通也。

第九次，九月二十日

　　（四）不为声闻而立此识：《摄论》云：何故声闻乘中不说此心名阿赖耶识，名阿陀那识？由此深细境所摄故。所以者何？由诸声闻不能于一切境智处转，是故于彼虽离此说，然智得成，解脱成就，故不为说。若离此识，不易证得一切智智。一切境智则广大，阿陀那境则深细，由深细而后成其广大，亦惟广大乃至于深细处也。《深密经》云：阿陀那识甚深细，一切种子如暴流，我于凡愚不开演，恐彼分别执为我。一则无用乎此，二则益其僻执；不立之由，诚如经论。

　　（五）因为大悲而立此识：本宗约智谈用，为智根源、为用血脉者，则大悲也。《瑜伽》四十四云：是故如来，若有请问菩萨菩提谁能建立，皆正答言菩萨菩提悲所建立。是故智由悲起，悲之等流又以智为究竟。非有大悲贯彻，将无由求得遍知、三祇无厌。亦非至于一切智智圆满无缺，不可得无缘大悲之所归宿。二者表里始终，盖有如是者。然今时人谈佛法每每昧此源头，或则例同宗教，或则视为哲学，又或偏执不了义之说以概全体。例同宗教，遂有貌似之净土、宗门，指不到家之净土、宗门言耳。若真净土、真宗门，与唯识是一贯之学。误解了生死之言，此本谓明了，乃误解为了结。并亡悲智。或随顺外道而有悲无智。或趣入小乘而悲智俱微。视为哲学，遂至少智无悲，漫谈宇宙人生，于名相中作活计。又执不了义说如《起信论》等，无正智种，遂至大用无源，悲智不起。凡此皆非所以语于真佛法也。佛法以菩提为极果，而以大悲为根本。大悲之言绝待无缘，既非忧戚悲愁，亦非顾恋哀愍；一滞人、法，即有所不遍而不能成其大。今人于此亦多所误会，次更以数门释之。

大悲云何差别？略有十门：一者自性，相属怜愍本来具有故。二者数择，数数抉择见功过故。三者宿习，先世久修熏习积集故。四者障断，障悲贪爱得断除故。五者平等，于三受皆见苦而生悲故。六者常恒，亘古亘今无间断故。七者深极，自他平等故。八者随顺，如理拔济一切众生苦故。九者净道，此是对治相貌故。十者不得，是无生法忍故。

云何大悲缘起？此略有五：一由深细苦境而生，二由长时熏习而增上，三由救济众生猛利而生，四由极清净地而生，五由慈力浇润而生。若以四缘分别，即以因力为因缘，等流为等无间缘，观苦为所缘缘，善友为增上缘。

复次，就深细境缘起而言：云何而悲？观众生百一十苦详《大论》四十四。而起大悲，观众生昧三十二法详《思益经》。而起大悲。云何观众生而起大悲？无人，无我，无众生，皆一心之差别。此识持一切种，遍周沙界；周沙界识网周沙界，相系相维，相与增上，观乎众生自然而悲。心秽则佛土秽，心净则佛土净，悲其秽矣，属其心矣，必了心体。有断然者。盖穷苦缘起于无常，差别于种子，必究阿赖耶而后能尽也。

此外犹有异门，他日详谈。今人不明大悲为学佛要事，实属误解佛法之尤，不可不抉择发挥。且概括数言示其要略，曰：诸佛菩萨由观苦而起悲，诸佛以苦谛为师，明了观苦乃无系缚；见他即自，又自然牵动而生大悲，此非逃苦、厌苦、怖苦、舍苦所可比也。由大悲而利他，由利他而起苦，一切苦悉入生死苦中，不舍生死即是不舍一切苦，此盖触真实苦以苦为大乐乃能如是。由起苦而不住涅槃。

上来五段明建立八识所由毕。

第十、抉择法相谈唯识

一时极唱，性相两轮。明了而谈，一遮一表。都无自性故，所以必遮；相应如如故，所以必表。法相赅广，五姓齐被；唯识精玄，唯被后二。详见他叙，此姑不赘。《瑜伽论》叙十义，《真实品》叙六义，参看。法相摄《阿毗达磨》全经，唯识摄《摄大乘》一品；法相摄十二部经全部，唯识摄方广一部。

第十次，九月二十二日

唯识讲义

八识八段十义卷一

谈《抉择》已，相续开演八段十义，而导引三表。

〖一、二宗经论表〗

一真法界，圆成实性，不可言说。**1❶** 方便善巧，空有两轮。以遮作表，空详遍计。即用显体，有说依他。**2** 更欲置谈，舍显就密。**3** 若究二宗，应探经论。**4**

空宗经

《般若》十六会：

一会　一切法如幻

二会　《大般若经》——《智论》释此

三会　与二会开合不同

四会　《道行经》

五会　较四会略

六会　《胜天王经》

七会　《文殊般若经》

八会　《濡首分卫经》

---

❶《讲义》部分有 1—128 的角标，表示有相应的笔记。——编者注

九会　　《金刚般若经》

十会　　《般若理趣经》

十一会　　《布施分》

十二会　　《净分》

十三会　　《安忍分》

十四会　　《精进分》

十五会　　《静虑分》

十六会　　《般若分》

《仁王》《了义》《五十颂》《帝释》《心经》皆附庸。

空宗论

《中论》

《百论》

《十二门论》

《大智度论》以上龙树空。

《掌珍论》

《般若灯释论》以上清辨空。**5**

相宗经

《楞伽经》五法、三自性，法相义；八识、二无我，唯识义。

《阿毗达磨经》蕴、处、界平等，法相义。

《华严十地经》三界唯心，入地行果，唯识义。

《密严经》阿赖耶识，唯识义。

《解深密经》境、行、果赅备，然不被小、外，唯识义。

《菩萨藏经》本宗大义抉择赅备，然不被小、外，唯识义。

《佛地》《胜鬘》《无上依》皆附庸。

相宗论 《瑜伽》为一本论，余为十支论

《瑜伽师地论》《本地分》，多谈法相义；《抉择分》，多谈唯识义。

《显扬圣教论》《瑜伽》节本。

《庄严论》《瑜伽·菩萨地》羽翼，独被大乘，唯识义。

《辩中边论》相障对治，一切齐被，法相赅备，始末井然，法相义。

《五蕴论》以蕴摄识，诸法平等，法相义。

《杂集论》三科平等，十二分教一切齐被，以《瑜伽》法门诠《对法》宗要，法相义。

《摄大乘论》境、行、果三，赅如《深密》。是故此宗建立，无不动言《解深密经》《摄大乘论》。然《摄论》不被凡、小。唯识义。

《百法明门论》以识摄蕴，唯识独尊，唯识义。

《二十唯识论》七难成立唯识，唯识义。

《成唯识论》相、性、位三分成立唯识。一切不正义、一切不备义，入《成唯识》无安立余地。博大精微，于斯观止。精熟此论，思过半矣。唯识义。

《因明》《观所缘缘》《佛性》皆附庸。**6**

〔二、《成唯识论》大旨表〕**7**

依一师义，法相、法性、法位出《华手经》第六《求法品》。《华手》是华严部。《唯识》据此分科，曰三分成立。

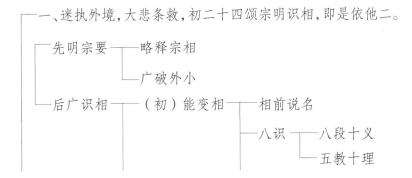

一、迷执外境，大悲条救，初二十四颂宗明识相，即是依他二。

先明宗要┬略释宗相
　　　　└广破外小

后广识相┬（初）能变相┬相前说名
　　　　　　　　　　├八识┬八段十义
　　　　　　　　　　　　　└五教十理

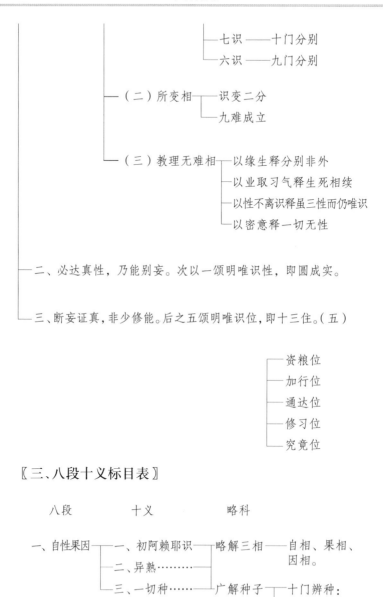

├─┬ 七识 —— 十门分别
│ └─ 六识 —— 九门分别
├─（二）所变相┬─ 识变二分
│ └─ 九难成立
└─（三）教理无难相┬─ 以缘生释分别非外
├─ 以业取习气释生死相续
├─ 以性不离识释虽三性而仍唯识
└─ 以密意释一切无性

二、必达真性，乃能别妄。次以一颂明唯识性，即圆成实。

三、断妄证真，非少修能。后之五颂明唯识位，即十三住。（五）

├─ 资粮位
├─ 加行位
├─ 通达位
├─ 修习位
└─ 究竟位

〖三、八段十义标目表〗

八段	十义	略科	
一、自性果因	一、初阿赖耶识	略解三相	自相、果相、因相。
	二、异熟………		
	三、一切种……	广解种子	十门辨种：出体、一异、

```
                              ┌ 假实、二谛、
                              │ 四分、三性、
                              │ 本始、六义、
                              │ 内外、四缘。
                              │
                              └ 八义释熏：
                                能所八义，
                                释熏习义。

二、相分见分 ┬ 四、不可知执受处 ┬ 粗解行境体义
            │                 ├ 广料行相明四分
            └ 五、不可知了     ├ 广料所缘外内境
                              └ 释不可知义


                                          ┌ 相应位次
三、相应 ────── 六、常与触、作意相应 ┼ 五所体业
                                          └ 释相应义


四、五受 ────── 七、相应唯舍受 ────── 唯舍简余
五、三性 ────── 八、是无覆无记 ────── 无覆无记
六、所例于王 ────── ○触等亦如是 ────── 六门相例增断舍
七、因果譬喻 ────── 九、恒转如瀑流 ┬ 正解法喻
                                    └ 别破诸部


八、断伏位次 ────── 十、阿罗汉位舍 ┬ 总释
                                    ├ 别广罗汉
                                    ├ 别广舍
                                    └ 寄明漏无漏
```

〖相前说名〗《述记》卷十二

将说识相，先说识名。必有其名，相乃系属，[8]故又先名。对常称变。[9]常义是寂静义，变义是如幻义；常义是体义，变义是

用义；常义是真如义，变义是生灭义。今如幻义、用义、生灭义，是识相义，故舍常义而谈变义。所变见相无量无边，依据发生，实唯其能。能之为法，虽妄虽执，亦无有过，以是有故。**10** 能有二义：一、势力义，二、运转义。势力则生起，运转则不居。诸所僻执、长夜沦迷者，一居之为害也。所则必居，能则不居，故能无过。然将能作所，停留滞执，失运转义者，亦异生之常性也。难言哉！唯识也。然且谈于能变也。夫先其名者，先其识名，实先其能变之名也。《辩中边论述记》卷一，参看。

法界至赜，因果赅之；幻相难形，因果析之；能变极玄，因果显之。无因果则无能变。无幻相，无法界，顽冥不灵，是一合相。断灭之苦，妙于何存？能变至妙，妙于因果。能变之因，一类而相续，果似其因，因曰等流；**11** 多类而揽和，果异其因，因曰异熟。因则由流而溯其源，能变则一类、多类，不守本位，发动而将趋。**12** 等流非断，异熟非常，非断非常，所以至妙。能变之果，由种生现，由等流因生因缘果，由异熟因生无记果。莫妙于异熟，异时而后熟，变异而后熟，异类而后熟。俶诡陆离，不容思议！引弱而生，酬满而强；妙用合离，尽在酬感。设有问言：唯识何事？应告之曰：唯识事是因果事。法界、法相，诸佛语言，都无谁何，一因果之妙用而已矣。

《论》：识所变相，虽无量种，**13** 而能变识，类

别唯三：一、谓异熟，即第八识，多异熟性故。

《述记》多异熟性者，就三位解。异熟亦通初位，是故言多。**14** 若《枢要》《演秘》，**15** 则就识判而作四句以别。有异熟非多，谓六识中业所感者，是间断故，不名为多。多者，相续义。一切时

行为多，多时行故。有多非异熟，谓第七识，虽恒而是有覆性故。异熟者，业果也。五果之中异熟果，七识所无也。俱非，谓六识中非业招者。俱者，谓第八。遮余三句，故说多言。又《枢要》：多者，广义，即是总义。异熟之义，虽通六识，非总报主，不立多名。

此中遮宽狭不说，约熏习之位便取异熟者。前答外难：我、法熏习诸识生时，变似我、法，为此故致熏习识位。

二、谓思量，即第七识，恒审思量故。

意有二义：**16** 一为依止义，即六识根依，《摄论》第一意也。二为思量义，即第七末那，《摄论》第二染污意也。此论不兼取第一意而独取第二者，欲建立自体相义故也。以他能依，显自所依，依兼能所，即摄自他，是故不取。以自行相，显自体性，思量独胜，是故取之。又《摄论》第一意依止义是无间灭识；此论六识根依非无间灭识，以无间灭识是过去非现在故，现在乃能有实体故。一末那而二用之，就依止义边言，曰意根；就思量义边，曰七识也。恒审思量者，思维量度也。思维而量度之，行相既深且远，名之曰审。状七识行相，一思、二量、三审。以缘多故，相续恒起也。染意不行时，出世末那为意识根依也。**17**

三、谓了境，即前六识，了境相粗故。

（一）了境者，《枢要》：一、唯见分行相而现自体；二、简他识四义：易知、共许、行相粗、所缘粗也。《述记》开六，而总括为三。

一、多分————粗
二、易知——事
三、有情
四、外道————人
五、小乘

前五义合佛缘细境六识以明，后一不通佛净识明，简七、八通净而唯就粗六说也。

六、不共——————不通

应作四句：有了境非相粗，第七、八识；有相粗非了境，六识心所；有俱非，谓七、八心所；俱句，第六心王，亦粗亦了故。

（二）非所熏故，[18] 又互显故。《疏抄》互显以位解，但举一位，余二俱显，则以此句但说八识事也。然是说七识事，应言心、意、识三，诸识俱具，各就其胜而互显其俱，不连上读。

及言显六合为一种，[19] 此三皆名能变识者。能变有二种：一、因能变，谓八识中等流、异熟二因习气。

一、因能变段，《述记》除初二句，有五段：一、解因义，[20] 此言因下。二、解因变义，[21] 此名唯望下。三、解二习气，在三能变下。四、解四因举二，[22] 自性亲因下。五、解能变所生。[23] 谓因即能变下。一、自类种，二、同类现，三、异熟果。

等流习气，由七识中善、恶、无记熏令生长；异熟习气，由六识中有漏善、恶熏令生长。

异熟习气段，《述记》有九段：一、明何缘之种，前等流因下。二、出体，不以所生下。三、三性，此体虽通下。四、不说七、八所由，第七识唯无记下。五、种生种现，明因能变下。六、转变通现种。举因能熏下《学记》：问：现行熏种，种生种子，此二变中何变所摄？答：种生种现，皆因变摄，种能变故。现生现种，皆果变摄，现能变故。虽有别义，现亦种因，然法相杂乱，三藏不存。准此六、七能熏亦因能变，不正义也。因果能变，以从种或现所起为断，法相井然。《灯》说"现熏种非是果，五、七不能现彼种相，二变摄法不尽"者，[24] 然非即现为果，说现可趋果，属果所摄，[25] 未可为过。七、总释但举二种。不说我见下。难：我见不离二习外，异熟又岂不在等流中耶？答：《秘》："善恶种子生自现种，名为等流；有余缘助感后异熟，即名异熟。虽体无异，有别胜能，故开为二。然是异熟，必是等流，自有等流，不名异熟，即无记种及彼善恶不招果者。"八、因果能变四句，简第八唯果下。《枢要》有五四句，其因果四句，即此中四句，表之如下。九、转变变现，判因果能变。问既说现行下。

因果	二变	等流	异熟
因变非果变 （佛有为无漏）	转变非变现 （一切种子，有力相分）	唯等流因非果变 （大悲菩萨果无漏法尔种）	唯异熟因非果变 （有漏善恶种）
果变非因变 （八、六业果。佛一切王、所）	变现非转变。六业果现。诸佛功德一切王、所）	唯等流果非因变 （佛果现八识）	唯异熟果非因变 （八、六业果种现）
俱句 （七个能熏现及能生种）	俱句 （因位七个识）	俱句 （七、六因无漏。威仪工巧变化因种）	俱句 （无）
俱非 （佛果相分）	俱非 （异熟相分。六业相分。佛王、所相分）	俱非 （佛果相分）	俱非 （七、六非善恶业果心）

〔异熟、等流相对为句，未作。〕

　　二、果能变，谓前二种习气力故，有八识生，现种种相。**26**

一、释初句。即前二因下。二、释余句。由前等流下。三、作转变变现四句，若种子唯转变下。即上表《枢要》二变四句。

　　等流习气为因缘故，八识体相差别而生，名

等流果，果似因故。异熟习气为增上缘，感第八识酬引业力，恒相续故，立异熟名；感前六识酬满业者，从异熟起，名异熟生，不名异熟，有间断故。即前异熟及异熟生，名异熟果，果异因故。

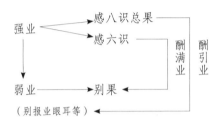

27

（别报业眼耳等）

异熟异熟生六义，**28** 实是三义：一、异熟，二、异熟生，三、善等也。复从异熟生中，开有漏、有为二义；又从有为中开依异熟时、别缘变熟时，分因无漏、果无漏二义。《疏》言五义者：异熟、异熟生、善等、有漏、有为，不就有为所开者言也。《疏抄》两解：一云取前五义，不取皆名异熟生；一云可言六义、不合言五义者，都不明基师意也。如表：

一、异熟	异熟非异熟生	现前俱异熟	无间周遍
二、异熟生	异熟生非异熟	现前俱异熟	有间不遍
三、善等	非异熟非异熟生	前异熟现非	有间不遍
四、有漏	异熟生非异熟	有漏依异熟	
五、有为	异熟生非异熟	有为依异熟唯因中无漏	
六、有为	异熟生非异熟	缘合不依异熟通佛果无漏	

此中且说我爱执藏，持杂染种，能变果识，名为异熟，非谓一切。

十因得五果图

得果果＼因	异	等	离	士	增
随					●
待				●	●
牵	●	●		○	●
生	●	●		○	●
受		●	●	●	●
发		●	●	○	●
定	●	●		○	●
事	●	●	●		●
违					
不	●	●	●	●	●

●人士用　○法士用

〖自性果因段〗《述记》卷十二

用未发现，喻名种子；**29**用已显明，是称现行。儒家"喜、怒、哀、乐之未发，谓之中；发而皆中节，谓之和。"注家说："喜、怒、哀、乐，情也；其未发，则性也。"又曰："天命之谓性。""'维天之命，於穆不已'，盖曰天之所以为天也。"注家："天命者，即天道之流行而赋于物者也。"由前而言，性为未发；由后而言，性之为用，是则种子也，性也，二而一也。**30**种生现行，现又熏种。**31**正熏成时，一为八持，即变无记；发而为现，又复各从其类。《摄论》："如众缬具缬所缬衣，当缬之时，虽复未有异杂非一品类可得，入染器后，尔时衣上便有异杂非一品类，染色绞络，文像显现。阿赖耶识亦复如是，异杂能熏之所熏习。于熏习时，虽复未有异杂可得，果生染器现前以后，便有异杂无量品类。"是故种是相分，非善非恶，荀子性恶，孟子性善，扬子善恶混，统皆有过。若本无善，凭何生善？若全是善，习染何人？若种既善恶混杂，果亦必善恶混杂。究极其成，非马非驴。将何所似？阳明无善无恶心之体，颇得孔子性近之意，亦与种子无记相合。有体而能生者也。有体则非断，能生则非常，非断非常，是称至妙。熏习与法，俱生俱灭，而有能生因性，无间传来，复生后种，此之谓用中之体。非如化地部业入过去，现皆有体；亦非如顺世外道说：一切果现业所得，作时即受。然此就诠有漏。别有无漏寄存赖耶，隐显不并时，能所不相袭，皆是本有，皆能始起。无漏何时始起？证真而后乃能始起。有漏如何证真？以引发因，以无间缘，乃能证真。[32]漏善有待，无漏绝对，对与无对，虽则相反；善与胜义，以类则同。虽非因缘，而是增上，云何不能相引？诸有不知此义者，于无漏谈不曾梦见，于无漏境无志而趣。有漏虽善，亘古有漏；种果不同，云何而能成事？欲证菩提光明沙界，请于此案郑重参研。儒家，乃若其情则可以为善矣，乃所以为善也。大人者，不失其赤子之心也。于此证之，为有漏善。不通三世，[33]不研八识，[34]不知住位，源斯混矣，流于何有？

  虽已略说能变三名，而未广辨三相。且初能变，其相云何？

〖三师三判〗

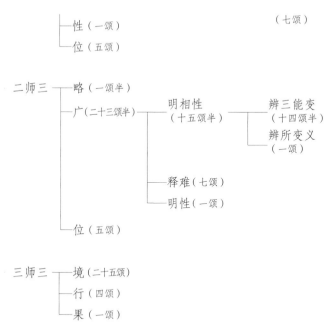

就下文颂三无性中顺势颂识性之文气而言，则二师将识性一颂，合并广相中，而以略、广、位三相成立唯识，自是合理。此论三分成立唯识文中，《述记》亦用二师三相以释三分；判科亦糅合一、二两师，而曲顺第二。然一师以略、广都摄相中，提性独立。虽文势不合，而相、性、位之义较极优显，缘略、广虚名，仍须系属相、性故也。境、行、果为法相、唯识通判；相、性、位，提性为有，对般若无，乃唯识别判也。又法相、法性、法位，出《华手经·求法品》，较有依据。又《疏抄》叙三师次第：护法、安慧、火辨，则一师应是护法。

颂曰：初阿赖耶识，异熟一切种。不可知执受，处了常与触，作意受想思，相应唯舍受。是无覆无记。触等亦如是。恒转如暴流，阿罗汉位舍。**35**

《疏抄》: 伏、断、舍三各别。**36** 有舍不名断及伏，谓舍身等；有断不名舍、伏，谓断烦恼等；有伏而不名断、舍，谓伏烦恼现行。今者遍而言之，故八识虽是弃舍，不是染法，非所断、非所伏，而亦通名伏、断也。

　　论曰：初能变识，大小乘教名阿赖耶。**37** 此识具有能藏、所藏、执藏义故。谓与杂染互为缘故，有情执为自内我故。

〖三藏四义〗

一、八识非种**38** 是能持种义。

《摄论》第一："杂染品法，于此摄藏为果性故，又即此识于彼摄藏为因性故。"无性于此摄藏者，显能持习气；由非唯习气，名阿赖耶，要能持习气。

二、本识不与转识为因缘，**39** 由所持自种与自生种为因缘，名因缘种；而持义有关系得为因缘，名依持种义。

《摄论》第二："诸法于识藏，识于法亦尔，更互为果性，亦常为因性。"无性引《大论》文释："阿赖耶识与诸转识，作二缘性：**40** 一、为彼种子故，因缘、生起因。二、为彼依故。增上缘、摄受因。为种子者，谓转识转时，皆用阿赖耶识为种子故。种为八持，说用八为种。是依持种，非因缘种。为所依者，谓由阿赖耶执受色根，五识依之而转；又由阿赖耶得有末那，意识依之而转。……诸转识与阿赖耶识，作二缘性：一、于现法中，能长养彼种子故；生起因。二、于后法中，为彼得生，摄殖彼种子故。牵引因。长养彼种子者，谓如转识依本识转时，于一依止上，同生同灭，熏习本识，由此熏习，后后转识，增长炽盛明了而转。增长炽盛明了而转者，熏成三性，名言种也。此亦就依持种言。摄殖彼种子者，谓彼熏习种类，能引摄当来异熟无记阿赖耶识。"一、熏习种赖耶，据新熏成熟。二、当来赖耶识，据引发本有，生本识种。然《摄论》谓依彼法，俱生俱灭，此中有能生彼因性。无性《释》谓：此所熏，与彼能熏，同时生灭。因彼此有随顺能生、能熏种类果法习气。此则融括长养、摄殖二义于一句而说，不曾分说也。

《灯》，问：现八但为种依，不生杂染，何名彼因？答：种体识用，不一异故，摄用归体，说为法因。又识显现，种子沉隐，以识能持彼种子故，[41] 说识为因，义显种子。

三、现熏识成种二家义。

（一）熏时即成种，[42] 为熏、种同时家。（二）能熏住灭相时，所熏种起住生相，为熏、种异时家。

同时家，以《大论》长养彼种之于一依止上同生同灭文为证。异时家，解彼文则谓现行能熏之识，与第八识同生同灭，熏习第八，非现行与种，同时灭生。

又，同时家，[43] 种生现、现生种，为异类同时生；若种望现、旧种望新种，而有异类，亦即此刹那。异时家，现行望种、种望现行，为自类异时生。

四、能所藏、唯现及唯种识，三家义。[44]

▲（一）唯现家。

《述记》："能持染种，种名所藏，此识是能藏，是杂染所熏所依。染法名能藏，此识为所藏。"

《演秘》："二云：现初能变，与诸转识，互为缘起，名能所藏。"

《疏抄》："《论》云能藏所藏者，第八现行识能藏染种，第八为能藏，染种为所藏。犹如仓实为能藏，谷麦为所藏。或杂染现行是能藏，本识是所藏处。犹如人为能藏，麻地中藏为所藏。"

▲（二）转种本现家。

《演秘》："一云：现行第八，与所持种，互为二藏。谓现持种，种名所藏，现名能藏；种生现识，识名所藏，种是能藏。"

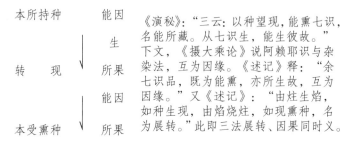

▲（三）本种转现家。

圆测："识中种子能生转识，种名能藏，果名所藏。杂染转识熏成种子，能熏名能藏，所熏种所藏。"

本所持种	能 因
	生
转　现	所果
	能 因
本受熏种	所果

《演秘》："三云：以种望现，能熏七识，名能所藏。从七识生，能生彼故。"下文，《摄大乘论》说阿赖耶识与杂染法，互为因缘。《述记》释："余七识品，既为能熏，亦所生故，互为因缘。"又《述记》："由炷生焰，如种生现，由焰烧炷，如现熏种，名为展转。"此即三法展转、因果同时义。

《学记》：护法宗[45]藏识理须具三；基师本识现行具三藏义而无因缘；测师唯种识上说能所藏，有因缘义而非三藏。然转识转生熏种，熏种亦彼转种故，而许有别义。持种之义，名为能藏；受熏之义，名为所藏；被六、七时，执名为执藏，则亦有三藏义也。

《摄论》"第一等云：[46] 非如大等藏最胜等"中，"等云"之"等"字，衍文。《大论》《显扬》《杂集》俱无是语，却何所等？其"最胜等"中之"等"字，《摄论》虽无而此加者，显数论胜性是三德合成非一，故等也。数论大等二十三谛望最胜等，大等唯所藏，胜性唯能藏。今赖耶与染法，互为能所，而彼大等不能生最胜，故不同也。冥性生大，如金作玔，一向同故；本转互缘，焰炷相烧，不一不异故。

无学有所知障而无此名者，故知藏义，唯烦恼障义。

若尔，七地已前，二乘有学，入无漏心，我爱不执，应舍此名。然不舍此名者，以出观时，还被我执所缘故也。

此即显示初能变识所有自相，摄持因果为自相故。此识自相，分位虽多，藏识过量，是故偏说。

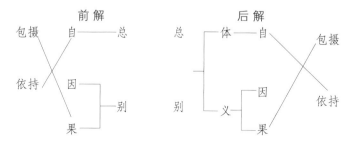

基师自离二无体，[47] 前后二解：

前解，自体是总，因果是别。别为总所包，名之为摄；总为别所依，名之为持。

后解，二是总之义，总是义之体。体与义为依，名之为持；摄二义为体，名之为摄。

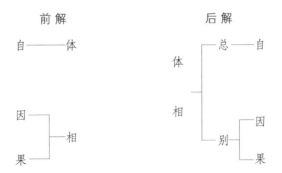

圆测自离二有相，前后二解：

前解，自相即体，余二相状，持种酬因为二相故。后解，三皆体相，以总摄别。如世亲《论》三自相故。

虽有三门，皆即体义，无一识三体之失。

《学记》：测后基前，总别义同；测前基后，体义意同。惟世亲《摄论》总别为三。此中自相，因果二性之所建立；此中因相，唯是因性之所建立；此中果相，唯是果性之所建立。

自相非条然因果相合，但即一体上别义说故。此如一真法界之上，别立人、法二空真如；虽开三种，犹名赖耶，不为余法，余识及根、尘。故言实有。《枢要》：此中"三相俱唯现行，现可见故，执持胜故"。

二乘，有学金刚无间为正舍，无学解脱为已舍。

此是能引诸界、趣，生善、不善业异熟果故，说名异熟。离此，命根、众同分等[48]恒时相续胜异熟果，不可得故。此即显示初能变识所有果相。

（一）萨婆多，离八，有命根、众同分为异熟。

不得取色，无色界无有色故；不得取心，无心定无有心故；所以取命根、众同分，为真异熟。如彼颂曰："命唯是异熟，不取色及

~54~

心。忧及后八非。二十二根**49**中，不取忧根及后信等五根、三无漏根，凡九根非异熟。色意余四受，一一皆通二。"色根，意根，苦、乐、喜、舍根，凡六根通异熟非异熟。眼、耳、鼻、舌、身、男、女，属色。

（二）化地部，离八，有穷生死蕴为异熟。

有三种蕴：一者，一念顷蕴，谓一刹那有生灭法。二者，一期生蕴，谓乃至死恒随转法。三者、穷生死蕴，谓乃至得金刚喻定恒随转法。

（三）大众部，离八，有根本识为异熟。根本识者，余识因故，譬如树根是茎等因。

（四）上座部分别论，离八，有有分识为异熟。

九心轮者：**50**一、任运转境名有分，二、境至警觉名能引发，三、心既瞩照名见，四、便起寻求名寻求，五、察识善恶名贯彻，六、起语分别名安立，七、随有动作名势用，八、作已休废名返缘，九、还归任运名有分体。见通五、六，余唯意识。有分通死生，返缘唯死。离欲者，不生顾恋，无返缘，唯有分。未离欲者，恋爱返缘，境至心生；无则有分，任运相续。有为三有，分是因义。

> 此识果相虽多位多种，异熟宽、不共，故偏说之。

《述记》有三段，第一段释论文有三。初释多位，此识果相下。次释多种，言多种下。有二师。

初师。法士用，八识有四果。**51**除法体不动外，凡法为用而动作者，皆名士用。

（甲）前望后为等流果。**52**

种望现————

种望种 ————┐
　　　　　├── 皆同类因，得等流果。
现望种 ————┘

现望现 ———— 前念现虽同类因，然现唯生种，种乃生现，中有是隔，非等流果。有处说等流果，乃假非实，如杀生得短命报。若言果，即从他生名果；若言因，即能生他名因。今既说第八识为果者，即约第八现行从种他生也。

（乙）同时心所望此心王，名士用果。[53] 种子生现时，亦名士用。

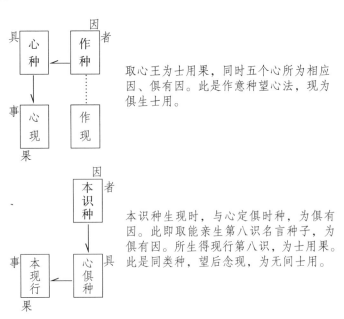

具　具

心种 ←因—— 作种 者

心现 ←事——

作现

果

取心王为士用果，同时五个心所为相应因、俱有因。此是作意种望心法，现为俱生士用。

本识种 因 者

心俱种 ←具

事—— 本现行

果

本识种生时，与心定俱时种，为俱有因。此即取能亲生第八识名言种子，为俱有因。所生得现行第八识，为士用果。此是同类种，望后念现，为无间士用。

（丙）亦名增上果。若约杂乱增上，士用、等流、异熟，皆名增上，故有取第八现行识，为增上果。

（丁）异熟果可知。由善恶业所感，得第八识现行，第八现行，亦名异熟果也。

二师。人士用，八识唯三果：等流、异熟、增上。五蕴假人，本识无故。

后释异熟宽、不共、偏说、此识果相下。三果通余法、异熟唯八心者，三性种自相引，皆有等流；王、所相望，皆有士用果；种生现行，皆有士用果；杂乱增上，通一切有。若异熟果，唯是无记，唯八识有，故云不共。此窥师从第一师说。若第二师，则云有余二果，无士用。可通余法。然不说六识异熟生心者，以间断故，非真异熟故。

第二段，出果相体，此明有漏下。有二家：[54] 一、果体兼种家。其现唯第八后三分，不取相分山河器世及五色根，俱有间断、坏空盲聋故。又色根非真异熟故，其种唯取生今八现之名言被业引起者，不取余七，余亦非真异熟故；不取未来世种，非现果体故。二、果体唯现家。不取能生第八名言种。

第三段，释三相宽狭，有三释：

（甲）最宽，因果俱通现种故。[55] 据实而言下。

现通因。八现识与一切法，为依持因。现通果。现行本识：一、由自名言生，二、由善恶业种生。种通因。识种与一切法，为因缘因，诸法现行，各从自种生。种通果。一、七现能熏所生之种，二、前念种所生之后念种。

（乙）处中，果种唯业，因种一切故。[56] 然种果狭下。

唯是第八无记异熟识果，简余善恶果、七识现行果、七识种子果故。唯是业种，八现及名言种，皆为善恶业所感得故也。现及名言为业感得，是业之果，亦名业果。

（丙）最狭，因果唯取现行故。然今此文下。

唯第八现行识为三相，不取余也。果相约从善恶势力生，以此名异熟果故。不约从本识亲名言种生，以彼名等流果故。因相亦即约第八现行，能与转识，作依持因说故。即一现行识，若望业招，则名果相；若望能持一切种，则名因相；若望摄得因果，则名自相。今唯明第八三相，故局第八，不取其余。

　　此能执持诸法种子令不失故，名一切种。

　　初、释颂，因相唯现。以现行识执持下。二、通论，因相唯现及通种现。三相皆唯现行之识下。三、问答，前文第二释。问何故果相，唯异熟法下。

　　约互为缘，果相亦通三相一种者，八与七为因，现为所依现亦为因，种即种子识。七与八为果。现生长彼种种亦为果，能熏种中摄殖本现行。**57**

　　佛果唯自相、因相，无果相，非熏非异熟故。若准《摄论》颂，但从他生，名果相；佛果现行，可名果相，从自种生故。基师以前解为胜，此说望他为因果故。太贤后解为胜，既自相合因果，非唯因相无余相故。

　　离此，余法能遍执持诸法种子不可得故。此即显示初能变识所有因相。此识因相虽有多种，持种不共，是故偏说。初能变识，体相虽多，略说唯有如是三相。

　　小六因之不共：**58**八有小乘四因，然八现之持种，诸皆不共。

　　同类因。约从他生，则八为果；约能生他，则八为因。前念生他现行，望后念所生现行，为同类因；后念所生现行，为等流果。

　　俱有因。后念自名言种，与前念现俱有，而生后念现，自名言种，为俱有因。若唯约前念现，即无此因。

相应因。前念现为相应因，能生后念同时五心所，五所即士用果。

能作因。即八现持种，与诸法作依持因，有生长用故。若相滥解，相应、俱有、同类，皆名能作，今离三别立。

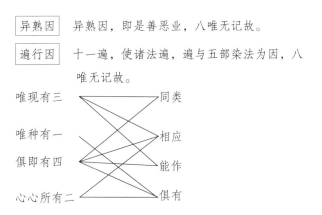

异熟因　异熟因，即是善恶业，八唯无记故。

遍行因　十一遍，使诸法遍，遍与五部染法为因，八
　　　　唯无记故。

唯现有三　　　　　　　同类
唯种有一　　　　　　　相应
俱即有四　　　　　　　能作
心心所有二　　　　　　俱有

小六因，若同类相应，为前现；若俱有，为自种；[59]若异熟、遍行，为善染。而此八现，是后现非前，是后现非种，是无记非他，则唯于能作因中，别办持种，故为不共。

现行望种，非种望之是者，[60]八现不能熏新种，但俱前种子而在后现，现望于新种，现非俱有因也。现行从种生，种望于所生之现，种即是俱有因也。问：八不能熏新种，其余七识三性新作能熏种，非自前名言种者，而望本识可为俱有因耶？答：然疏远故，如小相望本法体是俱有，而非因也。若小四望大四，是俱有因，[61]小生能生大生故。小生望本法俱有，而非因，大生能生八法故。小生、大生，俱是能生，则为俱有；小生不生本法，则为非因。七种于八现亦尔，七种、八种，俱是能生，七种实不生八现也。

大十因之不共：[62][63]八有大乘八因，然八现。

随说因 —— 说本识唯现，又解取摄受、同事、不相违、定异。

观待因 —— 远行待足等，七生待八现。

若说本识唯现，是依持因，疏取此四。持种不共，余不得有。今指此言。

摄受因 ——

根 依 处——八为通依，七依得生。

作用依处——八为疏缘，余七得生。

同事因 —— 揽前因法，皆同事故。 同前

不相违因 —— 通一切法故。 揽前因为体。

观待因 同前

摄受因 同前

牵引因 ——

生起因

有亲种 —— 若说本识兼种，是因缘因，亲取此四。又疏为依持（即方便因），本识现行，与七现，作依持因故。亲为因缘（即生起因），识中所持种子，能生诸法故。且是二相，名不共余，余无此也。

引发因

约一身同起，同界类故。除异性相招，异熟因故，八识即是。

定异因

相违因

八识八段十义卷二

一切种相，[64] 应更分别，此中何法名为种子？谓本识中，亲生自果功能差别。[65]

一解，"谓本识中"四字，亦简余部六识类等。二解，"亲生自果"四字。测云：理实有支，亦是因相，然且说亲名言种子是因相；如等流果亦是果相，然且说疏异熟，以为果相。此与窥师异。然观论意，窥师为胜。三解，"功能差别"四字。

此与本识及所生果，不一不异。[66] 体用因果，理应尔故。

《摄论》："阿赖耶识中，诸杂染品法种子，为别异住？为无别异？非彼种子，有别实物，于此中住，亦非不异。"无性《释》："一切种子，是阿赖耶功能差别。如法作用，与诸法体，非一非异。此亦复尔。"此唯望体用门明之。

《瑜伽》五十二："云何非析诸行别有实物名为种子，亦非余处？然即诸行如是种姓、如是等生、如是安布，名为种子，亦名为果。果与种子，不相杂乱，若望过去诸行，即此名果；若望未来诸行，即此名种子。望彼诸法，不可定说异不异相，犹如真如。"此但据因果门以辨。非唯种子望本识义，"唯"字应削去。《疏抄》言"《瑜伽》无体用门义故"，且与下文"此亦体用门"，"亦"字通得。

本论"体用因果，理应尔故"，兼二门而说。

> 虽非一异，而是实有；假法如无，非因缘故。

《述记》"然法非果"下，此破萨婆多生相是因、所生有为法是果也。彼宗云：大生生八法，大四相、小四相。大四相更互望八法，及本法望八法，皆是俱有因。然法八法。非因而是果，生大生。非果而是因；若小生生大，即小生为俱有因，大生为果。余小四亦然。今破之云：我大乘生大生。非是因，法八法。非是果。大乘之生，一、于法体上分位假立；二、于种生现时，现行上假立；三、于现生种时，种上假立。不同种子非于现行上假立，与现行各有因果差别用也。

> 此与诸法，既非一异，应如瓶等，是假非实。若尔，真如应是假有，许则便无真胜义谛。

《述记》，安慧：见相是计执，[67]种是相分，故假。清辨：种唯是俗假。问答假实，是安慧、清辨与护法事，然圆测则谓是护月与护法事。月藏即护月。等说种子是假非实，自体分上，有能生用，名为种故，如《摄论》："非彼种子别有实物，于此中住，亦非不异。"然五十二说实物者，约所依说，种附识体，比瓶立量。护法等说种子是实非假，说实物故，假无自体，如兔角故。西方有此二净，此论即是，可与基师并存。

> 然诸种子，唯依世俗说为实有，不同真如。

一重胜义，[68]种子唯世俗谛中有，故名谛唯，不通胜义谛中有。若四重胜义，则俗第二之三科种，及第三之除灭余谛种，集谛为有漏种，道谛为无漏种。为胜义第一、第二所摄。

又，种子唯于四俗中则实，故名实唯。若在四真中则假。初之三科，依缘而起，如幻化故，假也。次之四谛，因果施设，相对起故，假也。此论中言：观现在法上，有初相故，即于现在法上，假立曾因，对说现果；又观此现在法，有引彼后用故，即于现在法上，假立当果，对说现因。三之二空，见虚无体，亦是假立。唯四一真，然后信实，而俗不共。

种子虽依第八识体，[69] 而是此识相分，非余，见分恒取此为境故。

护月：《大论》生无色唯缘种者，[70] 以种依见住，护月学。盖约自证缘种而说。若约见分，得缘下界色，许一界赖耶缘三界色故。《大论》实未尽理。

基师：种子依自体分，所熏处故，然见分缘功能差别，非是缘自证分体。此说七转识熏所到之处而已。见分是自证分上义用别，相分亦是自证分上功能差别也。

测师：熏自证分 [71] 有实种子，相分所摄，非余三分。见分恒取此为境故。净种净识，相分类故，虽见不缘而相分摄。既见不缘，而附自证，从体分摄，理有何妨？

诸有漏种 [72] 与异熟识，体无别故，无记性摄；因果俱有善等性故，亦名善等。

《对法》三末及四初、三性：[73]

	善	无记	不善
自性		○	○
相属		○	○

续　表

善	无记	不善
随逐	○	○
发起	○	○
第一义	○	○
生得	○	○
方便	○	○
现前供养	○	○
饶益	○	损害
	受用	○
引摄	○	○
对治	○	所治
寂静	○	障碍
等流	○	○

　　《大论》:"一、住自性界,谓十八界堕自相续,各各决定差别种子。二、习增长界,谓即诸法,或是其善,或是不善,于余生中,先已数习令彼现行。故于今时,种子强盛,依附相续。由是为因,暂遇小缘,便能现起,定不可转。"

　　　诸无漏种,[74] 非异熟识性所摄故,因果俱是

　善性摄故,唯名为善。

　　无漏亦相分收。但说见分亲所缘者,皆名相分。不言诸相分皆见分所缘,见虽不缘而不离识,故亦唯识。因位染见不缘,果位净见亦缘。

　　　若尔,何故《决择分》说[75]"二十二根,一切皆有异熟种子,皆异熟生"? 虽名异熟,而非无记,依异熟故,名异熟种。异性相依,如眼等

识。或无漏种,由熏习力,转变成熟,立异熟名,非

无记性所摄异熟。

此除佛无漏即齐义者,佛位能依种子、所依八识皆善,则不是异性相依。除佛,如十地、二乘,皆异性相依。如识通三性,眼唯无记,眼从所依,乃名眼识,即是齐义,齐其所依也。无漏不从所依,但约自熏转熟,而名为异熟,即是不齐,不齐其所依也。

此通佛果诸无漏种者,佛虽亦熏,种生现时,亦须转变。已发心,而资粮、加行,闻熏增种,名经熏习气;未发心,种不增长,名未经熏习。

前解异性相依,十地、二乘,已熏、未熏,皆依异熟,属法尔言,新熏不许。后解转变成熟,唯是已熏,熏皆不净。

护月本有	难陀新熏	护法本始[76]
加行位 漏种生现 亦熏无漏 增长转变	加行位 闻熏令漏 殊胜转变	加行位 有漏闻熏 资无漏种 无漏种子 由熏转变
加行入见道位 本有无漏 方生现行 现起资本 更不新熏	加行入见道位 漏转无漏 而生现行 二念已去 无漏现行 又熏成种	加行入见道位 从本有现 入初地已 又起现行 此又起现 亦能资旧 亦能成新

此中有义:一切种子皆本性有,不从熏生,由熏习力,但可增长。如契经说[77]:"一切有情无始

时来有种种界，如恶叉聚，法尔而有。"界即种子差别名故。又契经说："无始时来界，一切法等依。"界是因义。《瑜伽》亦说："诸种子体，无始时来，性虽本有，而由染净，新所熏发。[78] 诸有情类，无始时来，若般涅槃法者，一切种子皆悉具足；不般涅槃法者，便阙三种菩提种子。"如是等文，诚证非一。又诸有情既说本有五种姓别，[79] 故应定有法尔种子，不由熏生。又《瑜伽》说："地狱成就三无漏根，是种非现。又从无始展转传来，法尔所得，本姓住种。"由此等证，无漏种子，法尔本有，不从熏生；有漏亦应法尔有种，由熏增长，不别熏生。如是建立，因果不乱。[80]

立宗：种子皆本性有。会教：熏但可增。教证：初通漏、无漏，次唯无漏，后例有漏。

《述记》：《无尽意》是三乘通经，《婆沙》亦引无始时来，有种种界文。彼不许有种子，而以三界、十八界，解种种界。

《述记》又第三卷次前上文者。《瑜伽》之三卷，次于其前第二卷明诸种子所熏之文上，而辨诸有情类有无涅槃。

《述记》本性住姓，彼有六处，惟取第六者，西方解六处殊胜，有六家：

（一）无漏殊胜，为六处所摄。

（二）六处摄二障种，断障称殊。以上二家是随转门，真实唯第六有无漏种。

（三）意处于六处殊，心、意、识三，八识通有。第六意于意处殊，无漏种于第六意殊。举体取用。

（四）八之相分，是眼等五处；八之见分，是意六处。此相、见六处，所依自体上有无漏种殊。举相显体。

（五）八中具无漏六根种殊，亦具无漏六尘种殊，就强不说十二。

（六）实有无漏十二处，种子不过六，故但云六。

《述记》：若新唯一种，理亦不然。不可初熏后不熏故，比量齐故者。量云：后念七识，定能熏新熏种；因云能熏摄故；犹如前念。则知前念后念，皆有种子，非唯一种也。

有义：种子皆熏故生，所熏、能熏皆无始有，故诸染种子无始成就。种子既是习气异名，习气必由熏习而有，如麻香气，华熏故生。如契经说："诸有情心，染净诸法所熏习故，无量种子之所积集。"《论》说："内种定有熏习，外种或有或无。"又"名言等三种熏习，总摄一切有漏法种"。彼三既由熏习而有，故有漏种，必藉熏生。无漏种生，亦由熏习。说："闻熏习，闻净法界等流正法而熏起故，是出世心种子性故。"有情本来种姓差别，不由无漏种子有无，但依有障、无障建立。如《瑜伽》说："于真如境，若有毕竟二障种者，立为不般涅槃法性；若有毕竟所知障种非烦恼者，一分立为声闻种姓，一分立为独觉种姓；若无毕竟二障种者，即立彼为如来种姓。"故知如来种姓差别，依障建立，非无漏种。所说成就无漏种言，依当可生，非已有体。

立宗：种子皆熏故生。会教：本有是无始熏，[81] 以名定体名习气故。教证：初有漏，次无漏，后会违。

又名言等总摄有漏法种者，无漏法，凡所无，必世第一以去初念，从有漏种而生无漏现行故。凡位三熏，唯摄有漏种尽。若护法不然，有支我执唯有漏，名言通无漏。

《述记》等流正法至熏习起故者，正法所生有七次第：一、佛有大定，[82] 二、正智缘如，三、真出后智，四、后智起悲，[83] 五、观生应化，六、八相成道，七、十二分教。[84] 正法闻熏出世种生者，教法是真如家平等流出，相相邻近。智证断惑，出世种生，闻教能伏，其相相似，亦熏种成。地前闻熏，有漏得生，出世无漏也。正法从真如流出，如十力[85]中之种种界，智力能缘本识中种子，其余智力不能。其十地菩萨无此智力，而缘本识种子，亦必不能。菩萨唯缘过、未、现行善恶业果，不能缘种子，二乘亦不见种子。

《述记》：又《瑜伽论》五十二说，从真如所缘缘种子生者，西方有三释：

胜军新熏家二：教从真出，假说为种。

（一）证真展转流出之教。胜解行地，缘作所缘而生出世。从本为名，名从真如所缘缘生。

（二）初地圣道：一、从世第一为增上、无间二缘而生，二、从真如所缘缘生。

护月本有家二：

（一）本有为增上。真如为所缘故，顺解脱善根生。

（二）本有为因缘，解脱分为增上，世第一为无间。真如为所缘故，初地出世法得生。戒贤新旧合家，与本有家略同。

《述记》解有利钝 **86** 于烦恼断中修习差别者，声闻四谛十六心，或六行智断，四生百劫证；缘觉观十二因缘，或思风动树断，三生六十劫证。又缘觉有二：一、部行、声闻相似；二、麟喻、断惑有百六十心。四禅四空，各九品惑，每品二心无间解脱，共有百四十四，合苦、法、智等十六心，成百六十心。成佛有三十四心。离欲入见道十六心，趣四禅三空直至有顶。有顶有九品惑，每惑二心无间解脱，为十八心，并为三十四心也。

有义：种子各有二类：一者，本有。谓无始来，异熟识中，法尔而有，生蕴、处、界功能差别。世尊依此，说诸有情，无始时来，有种种界，如恶叉聚，法尔而有。余所引证，广说如初。此即名为本性住种。二者，始起。谓无始来，数数现行熏习而有。世尊依此，说有情心，染净诸法所熏习故，无量种子之所积集，诸论亦说染净种子，由染净法，熏习故生，此即名为习所成种。

立宗：种子有无始法尔者，为本性住种；有无始现熏者，为习所成种。若唯本，七、八互为因缘难通；若唯始，无漏有因缘难通。此立宗，下破他及会违。

若唯本有，转识不应与阿赖耶为因缘性。如契经说："诸法于识藏，识于法亦尔。更互为果性，亦常为因性。"此颂意言阿赖耶识与诸转识，于一切时，展转相生，互为因果。《摄大乘》说："阿

赖耶识，与杂染法，互为因缘，如炷与焰，展转
生烧；又如束芦，互相依住。唯依此二，建立因
缘。所余因缘，不可得故。"若诸种子不由熏生，如
何转识与阿赖耶有因缘义？非熏令长，可名因
缘。勿善恶业与异熟果为因缘故。又诸圣教说有
种子由熏习生，皆违彼义。故唯本有，理教相违。

此难本有家。有三：初，引经难；"若唯本有"至"有因缘义"，《述
记》至"为因缘故分五"。次，破救难；"非熏令长"至"为因缘故"。后，违
教难。"又诸圣教"至"理教相违"。

初，引经难引颂段。"如契经说"至"亦常为因性"。《述记》初句
能藏，次句所藏。现法长养彼种者，谓依八之转识转时，同生同灭，而熏八
中，令彼转识增盛，成三性名言种。**87** 准此，但似转识与自转识为因缘，而言
与赖耶作因者，影显现生，是持诸熏习，令转识现生。后法摄殖彼种者，名
言种类之业种，引彼名言，而生现行。太贤《学记》以为非是，两句皆
各具能所藏。盖窥师是能所藏之唯现家，太贤从圆测是能所藏之
本种转现家故也。释颂段：初、释颂成因缘，"此颂意言"至"相生互
为因缘"。二、引教成前义，"《摄大乘》说"至"染法互为因缘"。三、喻因
缘非外法，"如炷与焰"至"互相依：一、因缘义；二、依持义，不但因果义"。四、
立因唯种现。"唯依此二"至"不可得故"。据展转义，有三法；据因缘体，唯
二法。

次，破救难。《述记》二段：初，释论文。"第五重破"至"亦有
新熏"。释勿善恶业与异熟果为因缘句。疏家有谓是三家解：初，以
果体、业体共一种生难。异熟果是果体，异熟果因是业体。次，业体、
果体，各自一种生难，分为二家：一、谓果种不能熏增自种，而业

现熏增之；"又汝若言"至"为因缘故"。二、谓业种增自业种，亦旁资而增果种。"或复业种"至"亦有新熏"。疏家又有谓初是总相出难意，次下有其二难，其第二之旁资义，是三藏法师解。

今欲明论意。**88** 将三释会为一处，而求论意所在。本有家自体以自种为因缘，而又救言：熏长为因缘。夫自不能熏长，则熏义不能屏他。他非因缘，则长非因缘。又自不能长，长绝而因缘绝，则长不能为因缘。绝救。会文如下：

汝言诸法各但一种，若异熟果因，但是一种生。又汝若言：善恶业体是一种生，异熟果体是一种生，各一种者。善恶业现行熏果种增时，而异熟果，现不自熏，但善恶业现行，熏令果种增长，其种本有。善恶业与果，应为因缘故。业于果种，能令增长，应名因缘。如自业种，但令增长为因缘故。或复业种增名言种，应是因缘。既非因缘，故非增长，名曰因缘。

次，二问答。"若尔设俱"至"彼非因缘"。本有家初问：名言种是新熏，业种是新熏，一时熏故，何名因缘？我果业俱增，不为因缘，汝果业俱熏，岂名因缘？答：我熏有办有资，办为因缘，业先熏得名言种已，后时起业现行。又熏办成种，业现望业种，为因缘也。资则非是。汝增俱资，俱不办，于汝有过，于我无失。业种旁资名言种，是本有家意，名观本意，后解为本也。今难本意转识熏增，不与第八为因缘，唯以自类为因缘故。本有家又问：有新种生现，旧种无用，应不生现？答：视各逢缘，新现旧亦现。

若唯始起，**89** 有为无漏无因缘故，应不得生。有漏不应为无漏种，勿无漏种生有漏故。许应诸佛有漏复生，善等应为不善等种。

初，难新熏家无法尔种，始起生无漏。次，难分别论无法尔种，净体生无漏。三，明正义，地前但法尔，见道有新熏。四，经论会违。此初也。

"勿无漏种生有漏故"者，如延寿法、十王报。然延寿法非亲生新，但资故业；十王报因地前修，非亲感果，有漏业果不许无漏生也。

《述记》"此初无漏许无因缘亦有何妨"者，此用萨婆多刹那义救也。彼宗有五种法：**90** 一、长养，二、等流，三、异熟，四、刹那，五、实。初念无漏苦法智忍，非长养，不是色故。非等流，先非无漏不从同类生故。非异熟，无漏善非无记故。非实，不是无为故。唯刹那。此一刹那无因而生，惟相应、俱有、能作、无遍行、同类、异熟。第二念苦法智，方有第一念苦法智忍为因也。大乘地前，本有增为见道初念因，第二念即不现行，转齐非转灭故也。详后。

灵泰云：有部无善与不善为同类因，唯有不善与有覆无记为同类因。如身边有覆起瞋等。疏主错也。或云前善生后恶心为同类，或云假设许之。

分别论者，**91** 虽作是说："心性本净，客尘烦恼所染污故，名为杂染；离烦恼时，转成无漏。故无漏法非无因生。"而心性言，彼说何义？若说空理，空非心因，常法定非诸法种子，以体前后无转变故；**92** 若即说心，**93** 应同数论，相虽转变而体常一。（一）恶、无记心，又应是善。（二）许则应与信等相应。（三）不许便应非善心。体尚不名善，况是无漏？（四）有漏善心，既称杂染，如恶心等，性非无漏，故不应与无漏为因，勿善恶等互为因故。（五）若有漏心，性是无漏，应无漏心，性是有漏，差别因缘，不可得故。（六）又异生心若是无漏，则异生位无漏现行，应名圣者。（七）若异生心，性虽无漏而相有染，不名无漏，无斯过者，则心种子亦非无漏，何故汝论说有异生唯得成就无漏种子？种子现行，性相同故。（八）然契经说心性净者，说心空理所显真如，真如是心真实性故。或说心体非烦恼，故名性本净；非有漏心性是无漏，故名本净。

此次，难分别论无法尔种净体生无漏也。基师、测师，所科不同。

基科三段。初、叙宗段。"分别论者"至"非无因生"。次、破他段有二：一、空理非因难。"而心性言"至"无转变故"。二、起心非净难，有八：（一）心即能缘相变体一，同数论。"若即说心"至"而体常一"。（二）相漏性无漏，恶心应善心。"恶、无记心，又应是善"。（三）许恶心是善，应有善心所。"许则应与信等相应"。（四）不许善心所，则性非是善。"不许便应"至"况是无漏"。（五）有漏杂如恶杂，非无漏因。"有漏善心"至"互为因故"。（六）漏是无漏，无漏亦漏。"若有漏心"至"不可得故"。（七）性净则现应无漏。"又异生心"至"应名圣者"。《述记》许现行有漏心性净故，如佛等圣，因于喻上不转，**94** 佛元无有漏心性。应量：诸异生位应无漏现行；许心性净故；如佛等圣。然窥师亦是说异生泛起诸心耳。率语未酌，遂尔生过。（八）现染则种非无漏。"若异生"至"性相同故"。后、自解段有三：一、是《胜鬘》法性心，"然契经说"至"真实性故"。二、是《瑜伽》依他心，"或说心体"至"名心本净"。三、非分别论有漏心。

测科三段。初、后同基，次破他段起心非净难有四失：（一）相违即体失。"若即说心"至"而体常一"。（二）三性杂乱失。"恶、无记心"至"互为因故"。（三）漏无漏同失。"若有漏心"至"不可得故"。（四）凡圣异失。"又异生心"至"性相同故"。

基科七、八难，测科第四失中，论文"何故汝论说有异生唯得成就无漏种子"句，有二条辨：初叙此义属分别论中何部。分别论者，有说不属专部，凡不如理，皆称分别。其中有诸部不善义，有大众四部不善义，有大乘心溷师不善义。基师《枢要》，此义属何部有三解，太贤一一驳为非是。

基：大众部等，不立种子，今破大乘异师之义。太：对分别论，既言汝论，宁知此破大乘师？大众心本净，同分别论。有种无种，不同何失？

基：或大众部有当生义，名为种子。不同经部别有种子。太：或若当生，名为种子。何言种子现行性同？以现例种，明知令生，其当所生纯无漏故。

基：或不相应随眠名种。太：或彼烦恼种名随眠，如何无漏种名随眠？

太贤谓分别论有无漏种，不必大众，不必大乘异师，而别指诸部。

次叙此义之学说。彼宗谓法有二因：一、本性因，即无漏种；二、击发因，即心本性。然彼不许有第八识，其种无依。彼三性心，由现有染，虽非无漏，本性净故。所熏成种，即成无漏。此种通生有漏、无漏，初生无漏，以此为因。彼本净生新漏，初道无正因，同难陀义，故例破也。

　　由此应信，有诸有情，无始时来，有无漏种，法

尔成就。后胜进位，熏令增长。无漏法起，以此
为因。无漏起时，复熏成种。有漏法尔，类此应
知。**95**

此三明正义。地前但法尔，见道有新熏也。见道初念所熏之
种，于第二念，不生现行。盖初念是断惑智种，其现行亦为断惑；二
念是证理智种，则现行自为证理。感现有别，视其种别。非但初
念见道起，是法尔种生；初念修道起，或见或相，亦法尔种。见、
修以后，所起无漏，新旧共生，转齐势力，二种等故。若尔，如
何护法破他言不见二种生一？然二种生一者，二种同依一识，和
合似一。如一麦子，众微共生。非不和合条然各别，但聚一处而
为生一也。

诸圣教中，**96** 虽说内种定有熏习，而不定说
一切种子，皆熏故生。宁全拨无本有种子？然本
有种，亦由熏习令其增盛，方能得果。故说内种，定
有熏习。其闻熏习，非唯有漏。闻正法时，亦熏
本有无漏种子，令渐增盛，展转乃至生出世心，故
亦说此名闻熏习。闻熏习中，有漏性者，是修所
断，感胜异熟，为出世法胜增上缘；无漏性者，非
所断摄，与出世法，正为因缘。此正因缘，微隐
难了，有寄粗显胜增上缘方便，说为出世心种。依
障建立种姓别者，**97** 意显无漏种子有无。谓若全
无无漏种者，彼二障种永不可害，即立彼为非涅
槃法；若唯有二乘无漏种者，彼所知障种永不可

害，一分立为声闻种姓，一分立为独觉种姓；若亦有佛无漏种者，彼二障种俱可永害，即立彼为如来种姓。故由无漏种子有无，障有可断不可断义。然无漏种，微隐难知，故约彼障，显姓差别。不尔，彼障有何别因，而有可害不可害者？若谓法尔有此障别，无漏法种，宁不许然？若本全无无漏法种，则诸圣道永不得生，谁当能害二障种子，而说依障立种姓别？既彼圣道，必无生义，说当可生，亦定非理。

此四经论会违也。一段，会内种，定有熏习违；生则不定，增则亦定。"诸圣教中"至"故说内种，定有熏习"。二段，会闻法熏生出世心违；亦本有熏增，或方便寄说。"其闻熏习"至"方便说为出世心种"。三段，会依障立姓违；约障以显微，种障俱法尔。"依障建立"至"亦定非理"。

《论》"闻正法时，亦熏本有无漏种子，令渐增盛"者，此熏为疏熏。

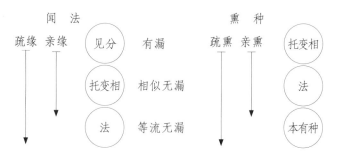

《述记》"及自因缘所熏有漏种为增上缘"者，资粮、加行中，本

有种弱，新熏种强，强能旁资无漏，犹如前文有漏善恶业，能旁资他异熟名言令增也。

《述记》"亦是有漏，亦名无漏"者：一说，闻思能增为有漏，净种所增为无漏。二说，取此位本有无漏种，名无漏。三说，此位体非无漏，以能背有漏，而顺无漏，名无漏。

《对法》：**98**漏随顺者，谓顺抉择分虽为烦恼粗重所随，然得建立为无漏性。基解：一、新熏家言，善体有漏，能为增上，或因缘生见道，故建立为无漏性。二、本有家言，此位无漏增长之种，名无漏性。三、互用家言，同本有家。

《论》感胜异熟者，**99**小七返人天，大十王变易。又释感不同：

有部——感别报唯满。谓色界五蕴满业。

测师——感别报引满。谓熏余满业，令感异熟。然未尽理。唯助余业无正感者，无漏唯有异熟助伴，非有异熟故。

范师——感通总报。谓随顺后有，亦集谛摄。此亦不然。若感总报，应有支摄。有支唯非学非无学故。

《述记》问若本有者，"为三品种"至"有漏亦尔"。

一、新熏家一品转灭。**100**

一说，无始有有漏解脱善种，及有有漏抉择种。

二说，闻熏有解脱种，观谛有决择种；从漏种生无漏现，从无漏现熏成无漏种。

二、本有家一品转灭。

无始唯有一品解脱分种，唯有一品无漏种。

三、熏本家多品转齐。

无始全有资粮、加行、见道十六心、十地中入住出三心、佛地四智等无量种子。各各种子，皆下中上递进而熏。地前唯进资，地上兼退资。皆是上种生，下不再现。

▲地前唯进资

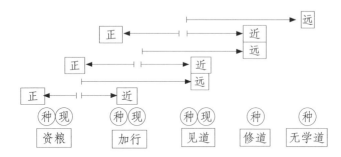

地前各位，下现资自、资中。中种生时，得胜舍劣，下种不现；中亦不退资之，有漏必断故。

▲地上兼退资

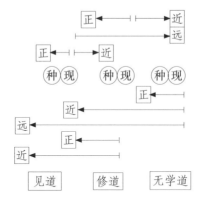

地上各位，苦忍资自、资智。苦智生时，得胜舍劣，苦忍不现；然苦智退资乎忍，俾忍智齐，无漏不断故。

新熏家，地上有平等、观察，若欲成佛可熏成圆镜、所作。此违《论》文转八识成四智之义。

本有家，唯一品种，地上有平等、观察。若欲成佛，更不熏新，如何得有圆镜、所作？犯果上阙二智失。

然诸圣教，处处说有本有种子，皆违彼义。故唯始起，理教相违。由此应知，诸法种子，各有本有、始起二类。

基以前，结经论会违而返出新熏；新违教后，乃总结第三师义。《学记》并为一结。

八识八段十义卷三

然种子义，略有六种：**101**

《大论》		《唯识》
一、常法不能为因		一、刹那灭
二、无常法与他性后念为因	他性	二、果俱有
三、他性后念须已生未灭	后念	三、恒随转
四、必得余缘		五、待众缘
五、须成变异		
六、与功能相应		四、性决定
七、必相称相顺		六、引自果

一、刹那灭，谓体才生，无间必灭，有胜功力，方成种子。此遮常法。常无转变，不可说有能生用故。**102**

表自有二义：一、必生灭而后合有为，二、有胜力而后可取与。**103** 遮他有四种：一、遮无为缘起，**104** 二、遮长时四相，**105** 三、遮神我常法，**106** 四、遮真如为种。《法华》：一地所生，一雨所润，而诸草木，生长各异。**107** 乃谓一地即真如、生长名种子者，非也。《经》以三乘理性同，取譬一地；三乘行相异，取譬生长，不说无为而有生灭。

二、果俱有，谓与所生现行果法，俱现和合，方成种子。此遮前后及定相离。现种异类，互不相违，一身俱时，有能生用；非如种子，自类相生，前后相违，必不俱有。虽因与果，有俱不俱，而现在时，可有因用。未生已灭，无自体故。依生现果，立种子名。不依引生自类名种，故但应说与果俱有。

表自有三义：一、俱，二、现，三、和合。**108** 遮他有二义：一、前后非俱时，二、相离非一身。种生种，亦入前后摄。

《述记》"由此无姓人第七识不名种子，果不显现故"者，测师释现，止一现在义，谓种、现同时，名俱现也。基必三义释现，**109** 而提出显现者，无姓主义，唯基独行。有姓人，七识见道，初地应平等性智，缺恒随转，其有不缺恒随转之无姓人，则七识岂非具种子六义耶？故以显现为言，七识有间，不摄无姓人，不足言缺义；七识沉隐，非止有姓人，乃足言缺义。盖缺果俱有三义中之现义，现三义中之显现义也。《述记》有说至世必不同者，初、牒外计，"有说种生"至"非此刹那"。次、诘违论，"如何解此"。三、外释，"彼师意说"至"自当广述"。四、又诘违，"若尔种望种"至"并生之妨"。有三段：一、诘违唯识教，"若尔"下。二、诘违瑜伽教，"《瑜伽》云"下。三、诘违理，"若因在灭"下。五、总结。"由此故知"至"世必不同"。

上座因果义。因在灭，果在生；灭时引果，生时酬因。此约一个法体上辨生灭因果，而灭有体非无。

此法体在初生时，即名为果。以酬前灭，故云果在生，前念因之果在现在生也。

此灭相为因，能引后念法，故云因在灭，后念果之因在现在灭也。

胜军因果义。[110] 因在生，果在灭；生时引果，灭时酬因。此约二个法体上辨生灭因果，而灭亦有体非无。

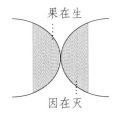

前法灭相因引后至生，前灭与后生并，故云因在生，谓灭因在生果上也。

果在生

因在灭

后法生相果能酬前灭，后生与前灭并，故云果在灭，谓生果在灭因上也。

种望于种类亦应尔者，前念种为因缘，生后念种。前后刹那各自段落，故非无穷。[111] 然现行望种时，[112] 现带有所熏种，不犹是种望于种耶？答：此有二义：一、新旧非等流，而是异熟。旧种生现，因果体异；现熏生新，能所熏异。二、对现名种，犹如对

果名因。现熏种时，能熏所熏，虽是同时，却正构组，为正成种。姑亦名种，非已成得名。若已成种，则属第二刹那后因后果，又俱

时有。是故新旧种，异熟相望，与新旧种，等流相望不同。种望于种类亦应尔者，等流相望也。

三、恒随转，谓要长时一类相续，至究竟位，方成种子。[113] 此遮转识，转易间断，与种子法，不相应故。此显种子自类相生。

经部六识等[114]能持种子，亦此中破，以三受转变缘境易脱故。下依上文，此但言心实，亦遮色例补一句，以无色界根身间断故。

种子种类义，无性《摄论》与此论有别。永不生用，体仍潜在至金刚心断者，一、见道时无想定种，二、见道时三恶道种，三、八地以上烦恼种。此论为种类，《摄论》亦为种类；暂不生用，[115]缘至即发，可有果俱者，《摄论》为种类，此论为种子。

此显种子自类相生。《述记》一段文，初、种生种创义。"即显"至"《摄论》无此"。次、有三番难解：一、问答七识非种，"问第七"至"种子不然"。二、问答有无尽相，"若尔如何"至"名恒随转"。三、难解决一不名种。初难。"此等种唯有"至"应名种子"。次解，有四家：一家，二显四遮，果俱但遮。"此不应尔"至"为种不成"。二家，六俱遮非显。"又说种子"至"即是种子"。三家，缺果俱义，乃是种类。无性《摄论》无种生种之种子义。"又此自类"至"亦不相违"。四家，暂非果俱，缘至可俱，但隐非缺。种生种是种子义，不可以七缺恒转相例。此为正义。"又显种子具"至"无想定等"。

四、性决定，谓随因力，生善恶等功能决定，方成种子。此遮余部，执异性因，生异性果，有因缘义。

一、辨自体，二、性相随，乃合因缘。有部以同类得等流为因缘，而实为异性因，生异性果。其异熟得异熟，遍行得等流，俱有相应得二士用为因缘者，亦皆异性因生异性果也。三性五蕴，**116** 自地同部有覆，引不善或善，名同类；俱有漏故，名等流。○善恶业业，感无记根身异报，善异其恶，因异也；无记异其善恶，且异其时，果异也。○身边有覆遍五部染，名遍行；俱染故，名等流；然望染中之不善，名异性。○业谢身亡，业存身在，因果与俱，名俱有；即此隔世异熟果，名隔越士用。当念心王，望当念心所，相应与俱，名俱有；即此前聚引后聚，名无间士用。隔越即异熟，无间即等流。○自地同部，业报王、所，皆性异也。

五、待众缘，**117** 谓此要待自众缘合，功能殊胜，方成种子。此遮外道，执自然因，不待众缘，恒顿生果；或遮余部，缘恒非无，显所待缘，非恒有性，故种于果，非恒顿生。

六、引自果，**118** 谓于别别色心等果，各各引生，方成种子。此遮外道，执唯一因，生一切果；或遮余部，执色心等，互为因缘。

种虽依识现行句，种依于持种者，现行之谓持。自体是识所缘，不同于识句，种是所缘，持种是能缘。故识现行非名种子句。三句中识皆指八识。

唯本识中，功能差别，具斯六义，成种，非余，外谷、麦等，识所变故，假立种名，非实种子。外种，一是现法，二是重变，析至极微，仍是假故。

此种势力，**119** 生近正果，名曰生因；引远残果，令不顿绝，即名引因。

无性以远近相对,不言正残;天亲约正残相对,更不云远近。此论赅备都说。无性种现通四生较广,天亲尸骸不通化生较略。然奘师又云:天亲约法体解实广,有情无情,皆有生引因故;无性但约有情解,实略,唯独有情上有生引因故。

内种必由熏习生长,亲能生果,是因缘性;外种熏习,或有或无,为增上缘办所生果,必以内种为彼因缘,是共相种所生果故。

外麦种从内识中麦共相种生,即有情共缘麦等熏种,后种藉此为缘复生,实是现行。

依何等义立熏习名?所熏,能熏,各具四义,令种生长,故名熏习。何等名为所熏四义?一、坚住性。若法始终一类相续,能持习气,乃是所熏。此遮转识及声、风等,性不坚住,故非所熏。二、无记性。若法平等,无所违逆,能容习气,乃是所熏。此遮善染,势力强盛,无所容纳,故非所熏。由此如来第八净识,唯带旧种,非新受熏。三、可熏性。若法自在,性非坚密,能受习气,乃是所熏。此遮心所及无为法,依他、坚密,故非能熏。四、与能熏共和合性。若与能熏同时同处,不即不离,乃是所熏。此遮他身、刹那前后,无和合义,故非所熏。唯异熟识,具此四义,可是所熏,非心所等。

坚住之坚可熏,**120** 坚密之坚不可熏者,《钞》:坚住约一类相续，坚密约胜，故别。然三可熏中，坚密之言，是遮无为，与二无记中，强盛亦约胜说。之言亦遮净识，有何分别？

坚住遮	无记遮	可熏遮
世亲：非如动风。	世亲：蒜臭极香。	世亲：如金石等。
无性：犹如声等。	无性：沉麝蒜薤。	无性：非金石等。
此论：一声风色法，二转识王所。	此论：一善染力强，二如来净识。	此论：一坚密如石，二体非自在。

《述记》：无明熏真如，由此知非也。唐疏都不许熏。

灵泰《疏钞》：无明熏真如者，即是《起信论》中天亲菩萨引不正师义。智周《演秘》：无明熏真如者，自古诸德多为此计。此论明简，故知古非；马鸣菩萨亦言真如受熏持种，恐译者误。道邑《义蕴》：无明熏真如者，古师说真如受熏为诸法种，此遮无为，故简非也。

《述记》：若二俱持，即成一种生二芽过。如一识种，色心两持，后遇生缘，两处齐生。就种边言，则有一种两芽失，现见一种故；就芽言，则有两种一芽失，现见一芽故。

一问答。"如瓶"至"亦不受熏"，持物则可，持种则不可。瓶唯形总，假不能持。色等四尘，实法持物。不相应行，色、心分位。色、心不持，分位不持。瓶依四尘，尘不持种，瓶即不持。

二问答。"若尔本识"至"假法应得"。问意，色、心不受熏，不相应不熏；本识固受熏，生物假受熏。

三问答。"若假说者"至"亦如是中说"。问意，生不离自证，识熏生亦熏。

何等名为能熏四义？一、有生灭。若法非

常，能有作用 **121**，生长习气，乃是能熏。此遮无
为，前后不变，无生长用，故非能熏。二、有胜用。**122**
若有生灭，势力增盛，能引习气，乃是能熏。此
遮异熟心、心所等，势力羸劣，故非能熏。三、有
增减。若有胜用，可增可减，摄植习气，乃是能
熏。此遮佛果，圆满善法，无增无减，故非能熏。彼
若能熏，便非圆满，前后佛果，应有胜劣。四、与
能熏和合而转。若与所熏同时同处，不即不离，乃
是能熏。此遮他身、刹那前后，无和合义，故非能
熏。唯七转识及彼心所，有胜势用而增减者，具
此四义，可是能熏。

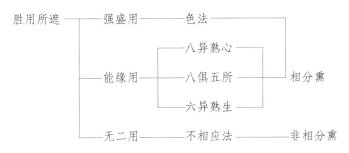

六识异熟生，**123** 赅摄甚宽。一、摄非业感之分别起，二、摄
苦乐受违顺舍受之胜业所引，三、摄中容舍受之劣业所引。非业感
而起之威仪工巧，及非业感之异熟心缘变影像，一切能熏，但遮
胜劣业感之三无记心，及其所带相分。一切不能熏，是圆测义。

护法门人二释：初释，以非业感之缘变影像不熏。基引或此法
尔皆非能熏，以无用故；测引业感定不能熏，唯法尔起，必用业助。

后释，以胜业所引，能熏；劣业所引，不熏。三藏意取后释；基但叙而不断，然不叙胜劣业，则似不取后释；测则皆破。初释本质非影熏成，则转识不应与赖耶为因缘性。二释俱引、俱满、俱是异熟，胜劣俱等，俱不能熏。《论》无文证，独等于劣。

自证熏种，即有势力，后皆为业感异熟果。相分熏种，但能生自类心，不能作善恶等业。唯八识自证能受熏，亦唯七识自证能施熏。自证带相、见，即说相、见分熏。其实见分但是用，用不能熏。见分虽具四义，然依生故，无别种故，非自体故，故不能熏。自证方是体，体乃能熏。见缘相时，相分为自证所带故，相分亦能熏。

欲界所知障，分作十品、[124]十地分断，乃至有顶，亦作十品、十断，是为九个十品、十个地断之。每地断，九个中之一品。有顶障，初地亦断。欲界障，十地亦断。地地通三界，故地地有九品。此总三界分九个十品，不得约九地分八十一品也。

		初地	二地	三地	四地	五地	六地	七地	八地	九地	十地
上上	欲	品									
上中	初禅		品								
上下	二禅			品							
中上	三禅				品						
中中	四禅					品					
中下	空无边						品				

续　表

		初地	二地	三地	四地	五地	六地	七地	八地	九地	十地
下上	识无边							品			
下中	无所有								品		
下下	有顶									品	

（金刚定）

（依上表，菩萨生上界，还起欲界现行惑。依下表，二乘生色界，必伏尽欲界染。

下断上。初果，断三界见惑；欲界无学，断上界修惑。

上断下。不还，得无学时，却断下界七识惑。

下断下。一来，断欲惑，得二果；不还，断欲惑，得三果。

上断上。不还，断无色六识惑。）

如是能熏与所熏识，俱生俱灭，熏习义成，令所熏中种子生长，如熏巨藤，故名熏习。能熏识等从种生时，即能为因，复熏成种。三法展转，因果同时，[125]如炷生焰，焰生焦炷；亦如芦束，更互相依。[126]因果俱时，理不倾动。能熏生种，种起现行。如俱有因得士用果。种子前后自类相生，如同类因引等流果。此二于果，是因缘性。除此余法，皆非因缘；设名因缘，应知假说。是谓略说一切种相。

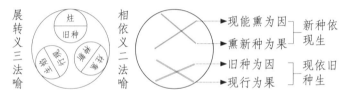

种起现，现熏新，同时依倚。取芦束，外喻不足，又取内喻，说此如小乘相应俱有因，[127] 得无间士用果。自类种望种，他时衔接，亦取内喻，说此如小乘前念同类因，[128] 引后念等流果。

唯识讲义笔记

八识八段十义笔记卷一

聂耦庚笔记/吕澂校订

1 "一真法界"至"不可言说"句 ❶

一真法界即圆成实。圆成实云者，以简为言也。圆简自相，自相出体，局而狭隘，便非是圆。成简生灭，生灭虽遍，是刹那性，便非是成。实简我与空，我、空虽谓是圆满周遍，然系虚妄，不可证会，便非是实。简之为言，有所遮也。简自相、生灭及我与空，即遮有为法及与顽空之非圆成实，而显无为真如之为圆成实也。

圆成实非意言境，言说以口表，口止能表世俗道理，而未可以表圆成实。若强表之，乃似骑牛又觅牛耳。然亦非可以意表者，意表思想，此圆成实超过寻思所行之境，云何可以意表？

2 "方便善巧"至"有说依他"三句

非究竟之为方便，无过失之为善巧，佛法之妙，即在以方便显究竟。空宗破除遍计，一切俱非。意识周遍计度，执染净诸法，不如其分，遂成大病，故必遮之。依于所边因缘，能边缘虑，以他

---

❶ 底本中，以第几页第几行来定位对应的《讲义》文字；今改用类似"文后注"的形式，来重新建立对应关系。——编者注

为自，起一切法，此即依他起性。以其动作生灭，属于用边，虽与不动无作之体非是一法，然亦不离，故能借此而显彼也。

3 "更欲置谈，舍显就密"句

佛法以二相显：一者理相，二者事相。空有二宗详于理而略于事，密宗详于事而略于理，其致一也。密宗之事相为曼荼囉，旧译为坛。建立金刚、胎藏二界。金刚界，五相成身，此谓观想。通达菩提心，修菩提心，成金刚心，证金刚身，佛身圆满，是为五也。是为渐义；胎藏界，即身成佛，是为顿义。

4 "若究二宗，应探经论"句

学佛何所依？曰依经论。佛法四端，教、理、行、证。教、理诠境，证即证果。因境起行，因行证果，事得究竟，以果为喻。境之不详，行、果其何从起？故学者当先境而后行、果。境既概教、理而言，教、理当求之于经论，

故学佛当以经论为依。教理摄入三量。三量者，曰现量，曰比量，曰圣言量。

世俗现量不可恃，须依据圣言以比知之。所云教理，教即圣言量，理即比量。圣言量乃自闻者方面而命名，若自说者方面言之，则仍本真现量，如实而谈也。盖大圣证真，自既悟矣，更须悟他。于是起后得智，分别一切事，为证真以后之模仿。复用言说，模仿此一切事。此一切事，即皆本现量亲证者，假言说以悟他。故信圣言量，即可方便善巧而得现量。明乎此，则教诚不可忽也。又比量必有一分现量为根据。据此一分已证，推知其余未证，即是依理而得证，故理亦不可忽也。若夫现量，具显现、现在、现成三义。此本当下即是，非可寻求，非可造作。凡夫所以不能得此者，以其五识，一念率尔，未可以久。八识微细难知，七识

无明所蔽，六识搀杂刹那五心，皆不足恃也。或五识与五俱意，有世俗现量，世间真实，依之以立。然驳而不纯，亦未足为切实之依据。故须借重教理，而经论在所必探矣。

以上十一年十月二十三日第一次讲

世尊灭后，诤论繁兴。其在西土大乘，则空有二宗，立说互异。有宗之中，又有护法、安慧，学分今古，师承各殊，留待后述。至我中土各家，多以判教立异。或主一教，或二或三，乃至主六；或应法感机，融通可取；或迷执成见，锢蔽非常。而贤首、天台两家，更因判教贻误学人，有待纠正。兹先就各家所判，列作一表，再附及贤首、天台之得失焉。

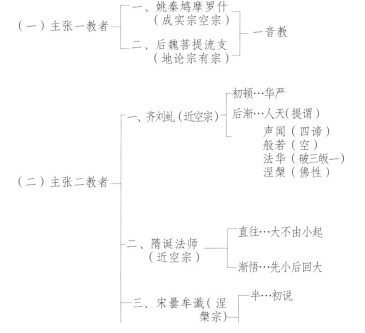

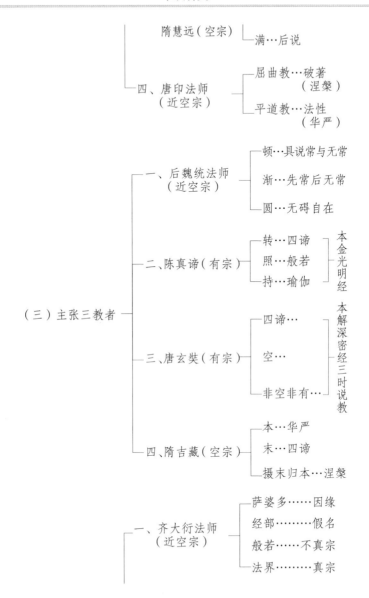

隋慧远（空宗）┤满…后说

四、唐印法师（近空宗）
┬ 屈曲教…破著（涅槃）
└ 平道教…法性（华严）

（三）主张三教者

一、后魏统法师（近空宗）
┬ 顿…具说常与无常
├ 渐…先常后无常
└ 圆…无碍自在

二、陈真谛（有宗）
┬ 转…四谛
├ 照…般若
└ 持…瑜伽
本金光明经

三、唐玄奘（有宗）
┬ 四谛…
├ 空…
└ 非空非有…
本解深密经三时说教

四、隋吉藏（空宗）
┬ 本…华严
├ 末…四谛
└ 摄末归本…涅槃

一、齐大衍法师（近空宗）
┬ 萨婆多……因缘
├ 经部………假名
├ 般若……不真宗
└ 法界………真宗

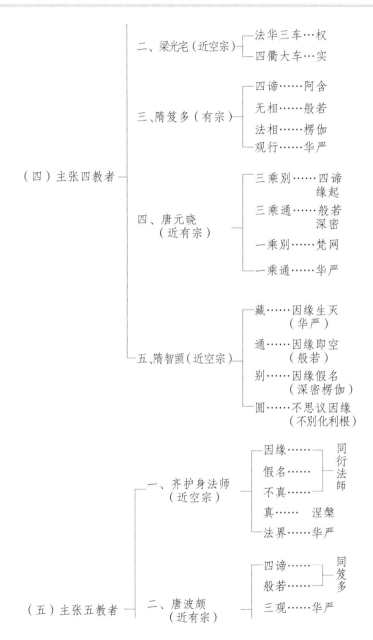

二、梁光宅（近空宗）
- 法华三车…权
- 四衢大车…实

三、隋笈多（有宗）
- 四谛……阿含
- 无相……般若
- 法相……楞伽
- 观行……华严

（四）主张四教者

四、唐元晓（近有宗）
- 三乘别……四谛 缘起
- 三乘通……般若 深密
- 一乘别……梵网
- 一乘通……华严

五、隋智颛（近空宗）
- 藏……因缘生灭（华严）
- 通……因缘即空（般若）
- 别……因缘假名（深密楞伽）
- 圆……不思议因缘（不别化利根）

一、齐护身法师（近空宗）
- 因缘……
- 假名……
- 不真…… ┐同衍法师
- 真…… 涅槃
- 法界……华严

（五）主张五教者

二、唐波颇（近有宗）
- 四谛……
- 般若…… ┐同笈多
- 三观……华严

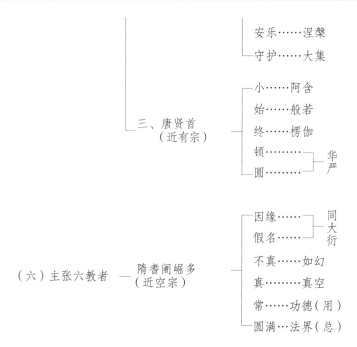

由上来表列，可见判教者，非止台、贤二宗。时人不学，奉二宗所判为圭臬。讵知二宗之短，即在辨教不明。而余家之说，尚有高出其上者，如诞法师、印法师、大衍师、笈多、笈多，三教外，加观行华严，甚为圆满，实为相宗之先河。耆阇崛多诸家，皆能圆通融会，非元晓、智颛等之所能及。元晓学本《起信论》，不知缘起生灭，而主真如缘起之说，根本已错。故其三乘别通、一乘别通之说，亦有可议。如谓一乘，别为《梵网》。《梵网》于《众经目录》入《疑惑部》，未足据也。今以《菩萨戒本》与《梵网》相较，即见《梵网》之可疑，何得遽据以判教？又谓一乘通为《华严》。然《华严》三学皆谈，非止说戒，如何与《梵网》并举乎？至于智颛四教之判，束缚学者之思想，窒息佛法之生机，障碍实大，不容不破。

夫判教本非至要之事，若因判教而锢蔽学者，更失传法之本旨矣。今故不取各家所判，而取鸠摩罗什等之一音教。何以故？世尊三时说法，一雨普被，乘则有三，教唯是一。闻者识上，各变不同；托质圆音，未尝有异。瀛渤潢污，率视其量，是之谓乘则有三；有色、无色、有想、无想及与俱非，我皆令入无余涅槃而灭度之，是之谓教则唯一。是故四谛、菩提，体非歧异；一音判教，最为善巧。玄奘法师虽尝本《解深密经》而判三时说教，窃揆其意，盖亦有为而然。今即不从。吾人论学，当不役役于古人。取一音教，实可开放人之思想也。若智颛四教、贤首五教，其实无大殊异。今先表列之，而后从慧苑《华严刊定记》，别破其失。

贤首	天台

小————————藏⋯⋯⋯因缘生灭（正小傍大）

始————————通⋯⋯⋯因缘即空（正大傍小）

终————————别⋯⋯⋯因缘假名（化大不涉小）

顿
圆————————圆⋯⋯⋯不思议因缘（利根不别化）

所谓藏教者，本《大智度论》佛对迦延尼子而言"三藏如是如是而说"，非谓一切。然若执此而立藏教，则有五失：

一、他语自认失。小乘本自宗语，三藏系他宗语，不可随顺而说。

二、滥涉大乘失。三藏是自他宗大小通有。

三、大无三藏失。若判藏教为小乘，则大乘应无三藏。

四、特违至教失。《法华》云不得亲近小乘三藏学者，《阇王经》《入大乘论》皆不许小立三藏。

五、不定失。萨婆多立经、律、论三藏；经量部减一，止经、律二藏；大众部加杂，为四藏；犊子部加咒，为四藏；成实宗加杂、菩萨，为五藏。若判三藏为教，是止承认有萨婆多，而弃置各部矣。

又若谓藏教为正被小，然则直往大乘岂无之欤？若谓直往大乘为傍被，然则以何因缘而不可以正被耶？

所谓通教因缘即空、正大傍小者，今以三问破之：

一、小亦说声闻、辟支、菩萨同秉小教，亦应名通耶？

二、因缘即空，是为般若。此般若为闻生空耶？则与大异，是通教不被大矣。何云正被大耶？

三、若此般若是闻二空，则与小异，是通教不被小矣。何云傍被小耶？

所谓别教因缘假名、化大不涉小者，其主旨在的化菩萨。然佛转法轮，一切解脱，闻者识上故有偏局，圆音则一，机感不同。又岂可直断其为化大不涉小耶？

所谓华严是圆教，应并为小乘说。然何以解于华严座上二乘如聋如哑耶？故有矛盾之病。上来虽就天台四教立说，贤首五教之失相例可知。

以上十月二十五日第二次讲

虽然，天台、贤首二家亦非无可取之处。此则天台有四事：曰四悉檀，曰六即，曰三观，曰三止；贤首有三事：曰六相，曰十玄门，曰四法界。皆甚精微之谈也。

天台

四悉檀。本《涅槃经》立。悉者，遍也。檀者，施也。周遍法施之谓。

一、世界。随顺世间道理，建立一切不犯世间相违过。

二、为人。对机说法。

三、对治。因染说净。

四、第一义。净法圆满。

六即。即者，即佛也。

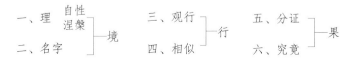

三观。即空、假、中三观。先是北齐惠文，依《智度论》《中观论》，悟此妙理，以授南岳惠思，惠思传之智颛。故推其本源，即龙树所谓"因缘所生法，我即说是空，亦名为假名，亦名中道义"也。龙树之空，虽空非断，宛然而有；虽有非常，无有自性；虽破遍计，不遣依他；依他如幻，不可说实。故因缘生法，即是空，亦即假名，亦即中道。天台本此以立三观。

三止。止、观相并为用。观有三，止亦有三。

一、空——体真止。

二、假——方便随缘止。

三、中——息两边分别止。

以上四事，是天台宗最精微处。欲究其详，可读三种著述：一、《大乘止观法门》，南岳著。二、《摩诃止观》，智颛著。三、《天台传佛心印记》。元怀则述。

贤首

六相。本世亲《十地经论》以立。

一、总，共相。二、别，自相，共中别开。三、同，一性。四、异，非一性，即同之逆观。五、成，周遍。六、坏。本位住。

十玄门。六相中别开。

四法界。以法界为缘起，说十玄、六相之妙义，示法界差别事。其事事无碍，须以唯识种子交遍之义讲之。一、理，二、事，三、事理无碍，四、事事无碍。

以上三事，是贤首宗精微处。

二家所短，固不宜从；二家所长，则亦未可抹杀。寻二家之远源，乃在空有两宗。如直从两宗下手研究，又知二家立说精要之处固甚少也。

上来傍叙各家判教之异说已竟。自下正叙经论，先空宗而后相宗。

5 空宗经论表

中土空宗之开祖为鸠摩罗什。什师学本龙树，龙树则西域空宗之大成者也。西域空宗思想，颇有渊源大众部之处。由大众而上座之经部，由经部而成实，由成实而般若，皆有关涉。什师译龙树三论，《中观论》《十二门论》《大智度论》。及提婆之《百论》，发明真空义蕴，空宗遂弘播于中土。当什师未入关以前，晋人多尚玄谈，沙门、居士，极思想之自由，探法海之妙要，似为空宗之滥觞。惟于空宗真谛，则多未明也。盖空宗所谓本性空者，就因缘所生法而言也。缘生本无自性，无自性即是空。此遮缘生之用，即所以表本性之空，故空宗正义，系以遮作表也。晋人玄谈即未明此理，故吉藏《中论疏》八不十门义同异门中，即列举诸家学说，批评无遗。今概为一表如次：

学者	学说	批评
道安	本无义。谓无在万物前，宅	空之义，非无之义也。本性即空何分前

续　表

学者	学说	批评
	心无万事息。此就心说。	后？且既空矣，又何无字之可谈？
琛法师	本无义。大同道安，但此就色说。	比较道安，所见更浅。
关内大朗	即色是空。	即色是空诚然，但犹未知本性空及空空也。
支道林	即色游玄论。	不坏假名，而说实相，甚可贵也。然亦太着色空之迹。
温法师	心无义。但破执，空心不空外物。	心何以空？外物何以不空？未作究竟之谈。
于法师	识含义。心识梦主，三界长夜；梦觉，三界无生	如此所谈，则无世俗谛。
壹法师	无世谛义。世法如幻，本来无有。	执无世谛，蹈恶取空。
于道邃	二谛义。缘会故有，缘散则无。	未知因果关系。
齐周颙（隐士）	三空论：一、不空假名论，二、空假名论，三、假名空论。	一者，但空实性，不空名；二者，析缘则无，缘为假名所依故。此二均非彻底之谈。唯第三假名，宛然即空，颇与空宗相合。

空宗经中《般若》十六会，一会、二会最为重要，兹略论之。

一会，四百卷，八十五品。大义，摄境、行、果三，归六度；摄六度，归一般若，以明一切法如幻，而境、行、果三，复各有所摄。如左表：

境	行	果
蕴	菩提分	三身
处	四静虑	四智
界	四无色定	十力

续　表

境	行	果
缘生	八解脱	四无畏
	八胜处	四无量
	九次第定	六通
	十遍处	十八不共
		三十二相
		八十随好

此中精微处，全在涅槃如幻一段，其言曰："设更有法胜涅槃者，我亦说为如梦如幻。何以故？幻化梦事，与一切法乃至涅槃，皆悉无二故。"略示其意，学者须详。

二会，即《大般若经》，亦名《大品经》，共四十卷。龙树作《智度论》释之。前半说法性，后半说功德，皆就如幻义以显。十六会中此为最胜，且广略适中也。

论中，《中论》说自义，以遮为表。《百论》破外、小。《十二门论》扼要以谈，亦表亦遮。《大智度论》释《大品经》。又前三论，为宗经论；后一论，为释经论。

清辨诸论说空，虽觉偏颇，然但就遍计以言，真如、生灭，在真谛门平等是空。正所谓空前法相一毫不可有者。故治空宗，反宜从清辨之空下手。

6　相宗经论表

相宗在中土首先宏传者，为菩提流支及真谛三藏；更溯远源，则皆本自世亲。无著授世亲二论，俾之作释，一曰《十地经论》，二曰《摄大乘论》。菩提流支弘《十地经》，乃有地论宗。真谛三藏弘《摄大乘》，乃有摄论宗。二家主张，多从印度南方学派安慧之说，安慧与护法同时，学从古说，故《唯识述记》称之为古师安慧。护法为北方学派，学多新创。是为中土之古学派。玄奘学宗护法，为今学派。或又可以新、旧二派分之。

安慧之学驳而不纯，古学派宗之，率多谬解。今试就流支、真谛二家学说之误点，稍详辨之。

菩提流支之学说，其要有三：一、三空，二、八识即如，三、梨耶中求解脱。三空者，所谓人法我空、因缘法体空、真如佛性空是也。然因缘法体者，依他起也，识之所变也。依他是用，乌乎能空？所变有相，又乌能空？三界，心、心所虚妄分别所生。有见、有相，见为能缘，相为所缘。见、相二分，依自证起，皆是依他，有大功能，云何可空？故因缘法体空云者，犹不解依他之用也。又，即于此可见其学来自安慧。安慧固说见、相二分是无，唯自证有也。八识即如者，唯有八识之自证分为能变。此能变识，是真是实，故即是如。此说大似《起信论》以真如为缘起，八识依之而生三细六粗者。然八识唯是相体，而非真体。相体有而不实，有者，有种子。不实者，种子是用义，唯幻相耳。岂可比于真体之有耶？梨耶中求解脱者，此盖误以梨耶为末那也。解脱当于末那中求，以末那执我是染污故，执破染去，方得解脱也。今误梨耶为末那者，以八识有二义：一者，谓藏，则曰梨耶；二者，谓执，则曰阿陀那。末那之执，本为执我，是染着义。阿陀那之执，则为执持，是不失义。执言是同，遂误以末那染着之执，混同阿陀那不失之执也。

以上十月二十七日第三次讲

至于真谛所译之书，偏重唯识，后来奘师多加重翻。以两本相较，则旧译泥守古说，异义纷然，谬误之处又不胜举。故中土唯识学派嫡传，不能不推奘师。盖由释迦而弥勒、而无著、而世亲、而护法、而玄鉴、而玄奘、而窥基，唯识学统乃一脉相承也。

茲将相宗经论新旧二译名称之不同及义解之歧异处，表列出之。

一、新旧两译名目同异表

新译	旧译	附说
《解深密经》	《解节经》	旧译止前三品，并作记曰真谛记。
《瑜伽师地论》	《决定藏论》	旧译止《决择分·五识身相应地、意地》三卷（五十一、五十二、五十三），重在八识。于此可窥真谛旧译，偏于唯识方面。
《唯识二十论》	《大乘唯识论》	此详所变，即所以成立唯识之理。
《辩中边论》	《中边分别论》	
《摄大乘论世亲释》十卷	《摄大乘论世亲释》十五卷	
《显扬论·成无性品》	《三无性论》	对般若而言。
《观所缘缘论》	《无相思尘论》	同《二十唯识》，但讲相分实有。
《异部宗轮论》	《部执异论》	说小乘派别义。
	《转识论》《显识论》	其原本不可考，但真谛异义多在此二种内。
	《起信论》《玄文本论》	此二种与真谛学问颇有关系，不可不阅。

二、新旧两译异义表

法相			新译义	旧译义	批评
境	八识二无	心外有所	唯大独立	大小皆同	经部无心所，故唯大独立。若大小皆同，使违经部。
		心心所同一	唯所缘同	亦同行相	旧据《萨婆多》，实为不正义。

续　表

法相		新译义	旧译义	批评
我	心心所缘起之本	八识皆有	唯限第八	旧据《起信论》，以真如为缘起，唯第八识。由第八生三细六粗，而不悟八个识作用各异，皆是缘起之本。
	心心所之相分	八皆四分	转但能缘	唯识三能变，兼转识说。旧止认八识能变，故唯八有相分，转但能缘。此义不可通。
	识数	净属第八	庵摩另九	净属第八，本是能边。若以第九为真如，则是将能作所，理何可通？
五法三自性	三性	依圆皆有	依计皆空	依他是用，用不可无，云何可空？
	三无性	唯遮遍计	通遮依他	无性者，无所执性也。依他不是所执，云何可遮？
	相名分别	是依非计	分别体空	分别是识之自性，有种为体，有现为用，相状宛然，未可空也。
	正智	唯属依他	亦通依圆	正智唯是能缘，而非所缘，智以抉择为用故。圆成若就真如边言，则是所缘，云何可通于正智？
	真如	界处摄尽	不属界处	不属界处，则是三科摄法不尽，三性真如从何而来？
	真如正智	无为有为	能所统一	真如是体，正智是用，故以无为、有为别之。若能所统一，则体用不分，又何解于佛作功德耶？
生死相续	十二支	二世一重	三世两重	旧译本自《俱舍》，非大乘正义。
行	漏无漏种姓	法尔本有	因缘所生	夫唯本有而后种姓坚定始有资粮、加行二位可言。若概因缘所生，如何能令立足安稳？

法相		新译义	旧译义	批评
	佛性	阐提无性	众生悉有	众生悉有佛性，此就体边言之耳。若就用边言，则有毕竟无障之佛，即应有毕竟有障之阐提。
果	小人无余之回否	永灭不回	还生回大	就用边言，定姓小乘永灭不回。还生回大之说，仍是众生悉有佛性就体边之言耳。
	回大之久修	分段增寿	别生变易	小乘不入色界化生，无十王大业故，所以不别生变易身。旧言别生，于理有违。
	初果断身见	唯断分别	亦断俱生	俱生身见，要后位渐断，非须陀洹所能。
	定姓入灭之由路	唯由自小	亦由佛道	唯由自小之义长，亦由佛道之义短。

　　上列二表，学者若一比较研究之，即可见旧译之疏失。盖真谛流支同。所得之学，为空有过渡之学。破空而有，虽经十大论师，而安慧实为之先河。安慧之学带空宗色彩，曾作《中观释论》。其于唯识，四分犹复未明。既许有识异于清辨之一切皆空，而又不许有见相异于护法之一切皆有。惟其学说独标识而言，故可谓为过渡唯识学。至比于护法之破立精确，则远不及矣。真谛学承安慧，于新义略窥大旨而不能精，于旧义多所粘滞而不能舍，故所译书，又未能比论于奘师新译之独得护法学精髓者也。

以上十月三十日第四次讲

　　相宗经中，《楞伽经》法相、唯识二义赅备，实为相宗经中之经。《阿毗达磨经》为三藏论藏之根据，又《阿毗达磨经》蕴、处、界平等，所以诠境，境为行、果所依，故《阿毗达磨经》又为行、果之所依。然此经未经译传,实属学者一大缺憾。所以知其为论藏根据及为诠境之经者,全是准《深密》《瑜伽》《摄论》法门相貌,而比知此经一切法门相貌;又准《集论》宗要相貌,而比知此经一切宗要相貌耳。盖论藏、境相两俱缺经。论藏缺经,如瞽无相,狂慧焉往?境相缺经,威力踔空,非凡足事。诸有志者当发大心,精研梵典,索诸西土,庶乎可补数千年之缺陷也。《华严十地经》中土虽有译文,然入地行果,全豹未窥,亦憾事也。幸《解深密经》译事周详,《伦记》《测疏》,颇资钻研。《菩萨藏经》即如来藏针对空宗,谈唯识义,亦颇精审。至于《佛地》《胜鬘》《无上依》三经,讲种姓义,于斯独详,列为附庸,可资探讨。基师之《法华玄赞》,天台宗以《五百问》驳之。幸有此三经,可以救《玄赞》而正天台之失。

论中《瑜伽师地论》以五分明。一曰《本地分》,以三相摄十七地。三相者,境、行、果也。境摄九地,由五识及意,而至有心、无心。行摄六地,三通、三别。果摄二地,即有余、无余之二通果。方便善巧,恰如其分,曰瑜伽,盖相应之义也。能生成住持,有类于地,故曰《地论》。本地之地亦同一取譬。详谈法相,五姓齐被,无一法不摄,是为《本地分》。二曰《决择分》,决择《本地》中不尽要义,而发挥唯识道理。故于境则谈八识,于行独详菩萨,于果则讲无住涅槃。又决择二经,以畀学者,一曰《解深密经》,二曰《宝积经》。斯二经者,唯识之开基,学者所必究。是为《抉择分》。三曰《释分》,释地中诸经解脱仪则,学者详参,而后得立论之方法也。四曰《异门分》,释地中诸经名义别异,所以明学派之不同也。五曰《事分》,释地中三藏众要事义。前之四分,是弥勒今学;此之一分,则删繁以明古学。又此五分,初一是论,故称《地论》;后四为释,释不名地,摄故名分。是为

《瑜伽》五分。

《显扬论》者，节本《瑜伽》也。《瑜伽》讲理，《显扬》明教；错综《瑜伽》地要，而以显教为宗。理简义当，法相、唯识二皆备有。

《庄严论》者，括《瑜伽》菩萨一地法门，而以庄严大乘为宗。独详大行，而首注重种姓发心。西域大小乘学，悉以此论为其根本。于此不通，未可弘法。又此与《瑜伽菩萨地》立说互有详略，须相对读之。

《辩中边论》者，叙七品以成《瑜伽》法相，而以中道为宗。七品诠表法相，简恶取空；中道权衡，边执屏斥。文不他及，义亦精严，境、行、果三，章次赅备。为法相之要典，例《摄论》而堪宏。

《五蕴论》者，略摄《本地分》中境事，而以无我唯法为宗。以蕴摄识，识亦是蕴，诸法平等，识非尊特。故法相义不同唯识义也。

《杂集论》者，括《瑜伽师地论》一切法门，集《阿毗达磨经》所有宗要，而以蕴、处、界三科为宗。此论义广而赅备，文约而义丰；古今之异轨，《瑜伽》法门是今学，《对法》宗要是古学。小大之通途；经论之杂糅，群圣之会萃，无不兼而有之。法相妙典，博大简明，推此第一。

《摄大乘论》者，括《瑜伽》《深密》法门，诠《阿毗达磨·摄大乘》一品宗要，而以简小入地为宗。十支之中，此论最胜。《百法》《五蕴》略不及详故；《杂集》法相博不及要故；《分别瑜伽》但释止观，六度三学，此独详故；《辩中边论》明中道义对恶取空，此明十地正诠所修故，二种唯识立破推广，提挈纲领此最宜故；《庄严》诠大意在庄严，此论诠大意独在入故；《显扬》诠教意重闻思，此论诠入地意重修慧故，是为最胜。谁有智者，舍此不学？

《百法明门论》者，略录《本地分》中名数，而以一切法无我为宗。以识摄蕴，唯识独尊。何以故？自性、相应、所缘、分位及与清净，五惟一识，摄一切法，人法无我，惟是识故。故属唯识独尊。

《二十唯识论》者，释七难以成《瑜伽》唯识，而以唯识无境为宗。一、释四难。境无识有，非有分色，非极微，非和合，非和集，识外俱非，成唯识义。二、释所证现量难。三、释不知难。四、释友教难。五、释梦无果报难。六、释意业无罪难。七、释他心智难。如是七释，成立唯识，妙义无边，方隅略示。

《成唯识论》者，广诠《瑜伽》境体，而以识外无别实有为宗。治此论者须分两事：一、正义事，即是唯识正义；二、别破事，即是别破外道小乘。又以三分，成立此论。一、唯识相，即依他起。异生迷谬，执离心外别有实境，妄计二取，为真为实。大悲除执，说唯是识。是故最初广诠识相。二、唯识性，即圆成实。虽知此心虚妄显现，而未了达真性是何，若未知真，乌能别妄？是故次明唯识性。三、唯识位，即十三住。入此唯识，断妄证真，非少修行可能圆满，故次第三明唯识位。本讲之八段十义，即是最初识相门中之第一能变识也。

此外尚有《分别瑜伽论》者，以止观为宗义。无分别一心为止，有分别多心为观。弘文未译，故未列入表中。然读《深密经》中《分别瑜伽品》，亦可得窥其大旨。

上来所叙即是相宗一本十支，《瑜伽》曰本，余论即支。是为相宗十一论。略明宗要，以示读者。此一段文，多引用《瑜伽师地论叙》十支第四中语。

7 《成唯识论》大旨表

《成唯识论》大旨，有三师判，第一师最为可取。今表据之。

《成唯识》重在"成"字，谓以相、性、位三分成立之也。又理成教，教成理，俱可通。

唯识在解明能变，即就见、相分而言。见是分别，相是所别，二皆有生灭之用，名之为分，所以简于常一之体也。又所谓见分者，非视见，乃见解，乃虚空玲珑之用。凡与事相交涉者，皆见也。见托相起，相由见生，此就能所，别之为二，其实则一识而已矣。

以上十一月一日第五次讲

讲唯识者，有二事最当辨别清楚。其一，境、识不同。虽亦理许，但执有外境，妄分畛域，则不当理。其二，虽说唯识，然不可即谓无境。无境对执外而言，非并遮识内之境。但说境、识为条然两物，又不合。境是相分，在在不能离见。此不离义，是唯识立足之点，自玄奘法师真唯识量，始特别提出之。

一本十支中，别破外、小之事，此论独详。是故外、小未悉，此论难通。外道九十六，大者十三，数论、胜论、声论、明论、离系邪命、顺世梵天，诸如是等，或译专籍，或载賸文。小乘有部系统，由旧萨婆多而《俱舍》而《正理》，旧萨婆多宗《发智论》。《发智》语焉未详，则有《六足论》补充之，又有《毗婆沙论》解释之。世亲菩萨本有部出家，而不惬于有部旧义，乃朋经部，制《俱舍论》，破萨婆多。众贤论师复作《顺正理论》，以破《俱舍》，是为新萨婆多。安慧菩萨，复杂糅《对法》，破《正理论》，以救《俱舍》。此中递嬗，关系至巨，未可忽视之也。其籍译传中土较为完备。余部若正量、大众一说、化地等立义，仅散见他处，读者当一一披寻也。

唯识相明依他起，即依业种与识种而起一切法也。业种谓前七识能所取，性有善恶，但一缘著，即熏成种，是为第一重取。识种谓第八识了别二取，更模仿之，有名言种，是为第二重取。前七熏种，要依第八，而后能再发生势用，故第八为前七之依持因。又前七种熏入第八，即无间等流，犹似余音，绕梁不绝，故第八复为前七之因缘因也。依他法皆以种为缘，种之与缘，不过所对有流动、实在之不同耳。种子谓势用，但有势用，一切即可以发生，故学佛自熏习种姓始。言熏习，则惟圣言量是赖矣。

《大论·五识身相应地》以自性、所依、所缘、助伴、作业五门解释。盖法不孤起，必有如是种种因缘也。八识八段中亦有此义。

相应中触等五，就种子而言；发为现行，则五俱时而起。

以上十一月三日第六次讲

八识八段十义笔记卷二

吕澂笔记

8 "必有其名，相乃系属"句，旁论五法

五法之立，依据《楞伽》，为大乘各宗所共许。

初、"相"。说唯心若唯物，均不免有诤论，说相则无诤。相之范围极广，旧译三自性为三自相。盖就法相言，一切法皆相也。依、圆有相，法固为相；遍计无相，法亦相也。惟就五法言相，则只属于依他。

次、"名"。推演为用，其先有名。名者，一切言说思想、山河大地之模仿名言也。熏入第八识，乃成名言种子，为一切法缘起之本，但此亦属依他。

三、"分别"。此为缘相之能。虽言断灭，似同无法，然既有断灭相，即得成所缘而起分别。乃至一切心、心所、蕴、界、处等六善巧，莫不有其分别。故分别为依他立足之处，而用之根本也。

四、"正智"。智即别境心所中慧。今不言慧者，慧通有漏，智则无漏也。世俗慧不能无碍自在，随顺流转，故为有漏；正智随顺还灭，无分别执，故是无漏。此云无分别，非顽如木石之谓，但

无妄执而已。

五、"真如"。此名是遮非表。真以遮外道计我之虚幻无实，如以遮生灭变异。自来学者多不能辨正智、真如，混为一谈。实则正智就用边能缘而言，真如就体边所缘而言，其别固易知也。惟三自性中，圆成实性系凌空形容之词，体用俱通，不限真如一法，与此所谈有别。

9 "对常称变"句

变是静词，不可作动词解。此变非是奇，但识之异名故。变又非不由正轨，有因果可寻故。变又非圣者达变之事，一切有情平等具有故。

10 "能之为法"至"以是有故"句

见分分别为能。此虽如幻能执，然任运有，不可为过。如目短视，见物或差，其见固有。

11 "能变之因"至"因曰等流"句

因者是依。后念依于前念，流类相似，名为等流。等非是即，即乃全属一物，不可别前后也。

12 "因则由流"至"发动而将趋"句

种子发动而将趋是为因，现行已成是为果。

以上十一月六日第七次讲

13 论文"识所变相，虽无量种"句

《摄论》第一，举五类相：一、共不共相。共谓无受生器界，不共谓有受生根身。对治起时，不共相改；共相因为他业力所持，不相随而俱变。故一有情成佛，而他有情见此土秽，与前无异。此如室内众灯，光光交网，去其一灯，光犹遍室也。或疑器界触碍，如何有情各变，如光相涉？不知色法以缘显种种相，无实物质，同处各变,固可无碍。二、粗重轻安相。粗重谓烦恼种子,轻安谓有漏善种子。三、有受尽无受尽相。业种感果,一期生死,具有定限,故为受尽。识种二取模仿,起现不穷,必至金刚道后,一切有漏始刹那断,故为无受尽。四、譬喻相。第八识无可形容,无可揣度,故以梦、幻、泡、影等九喻显之。五、具足不具足相。具足谓具缚凡夫,不具足谓世间离欲者、有学及三乘果。

《述记》云相分相状者,奘师始分体相、相状为二;基师本之,但说相状为相分。然正智起时,以真如体相为所缘,即体相亦属相分,如是乃不违四分成立唯识之义。

14 "《述记》多异"至"是故言多"四句

《述记》凡五番释多异熟性。初番,三位赅初、中二位。"多异熟"至"不足"。初、我爱执藏位,特重现行。次、善恶业果位,谓至金刚心或解脱道时者,一家解:金刚心顿断二障种及异熟识;又一家解:解脱道时,始断异熟识。但前解是。此位就种子说。三、相续执持位,即就执持说。云异熟名通初位者,现由种生故。《述记》次番解,除佛凡因虚妄位。"又但说"至"皆得"。三番,五位之四位。"又为"至"余名"。四番,十三住之十二住位。"又十"至"二故"。五番,七地之六地位。"又七"至"要说"。

15 "若《枢要》《演秘》"以下

四句判识,为表如次:

第八识无记与第七识不同者，以其为无覆而明白了别也。第七识杂染与善恶不同者，杂染如白染黑，其性夹杂，善恶则纯粹且凝结也。

16 "意有二义"句

意有二种，合《摄论》第一、《杂集》第二两文观之易明。

《摄论》文云："此中意有二种：第一、与作等无间缘所依止性无间灭识，即小乘义，过去六识，假名为意。能与意识作生依止。第二、染污意，与四烦恼恒共相应，……此即是识杂染所依。识复由彼第一依生，第二杂染。"

《杂集》文云："无间灭意者，由随觉故，无间觉义是意义。当知此中随显相说。"基师《述记》卷十云："《唯识》第五破小意。过去非意，过去自性非思量故。遍计所执，但有言说。曾于现在但名识故，似他思量无所似故。觉谓第七思量名觉。过去从此故云随觉。此无间所依之识似于觉故名意。唯识无间意者，随显相说，行相易了故。"

17 "以缘多故"至"意识根依也"四句

第七执第八见分为我，八见恒起，故曰缘多。佛位无染污意，乃以净意出世末那。为第六识根依。

《述记》"佛此亦缘外境相"者，佛位第七能缘五、六所缘境故。

18 "非所熏故"以下

前七识但是能熏。又心、意、识三名诸识皆具，今但就胜互显。

19 论文"及言显六合为一种"句

及有相违及、合集及。今文是合集，非相违也。

以上十一月八日第八次讲

20 "一、解因义"以下，旁论因果公例

因果公例有三：一、能生种子是因，所生现行是果。二、生他为因，从他生为果。三、对后果而言为因，对前因而言为果。

第一、种子三类：八种识王、所为名言，七识王、所别开我执，此二俱属识种，性是无记。十二有支种为业种，性通善恶。业种与识种相凑合，乃起现行果。

第二、种现相生，可有四种因果关系。

一、种生种。识种生识种，业种生业种，自类相生，是等流果。生者，结果已生之谓。

二、种生现。因业击动识种，识种与业种皆有可趋之势。趋而必合，是名为现。见附图。

三、现生现。此前现生后现。由现熏种，由种起现，如是合前、后而言，为现生现。

四、现生种。此前现生后种。

（附图）

第三、前后相望为因果。如图：

21 "二、解因变义"句

不守,故常而有能力,是为能变。因能变者,因有能趋果之势也。《述记》解变为转变。转是起义,转变即是缘起,至于变现而后则缘生矣。各家解因果能变,颇有出入,今为折衷之说曰:等流异熟习气发动而将趋,是为因能变;种既与现凑合,乃属于果。《述记》解果能变为有缘法,缘即是业,此指异熟果言。又解为心、心所,此即现行,不说种子。次更以图明二能变。

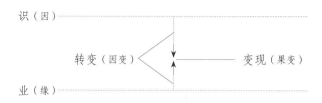

22 "四、解四因举二"句

四因者:一、等流,因果相似,平等而流。二、士用,谓为疏缘之助缘。《唯识》释此,谓诸作者指人及法亲助。假诸作具疏助。所办事业。指果。《瑜伽》释此,唯除种子,亲名言种。所余诸缘皆名摄受;如眼识生,以眼根为士用依,以等无间缘及所缘缘为作用依,根稍亲故。三、异熟,因劣而果强。四、增上,因强而果劣。又亲缘为等流,等流可赅士用,士用则不能赅等流。

因就自性言种,果就能变言现。

23 "五、解能变所生"以下

种生种非即此刹那,种生现即此一刹那。

24 "《灯》说……五、七不能现彼种相……"句

五识率尔,七识缘内,故不能现彼种相。

25 "说现可趋果，属果所摄"二句

现行施熏，果则受熏；现行熏果，即有趋果之义。如图。

以上十一月十日第九次讲

26 论文"二、果能变"至"现种种相"二句

同类等流果，如名言种生自种；又如一念中，同类相感，两现凑合。皆是。此有自类生自类者，如下品生下品；又有同类生同类者，如中下品生下品。

异类异熟果，为名言种有支种之集现。即果能变。图见前。见、相二分有所缘，故谓之现。此是一刹那事。至第二刹那为种，是名现生种。再后，又生现而变见相，是名现生现。

果能变有二义：（一）种生现，因种感缘种集，名生现。（二）现变见相，因种、缘种集时，发生相见。

27 图表

初有支感第八名言种，乃感之谓引。第八种生现，引次有支别业，又即弱业。果，乃酬之谓引。

发起之谓因，充足之谓果。凡造因时，用力最强，不名无记；及至果位，用力甚弱，故名无记。事功圆满，力可稍息，故果位时弱。

第八识对前，言为总果；对后，言为一切种。前七别业熏入八内，别即成总。

28 "异熟异熟生六义"以下

第八识〇〇〇〇〇〇〇遍而无间，为真异熟。

前六识○·○○○有间不遍，为异熟生。

余法⑪无记。○善。●恶。有间不遍，不名异熟异熟生。

以上十一月十三日第十次讲

29 "用未发现，喻名种子"句

八识之妙，在立种子。此系取譬得名，又有循环之义。种子发现而为现行，种子为因，现行属果。然现行非即果，必现行为第八摄持，乃为果。有如强业引满生现为弱业，复熏第八，第八受之而后成果，故果与现不同也。对前为果，对后为种、为因，此即种子循环之义，又即六义中之恒随转。

种子或谓之缘。缘是缘虑、缘藉，乃就发生次第条理而言。又种子法体为用。浅词释之，用即是动。此动亘古亘今，非一刹那动，又一刹那不动。恒动而又说刹那生灭者，熏习与法，俱生俱灭，而有能生因性，无间传来，而生后果，故不妨生灭而恒续也。所谓生灭，非生即灭，但前灭后生，二者同时而已。至于能生因性，以性为言，非有实物。后来起果，因流溯源，知必有所从来，故说种子无间传来，曾无中断。小乘化地部说有法能自相续，不立种子，此与生灭之说相背，理不可通。

30 小注"喜怒哀乐"至"二而一也"

昔人讲性皆讲错，以性非体，而是用、是种也。但说生之谓性，亦有未合，因不知无漏种，摄义不尽也。程、朱以体为性，误认为有条理之一物，而不知属诸事。今以理证儒家之所谓性：（一）是用，（二）是有漏种子。

又，儒家误认性作实物，而欲得之，以为切实依据。不知性但一不舍昼夜之用而已。

体、用本不相离，然说用不离体则可，说体不离用则不可。体但可说遍于一切。

31 "种生现行，现又熏种"句以下

前七识现行必依第八，即念念熏第八，第八持之，变弱业为强业而为果。故前七能熏，第八所熏；前七所持，第八能持。第八性是无记，前七熏入皆成无记。能熏与所，俱生俱灭，但其性存，能生后法，第八持种，只持此性，故同第八为无记也。

前七能熏，非即种子，必为第八摄持而后为种，盖种合能所持以言也。其义如图；

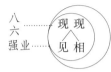

八⋯⋯⋯
六⋯⋯⋯　现　现
强业⋯⋯　见　相

（外圆）第八持种为果；能持由强业起，所持亦成强业。

（内圆）见相为强业所引之前七弱业；望前为果，望后为种。

（以下因讲无漏种，论及圣言量）为学非弥补，必见到几分，乃说得几分，故初学宜信圣言量。圣言量非教条，非使人盲从不敢稍动。圣对凡而名，即无漏为圣。无漏之言为圣言，必无漏之言乃说得活，乃用得遍，乃亲切有味。此在凡夫以比量亦可知之者也。若有漏之言，全依猜测，但知一边，故不可据。圣言亲证，初地之事，学者用功且依圣言；待得亲证时，再自我作古也。

32 "以引发因，以无间缘，乃能证真"句

缘有四：因缘为种子依，无间缘为开导依，所缘缘为境界依，增上缘为引发依。因缘就同类无间而言，约如)(图。等无间缘就媒介而有力之法言，故不必同类，有漏亦能引无漏，其状如◍○图。◍表有漏善，○表无漏善。

33 "不通三世"句

龙树讲三世，以现在半为过去，半为未来。《大论》解三世，更

分为法相、唯识、神通之三种。法相就种言，唯识就相言，神通就证言。以种子亘古相续，故可分言三世。唯识从见分变三世相分而缘，亦得分三。神通能通，非是迷信。如平常人不忆过去事，乃弱种未为强缘引动不能现也。至静中入定，过去相即明明现行。由此推知神通三世都是亲证。

34 "不研八识"句

儒家虽昧八识，但亦有好处，即在六识上跕脚用功。

35 论颂文

一切心法皆具五门：一、自性，谓自相又种子。二、所依，有共不共，名之为根。三、所缘，即境。四、助伴，即相应法。五、作业。论颂第八诸句，可以此判。

36 "《疏抄》伏、断、舍三各别"句

舍此而不舍彼，为舍；永不现行，为断；一分断，一分现行，为伏。

异熟虽是弃舍法，但言无漏异熟，则否。古人有三义未经详论，须为发挥。一、体相相分，二、出世末那，三、无漏异熟。

37 论"大小乘教名阿赖耶"句

阿赖耶旧翻无没失，但有持种义而无受熏义。新翻藏则具二义，持种为能藏，受熏为所藏。

38 "八识非种"句

唯识家于本识及余识种，分得最晰，二者不得互为因缘。

以上十一月十五日第十一次讲

39 "本识不与转识为因缘"以下

前七善恶，熏入第八，成无记，复发为善恶，是故名种。种非实有其物，乃第八模仿其用而立名耳。

八识非种,而有受持之用,故与种有关系。盖前七识强业,击动八、六,引满现行,是为弱业;又熏第八,第八受持,其事乃毕。即以第八为依持种之故,弱业熏入即转为强,能生次后现行。第八能持,持者力之母,由是长养弱业为强。故业虽不为因缘,弱变为强,则亦有一分因缘之义。

40 "阿赖耶识与诸转识,作二缘性"以下

赖耶、转识,互为二缘。其义如图:

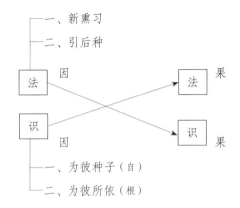

41 "以识能持彼种子故"句

持有摄受之义,望前说。又有引摄之义,望后说。第八能持,故最有力量。归结其究竟,则一用而已矣。

42 "(一)熏时即成种"以下

熏谓受熏,就当时言。种谓持种,望后时言。熏种同时、异时,有二家义,如图:

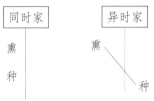

异时家解《大论》文，如图。若依同时家解，则一刹那种，与能熏俱灭。于理未洽。今从异时家。

43 "又，同时家"一段

同时家就异类言，如图（一）。异时家就自类言，如图（二）。

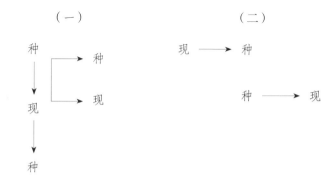

44 解能所藏种现三家义

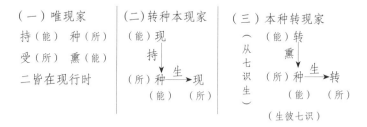

45 "《学记》：护法宗"以下

今只讲藏义，非讲生义，故基师善。

46 "《摄论》第一等云"以下

印度外道九十六种异论，以胜论、数论为精，今略谈数论义。

数论立二十三谛，次第如表：依《金七十论》。

▲我知。神我。

▲自性。三德：尘、勇、暗，即贪、瞋、痴。

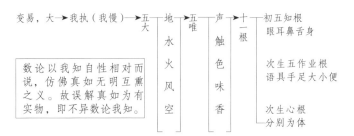

二十三谛，以四句料简。一、生他非他生，谓自性。二、他生非生他，谓十一根。三、俱非，谓神我。四、俱是，谓大、我慢、五大、五唯。

数论所计之联贯如次：

三德是生死因，由彼转变扰乱，神我乃不得解脱。

因知二十三谛，转变无常，生厌修道，自性隐迹，我便解脱。

数论此义，粗同《起信》。如以《般若》料简即破，盖不得解脱，即非神我也。又此说有多过，一、误虚为实，二、误体为用，三、勘与法相不合。

以上十一月十七日第十二次讲

47 "基师自离二无体"一段

体用之义，须详为分别如次：

一、体中之体。一真法界，言诠不得。

二、体中之用。二空真如，即方便以显实体。盖空其所空，则所不空者自显。此为即用以显体。

三、用中之体。种子，为用之根源。

四、用中之用。现行，当下心、心所自证变起见、相二分。

基师但就现行而言。对前为果，对后为因。因果者，义也。义即是用。用从何来？从种子起。是以自相体。就种子言，因果就现行言。然举现行，亦概三相。现行当下一念发生，此非凭空而来，按实其物即种子自相也。

云总别者，其义如图：

唯识道理，诸相宛然，因果自相，有条不紊，一念之中，已尽具之。基师主张现行，一刹那中可以悟及全体大用,故无待烦言。

48 "命根、众同分等"

命根，依本识亲种分位上假立，分位即是势用之长短。又本识上，自家业种，亦同亲种。众同分，依身心相似差别假立，差别即人、天等。又有彼同分，如见色眼，名同分；不见色眼，盲目有根而无扶尘。名非同分。由非同分种类分同，名彼同分。外、小以同分为异熟。盖谓缘、界、三界。趣五趣。及四生等，有同言同智起，名同分也。如作此说，即误认同分为有实物。

49 "二十二根"

二十二根分为六类，如次：

眼、耳、鼻、舌、身、意六根。

命。一根，有部说为异熟。

男、女。二根。

苦、乐、忧、喜、舍。五根。

信、进、念、定、慧。五根，有漏之行。

未知、已知、具知。三根，无漏之行。

二十二根皆是增上缘。增上缘者，谓若有法，有胜势用，能于余法，或顺或违，于生、住、成、得四处转。然增上用，随事虽多，而胜显者，惟二十二根。所谓顺违，不过甲乙之方面不同，皆以相助得增上名。生、住、成、得之义，详《唯识述记》四十四卷。《对法》言风依空等，皆非是生。

50 "九心轮者"一段

九心轮可与五心相摄，如下表：

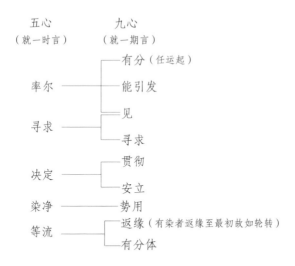

以上十一月二十日第十三次讲

51 "初师。法士用，八识有四果"句

果有五种：

一、等流。下品等得下品等果，如○○。中下品等得下品等果，如○○。

二、异熟。因果不相似，如⦂○。

三、士用。有人，有法。

四、增上。杂乱增上，遍余四因皆有之。此以佐助为义，又以不碍为义。不杂增上，除余言之，在种子未发为现行时，亦有此缘。

五、离系。上四为有漏种，此是无漏。提起此种，即属学佛。此种增长则有漏种渐失势力，谓能离三界者以此。

果由因起，小乘立六因，大乘立十因。小六因者：

一、能作。有无为不碍者皆是（有为除自体）。因能作果，谓之能作。

二、俱有。果与因同。

三、同类。如善五蕴展转相望，此果与彼果同。

四、相应。心所应心。经部不立心所，即无此义。

五、遍行。十使遍五部染。十使者，贪、瞋、慢、无明、疑、身见、边见、邪见、见取、戒取。五部者，见断四谛为四，修断为一，合有五也。

六、异熟。有漏、善、不善。

大十因者，详已见前。如以十五依处相配则如次表：

一、随说因 ———— 语依处（法名想。）

二、观待因 ———— 领受依处（依领受方发生。）

三、牵引因 ———— 习气依处（种未熟。）

四、生起因 ———— 有润依处（种已熟，润即爱取润。）

五、摄受因 ——┬— 无间灭依处（等无间缘，此言识。）
　　　　　　　└— 境界依处（所缘缘，此言尘。）

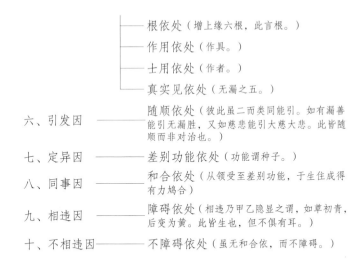

根依处（增上缘六根，此言根。）

作用依处（作具。）

士用依处（作者。）

真实见依处（无漏之五。）

六、引发因 ——— 随顺依处（彼此虽二而类同能引。如有漏善能引无漏胜，又如慈悲能引大慈大悲。此皆随顺而非对治也。）

七、定异因 ——— 差别功能依处（功能谓种子。）

八、同事因 ——— 和合依处（从领受至差别功能，于生住成得有力鸠合）

九、相违因 ——— 障碍依处（相违乃甲乙隐显之谓，如草初青，后变为黄。此皆生也，但不俱有耳。）

十、不相违因 ——— 不障碍依处（虽无和合依，而不障碍。）

52 "等流果"

等流果义如图：

（前念）　　　　　（当下）　　　　　　　（后念）

种

种

种 种 现

种　　　　　　　　　　　　　　现　（此对前为现，对后为种，能生后现。）

53 "士用果"

士用有人、有法。人士用，如种生草，有作者人工，作具锄、水，而后用起。法士用，如自生草，亦待作用，如得雨泽而青青，遭霜雪而枯黄即是。士用即是生，故人、法俱概括在内。

法士用有四种，大小立义不同。小宗依《俱舍论》，其义如次：

一、俱生。异类同时现，即心、心所相应因、俱有因。二、无间。异类前后现，即心、心所等无间缘。三、隔越。士夫望作业，即善、恶业经久得异熟。四、不生。圣道望无为，即断障证离系。此所显得，非生得。

大乘用小四名而义不同，盖小唯说现行，大乃种、现合说耳。其详如次：

一、俱生。此如心及心所，种生现，现生现，一时更互为因力所引起。又有二种：一、同类，如作意引心。一切种子周遍法界，相网而不动，惟相类者能引摄击动，故作意警心，心则起现。如讲义（乙）段附图。二、自类，以自品种子而言，如中下种引下现。见次图：

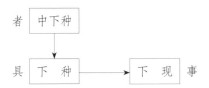

二、无间。此谓种子次后时，由前念种而引发；或前念心、心所现行，引后念心、心所现行。二者皆可名之等流。见图：

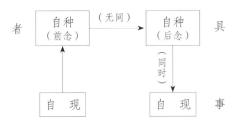

三、隔越。此谓异熟果，业隔远时，展转为因引起。见次图：

四、不生。此谓圣道断惑，得离系果。如图：

人士用四因得果，领受、摄受、和合、不障。法士用八因得果，更加习气、有润、随顺、差别。故一士用概括多种因果。如与他果相望，则有士用而非等流，如人士用为增上。无等流而非增上。

以上十一月二十二日第十四次讲

54 "出果相体有二家"以下

一、兼种家，是测师义。所兼种谓今生现之名言被业所引者。二、唯现家，是窥师义。

55 "（甲）最宽"释

最宽释现、种俱通果、因二相。如次二图。

（一）现通因果

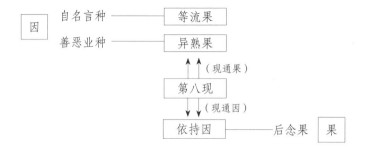

（二）种通因果

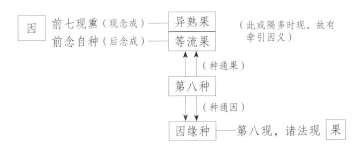

56 "（乙）处中"释

处中释果相唯业种，因相通一切种。种有因果相者，以二变释。生变即转变，为因能变，即是因种。缘异熟。变即变现，为果能变，即是果种。分见次图。

（一）因种

（二）果种

57 夹注"摄殖本现行"

摄殖本识后现之义，如次图：

前转（识）熏 ——（引）→ 后熏成（七能熏，八受熏；一果得，一切得。）

58 "小六因之不共"一段

持种于小乘唯能作因，大乘唯摄受因。

俱有因如图：

相应因如图：

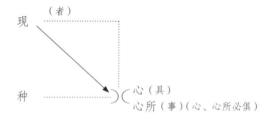

小乘以善恶相对为异熟，大乘不同，但借其名用之。

以上十一月二十四日第十五次讲

59 "若俱有，为自种"句

后念因种，与前念果现，俱时而有为俱有。

60 "现行望种，非种望之是者"一段

窥师主唯现家之义，第八无所熏种向后与现俱有，是为无俱有。但前现不能至后，非是俱有；今逆溯其种现行之种。与种子之种念念俱有，故就种子言俱有因也。其义如图：

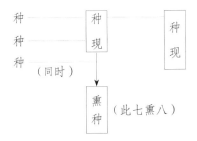

61 "若小四望大四，是俱有因"一段

大生、小生等义详《疏抄》，可勘。但其文依据小宗各籍，犹不明了。小乘于大四相外复立小四者，小不立种子。辨析稍细，即不能不作如是反覆之说，此一义也。又灭相有生、住、异者，有宗三世法有，过、未体相仍存，故灭虽过去而有灭生生、灭住住等相，此又一义也。其详如图：

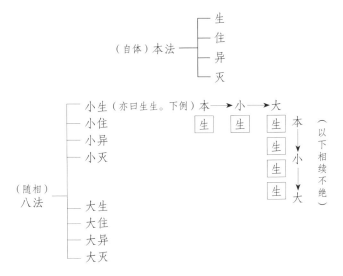

小生但生一生，不通余法；大生生八法，除自而言余八也。苟不立大生，则法断灭；不立小生，则法相杂乱。故大小四相，为

小乘立义甚精之点。

又总料简小宗本义者，法生时，本相并其九法（自体随相）俱起。本除自一，生余八法。此有五生法。随相生生于九法内，唯生本生。此但一生法。

五生法：

一、大生望生本法，成俱有因。

二、八法望生大生，五因，本法，大住，大异，大灭，小生。余小不生大生故。

三、八法望生本及余住、异、灭，成俱有因。

四、八法望生本，四因，大生，大住，大异，大灭。小四不能生本故。

五、小四望大四，成俱有因。

一生法：

六、小生望本法俱有而非因，小生不生本法故。

大生与八法相望，为因之义如图：

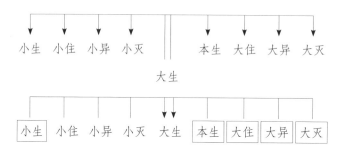

大乘释四相，与小不同。四相以二刹那说，生、住、异是一刹那，灭又是一刹那。如图。

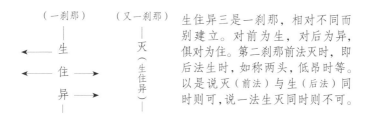

生住异三是一刹那，相对不同而别建立。对前为生，对后为异，俱对为住。第二刹那前法灭时，即后法生时，如称两头，低昂时等。以是说灭（前法）与生（后法）同时则可，说一法生灭同时则不可。

又大乘释四相别无实法，省却繁解，与小说自有天渊之别。惟《起信论》说四相同时，大同小宗三世实有之义，故知其为小大过渡之说。

62 表中"摄受因"

摄受因由六依处建立，如次：

63 表中"引发因"

此种与彼现遇，中间亦须有一引发因牵引两边，不必异熟方有此因也。

通常所谓因果同时者，指因（种）种与果（现）种同时而言。此在因果将合未合之际。及其已合，则成新种，不复同时矣。如图：

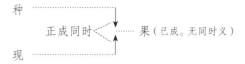

（总结前说）八识三相：自相摄持，果相能引，因相持种。自

相为体，因果为义，义即是事，依体而有。故就因果而见自相，举自相亦摄因果。如除自相，则一切无依，皆不可说。又果相就自相上能引之作用说，果未生时，今已能引，是为果相。如是无间传来，即节节能生能引，亦即节节为果。因相对果以言，能持彼因种故。三相具备，而后顿起顿灭，一切幻有，八识能事尽于此矣。

以上十二月一日第十六次讲

64 论文"一切种相"一段

八识乃受熏持种之受持，前文已解，此下当解熏种。先提其要。种子以十门辨：

一、出体。法相唯识之好处，在每谈一法，必先按实其体。为种子体者，功能也，力也。一切山河大地，皆力为之；八识见分、相分，亦力为之。然不曰力而曰种者，说法以法则死，以喻则活，今从喻说也。又种为功，果为德，合种果而成功德。

二、一异。世间法皆幻有，次出体辨一异，不一不异乃见其幻也。前辨其体，此状其相。

三、假实。

四、二谛。此二门须合说。假法有六种：一、聚集假。合有分无，如五蕴为人，声音屈曲为名句等。二、因假。未来之法，能生诸行，能生为因，亦分位上立而无实法。三、果假。如择灭为道果，就无为离系上假立，并无实法。凡言假法，皆有所依，所依法或是实。如因果法假，所依则实，余例此知。四、所行假。谓过去诸业。五、分位假。可知。六、观待假。如空待色无，非择待法无等。能待者假，所待或实。假实之判，大抵如上。然法相通途说一切法皆假者，就二谛而言，真谛有假有实，俗谛则一切法假也。至于诸法实际，待证而知，不用言说，则非此所论。

五、四分。种子为所缘，属于相分。

六、三性。种子属无记。

七、本始。辨种子今昔有无，以第三家本始俱有之理为长。但此亦以两边有过，折衷立说。究竟处仍待自己证会，故非世典一元、二元论推测之比。

八、六义。谓种子具六义，乃简余法而言，不可死执六义求之。《论》谓不见真如，不了诸幻，今特恃义解而知其影相，安可执着为死法乎？六义者：一、刹那灭，简执真如。二、果俱有，简执因果。三、恒随转，简执生灭。四、性决定，简执和合、执无记。五、待众缘，简执恒常不动。六、引自果，简执不平等因。

九、内外。内外俱有种子，外种以分位立。

十、四缘。种子属亲因缘。

种待熏成，故次释熏。《论》有八义，如次表：

有熏而后有种，又待种而后起熏。此非有实物可指，法相法尔，如是而已。

65 论文"谓本识中，亲生自果功能差别"句

亲生自果之义，如图：

（对前为果，对后为因。此就功能言，非就结局言。故前七熏种，而非功能差别。）

66 论文"此与本识及所生果，不一不异"两句

一、异之义，如图：

因	本识	体
	所生果 （諸法）	
果	种子	用

种子对果言，乃发生之谓，而以本识为依持因。此于四出体中，就性用别论说。

解释不一不异，此论与《起信》不同。旧有二喻，一、瀑流波，二、明镜影。初喻三义，溺不出离，染种。缘起恒续，风为波缘。内外随转。一切种子。此就种于法说，或就八于七说。次喻例知。古德谓：初喻是生灭门，次喻是真如门；基师释不然，二是重喻，无二义也。《深密经》说不一异，举十二喻，最为详尽。具录于次：

色⋯⋯⋯⋯一、螺贝上白。

二、金上黄。

声⋯⋯⋯⋯三、箜篌上曲。

香⋯⋯⋯⋯四、黑沉上香。

味⋯⋯⋯⋯五、胡椒上辛。

触⋯⋯⋯⋯六、蠹罗棉上柔。

法⋯⋯⋯⋯七、熟酥上醍醐。

三法⋯⋯⋯八、一切法上无常。

九、一切有漏法上苦。

十、一切法上人无我。

三毒……十二、贪、瞋、痴上不寂静。❶

以上十二月四日第十七次讲

67 "《述记》，安慧：见相是计执"一段

相宗真传，在中国而不在印度。相宗至护法而后完备，护法之学，奘师实受之，印土则未尝流传也。护法著书，玄鉴藏之，而传于奘师。奘师在印立"真唯识量"，标不离之义，而后唯识安立，坚固不摇。此不过出护法学之一端，而其前陈那、安慧诸师立说未精，已可概见。至发挥护法学而光大之，更非印土学者之事矣。奘师门下传护法学者三大家：窥基、圆测、太贤。元、明以来，古籍佚亡，此学失传者千载，今幸诸家著述次第重刊。圆测著书散失特多。慧沼《了义灯》一书，系驳圆测等说而作，从反面推论，亦可见圆测解释护法立义之一斑。研学有资，重明绝学，正吾侪之责也。

种子由因缘立。因即是依，可以追溯，可以稽考。一切用皆无实，惟可追溯稽考，即具有因缘者，则假名为实。追溯稽考，至于其极，则惟本有种，故本有种，又为用之究竟也。

护法、安慧，辨种假实不同。护法谓计执二分是假，二分是实，所谓虚妄分别有也。种子是相分，故种子是实。安慧谓二分即执，并是假法，种子相分故亦是假。

依护法义，计自证亦是假法，而不说者，一、我执不依自证

---

❶ 此处十二喻中缺第十一喻，依《解深密经·胜义谛相品第二》："又如贪上不寂静相及杂染相，不易施设此与彼贪一相、异相。如于贪上，于瞋、痴上，当知亦尔。"可知"十二、贪、瞋、痴上不寂静"应为十一喻、十二喻合并。——校者注

起，惟法执依。二、今古大小，皆不许有自证分。三、自证属见，唯能。今取二分，摄法亦尽。

68 "一重胜义"一段

四真四俗中，三科为智所缘，亦为慧所缘，故真俗俱有。四谛、二空，其义均同。

俗谛，种通真仍假，无漏种通俗仍实。此义古人未言，今须补立，否则用义不稳。

69 论文"种子虽依第八识体"一段

说识皆指见分，但唯识言是指相不离见。

西方许有相、见二体性者，凡两家。

一同种家。即一识体，转似二分相用而生。此说影像相、见离识无体，但是识用。

二别种家。见是自体上义用，相别有种。相分以作用别而性不同，见灵动而相呆板。但依识而起。奘师、窥师皆取此义。

又相别有种，而名识变者，不离义故，识变时方生故。如大造色。由心分别，境方生故；非境分别，心方得生故。所缘缘，见待相起，亦带相生故。

以上十二月六日第十八次讲

70 "护月：《大论》生无色唯缘种者"一段

《大论》五十一，赖耶于二种所缘境转，一、了别内身。执受，二、了别外器相。了别内者，谓遍计自性妄执习气。（一）及诸色根。（二）根所依处。（三）此于有色界，若在无色，唯有习气了别。

又《伦记》五十二，护月学。种子为自证分缘，种子即见分体。生无色界，第八见分即无所缘，故彼界第八见分，缘欲、色界、器世界等。以是共业故，虽生无色而得下缘。依《记》文意，但论业之共不共，不论界之上下。

又护月义，一、种子为自证分缘，自证不缘外，故非相分上立。二、见分是所缘，自证为能缘，种子不于能缘立，故不于自证上立。三、陈那《集量》唯三分，无第四，故种子不于证自证上立。由此三因，种子必于见分上立。

71 "测师：熏自证分"一段

相贯体用。真如虽非用相，仍是体相。否则无同空华，一切相皆无依据矣。

72 论文"诸有漏种"一段

熏是种之始，种是熏之终，种与熏属前七，第八体是受持，故体类皆无别。

从唯现家，因果皆就现行言。

73 "三性"一表

《对法》讲法相；《大论》讲法相之所以然，即法相之用，故二论说三性大同。今分别释诸门之要义如次：

一、自性：善谓十一善心所，无记谓命根众同分等，不善谓惑随惑。

二、相属：善、不善谓心所。

三、随逐：三性谓等起习气。

四、发起：三性谓三业。

五、第一义：善即真如，无记即虚空非择，不善即一切流转一阐提。佛是善之究竟，一阐提是恶之究竟，皆就用言，体则平等，无善恶之可言。又谓究竟，亦是虚用之词。

六、生得：三性谓任运起法。

七、方便：善谓善知识闻法，如理作意，法随法行；无记谓威仪工巧。

八、现供：善谓建庙、造像、思法、书法、供僧。此皆流传方便，故谓是善。又佛弟子即僧，不限比丘一众。佛法之存乃以学存，非有形式上之僧徒即能存佛法也。现供无记，谓离杀及见而祀祠。现供不善，谓杀生祀天、自饿求福等。佛法虽有苦行，乃以降伏外道，全是不着二边之平等行，故非不善。

九、饶益：善谓四摄，无记谓施自妻孥仆役等，不善谓种种违众。

十、受用：善缺，无记谓无择无染。

十一、引摄：善谓施戒、生天、读经等。

十二、对治：无记谓服药治病。

十三、寂静：不善即不寂静。无记谓禅伏烦恼，虽伏仍起，惟得对治乃为究竟。

十四、等流：无记谓嬉戏变化。

三性十四门，摄尽法界一切事。

74 "诸无漏种"一段

无漏种，在地前未发心，名未熏习。发心以去，有漏熏无漏，与彼本有种性随顺故。地上见道，无漏熏无漏，现行成始起故。必有漏种，避出地位，无漏乃得现行，此一避让，即增上之义也。

以上十二月八日第十九次讲

75 论文"若尔，何故《决择分》说"一段

《述记》卷十三第七页，释无漏异熟因果之义，极要。又《述记》释论文复次，卷十三，七页左九行起。可分三段：（一）前未熏习，此已熏。异性相依为前，无漏自熏为后。（二）前熏未熏，隐显合。此已熏。据显。（三）前已未熏依异熟，未属法尔，有诤。此唯据已熏，不论

新旧，无诤。

76 表中三家

谈种子有数义宜明：一、种子为力，非色非心。二、力遍宇宙，故种子亦遍宇宙。一念起用，宇宙森然；种子无尽，宇宙亦无尽。三、种子无长短大小之分。现行起时，相由见带，故识心分别一生，即摄全宇宙，无小不摄大，亦无一处不摄法界也。以是生灭源头不易窥测，世典一元、二元之论特猜想之谈而已。四、种子来源凡分三说，本有、始起以及本始。道理实际即须自证，若在言诠则以简过存真而止。故本始之谈，折衷二说，未为矛盾。

本有、始起两家，均有转灭、转齐之义，应先了解。

▲转灭义

（一）本有家。下品种，能击动引生中品种，下品则灭；中品种，能击动引生上品种，中品则灭。三品相引，展转而灭，实只一品。

（二）始起家。大同前义，但谓三品相熏，展转而灭。

▲转齐家

（一）本有家，主熏增，如图：

（二）始起家，主熏成，如图：

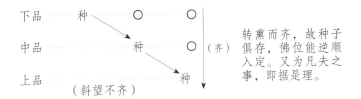

转熏而齐，故种子俱存，佛位能逆顺入定。又为凡夫之事，即据是理。

77 论文"如契经说"句

法相引教大小共者，为四《阿含》《天请问》等；《论》引《阿毗达磨经》，是法相经，大乘通用。唯识家引教则多不共。

78 论文"而由染净新所熏发"句

有漏净法，如发心以去闻熏习等，是加行善，此有漏可熏无漏，故见道位无漏种有力而能发现。

79 论文"五种姓别"

大乘要义，不外成佛度生。所度何生？又如何度？此须预先认明。众生五姓各别，急须引摄者，为不定姓。所谓度生，则皆令入无余涅槃而灭度之。无余涅槃，又即还其本来面目，无丝毫假借而得解脱之谓。一切众生皆有增减，增减不已，面目尽丧。积土成山，风雨生焉；积水成渊，蛟龙生焉。其始但毫厘之差，及为山河，则无拔山倒海之力，无可如何，但有听其流转而已。抑学问之道，逆道也。不自然之性，必逆而尽除之，自流转边言，为逆；自还灭边言，仍顺。况实非本性者乎？有如种种习气，似乎本性所出，特犹山河之风雨蛟龙，由来虽久，实非本性。更何云率性而行？今人爱言竞争、泛爱，以为顺于人性，其竟不过广造有业，去涅槃也愈远。故根本之真假，不可不审辨之。

中国天台、法相二家，于五姓义，争辩甚烈。然如空宗言"众生皆有佛性"，禅宗言"狗子有佛性"，又言"庭前竹子、瓦砾，无非般若"，凡此皆就体说。又法相家著述，如《法华玄赞》《慧日中边论》等，昌明无姓之义，此皆就用说。故有姓无姓，其实无诤。

80 论文"如是建立因果不乱"句

诸法但有一本有种，因果不乱。如许新熏，则种成多，何种生果？

以上十二月十一日第二十次讲

81 "会教：本有是无始熏"句

本有家以《瑜伽》性虽本有难，新熏家以出于无始释。

82 "一、佛有大定"句

大定，非四威仪中久习一威仪，亦非一心不乱之义可以摄尽。入大定者，必世间最有智慧之人。为大定因者，第一、须信世间有佛，信我可学到；又信由圣言路而入。戒、定、慧为下根人说法，如眼光决定，志不在此，亦自得入。二、须誓自当下始，不再流转，不一毫放松，犹如渡海皮船，不可一丝漏水；又誓毕竟还灭。得大定果者，由等持而等至，能发起般若胜利。等持以平等持心为义，此非使之不动而已。开始稍须着力，此即是持；等至，谓上界定；般若胜利，则无量功德也。

83 "四、后智起悲"句

悲智相生。凡夫虽不能真悲，然起假悲亦得。谓悲有真假者，大悲由观三十二法而起。因证人、法我空，而众生偏不能空，自陷苦境，由此悲悯，乃为真悲。凡夫但可依佛说而学悲。此悲顺真，能引大智，故虽假亦所必须也。

84 "七、十二分教"句

十二分教大意如表：

经（唯小）	一、契经（长行略说）
	二、应颂（不了义经中后重颂）
	三、记别（佛弟子得失生处事）
	四、讽颂（一句至六句，令人易持）
	五、自说（不请而说）
律（通大小）	六、缘起（因请而说，由事制戒）

续　表

	一、契经（长行略说）
经（唯小）	二、应颂（不了义经中后重颂）
	三、记别（佛弟子得失生处事）
	四、讽颂（一句至六句，令人易持）
	五、自说（不请而说）
	七、譬喻
	八、本事（自身前生事）
	九、本生（弟子前生事）
经（唯大）	十、方广（方谓方则，广谓广大，然是平常道理）
	十一、希有（非常道理）
论（通二）	十二、论议（连缀种种道理而成。佛说与佛弟子说，并可称论）

85　"十力"

佛位，方有十种智力：一、处非处，就相应说。二、自业，三、静虑解脱三摩地三摩钵底，四、根上下，五、种种胜解，六、种种界，七、遍趣行，业力、愿力到时并能入地狱，故遍诸趣。八、宿住随念，九、死生，十、漏尽。

86　"《述记》解有利钝"一段

《俱舍》谓在家行声闻行，得证四果，此有三解：一、证后始出家受具。二、不必出家而袈裟披身，须发自落。三、即以在家形状为声闻。

大乘之义与此不同，不必声闻而后为僧。《智论》谓诸佛世界有唯以声闻为僧者，有唯以菩萨为僧者，有以多声闻少菩萨为僧者，有以多菩萨少声闻为僧者，所制各各不同。释迦佛有菩萨僧而不立制，以此土众生根器太劣，恐貌为菩萨众者太多耳。如真菩萨，亦许入僧众。其先后座次，或以受戒为次，或以长幼为次，又或分座。

以上十二月十三日第二十一次讲

87 "现法长养彼种者"至"成三性名言种"句

文中大意如图：

八持转现，持现同处，故能增彼。

88 "今欲明论意"一段

本有家：新但助本令生，非代本生。新熏家难：但自不能熏，须他熏长，否则异熟如何通耶？

89 "若唯始起"一段

不立本有种者，说新熏上生无漏，或说本体上生。

90 "彼宗有五种法"句

有宗五法，大意如次：

一、长养。又二：一、用胜，通十八界。二、体增，五根五境。此如饮食、资助、涂油、睡眠、等持，胜缘所益，养护异熟相续，如郭附城。

二、等流。此从同类遍行因生。

三、异熟。除声，余十七界，果异其因。

四、刹那。又二：一、十七界全，一界少分。二、不从同类遍行因生。

五、实事。又二：一、有体，十八界全。二、体坚，无为法界少分。

　　　　　　　　　以上十二月十五日第二十二次讲

　　（此卷得周少猷、邱晞明、吴希真、聂耦庚诸君所记，参酌改订之处颇多，附此志感。二月一日澂记。）

八识八段十义笔记卷三

吕澂笔记

91 论文"分别论者"段

《述记》：分别论，无法尔种，不同本有家；又离烦恼时，以体为因，不同新熏家。

分别论者，说心性本净，客尘所染，似与大乘经文相同，其实则违经意。经云心性净者，正义有二，如下表列。表中以真如为心性者，以用依体而言；又以识自证分为心性者，以种依识而言。

分别论者，不知有无漏种子依，即以真如为心自体，谓能生一切法，此一误也。又不知有无漏种各别有依，而谓净心可生染法，此二误也。《大论》二十七列分别论计云：心性清净，客尘烦恼所染污故不清净；又染不染，其体无异，若相应烦恼，未断名染心，断名不染。彼宗之意，心体本净，由起烦恼名染心，故立客染。此计染净体同,最与道理违反,以次引大乘经文对照观之,得失了然矣。

《无垢称经》云:"心性本净,客染烦恼。"又云:"心垢故众生垢。"此文以心性与客尘为二,并不相混。又心性言,或指真如,或指识自证分,而染净种依各别,用亦各别。故无明有种,无漏法亦有种也。分别论者,混有、无为为一,则无漏之用,无从生起。《起信论》之说,正同于此。

又《胜鬘经》云:"自性清净心而有染污,难可了知。"经又依世俗以四谛为四依,又依胜义以灭为一依,二法相依似一,乃云一依。又就体边言真如,就净用边言二空所显,由此更有空如来藏、不空如来藏之义。如来藏者,藏如大海,无所不涵。如来谓净,此即净种子所依也。经云一依,依真如或如来藏而已。所依即有藏义。故经又云:"非如来藏有生有死,如来藏离有为相,依自证分,对见相变异而言,非有为。如来藏常住不变,谓为自性,故言不变。是故如来藏是依,是持,是建立。"此文言持与建立,明知非真如得有此用,其实乃谓净识自证分也。

法相诸论,多举阿赖耶识,而《经》文不尔者,此有精意须为发明。《经》云"自性清净心而有染污",是以智为主,而含摄染污识。《摄论》等言赖识中,寄存无漏种子,是以识为主,而摄清净智。论说唯识,自应以识为主,经就果位而谈,又自应以智为主。此乃相反相成之说,非相违也。又唯识于智能为主之一面,不获说明,其学范围犹狭。今应从《华严》《法华》等经阐发此旨。但宜本于法相,不可轻从贤首、天台之说也。

由上所说,古今学有两大派:

一、以智摄识,如来藏中亦有染污。

二、以识摄智，阿赖耶中寄存净种。

今谈唯识，从后一派。佛法为众生说，隐智显识，正是对机。识义既明，智可例知，故唯识之学，虽偏一边，实则究竟也。

92 "以体前后无转变故"句

《述记》云：应有取与者，生相未来，有取果用；灭相过去，有与果用。又种引后种为取，种生现行名与。

93 "若即说心"以下

论文亦可分为四段。基科（一）为第一段，难体不可混。（二）至（四）为第二段，难心不可混。（五）（六）为第三段，难有、无漏不可混。（七）（八）为第四段，难种、现不可混。此科与测解相近。

儒家无无漏种子义。其扩充之说自善，然任何扩充，终由有漏种所出，终不能结无漏果。有漏、无漏，两不相蒙，如桃与李，如瓜与豆。故所立说，终逊佛家。有漏性是杂染，虽至善亦不纯也。

94 "因于喻上不转"句以下

立言辨驳，须知一篇主旨之所在，不可字句吹求。又出立量之过，应知文中有持立量者，又有文法偶与量相应者。基师文便似乎立量，泰师即据因明法驳之，不免失原意。

95 论文一段

《论》云无始时来种，当《大论》之性种姓；又云胜进位熏增，当《大论》之习种姓。以二种姓为因，净法为缘，生起现行，乃熏新种，此则在见道位矣。各家异说如次：

胜军新熏	护月本有	护法本始
性—有可断障义	性—十信以前	性 〈 法尔—性种子 / 熏增—性种类

习—闻法发心　　习—发心资本　　习 ⟨ 发心—有漏习
熏至见道　　　　　　　　　　　　　　见道—无漏习

习种姓之位次，有说在地前三方便中之初信者，三方便以初住摄十信，故此即初住也。有说在七住不退位者，又有说在见道有决择智之位者，其实皆通。习性始于发心，发心时即有疏熏无漏种子之义。由此渐增无漏功能，乃入见道，故三位皆有习姓义也。此义关系学佛者甚大，不可不明。凡言发心，即待读书为缘；内典是无漏等流故，有缘义也。

云一阐提无佛性，就习姓言，以其毕竟不能发心也。性、姓仍具，但极微邻无，故谓之无。

96 "诸圣教中"一段

会违中。初，经不违自。熏义共认，新义则不共认，既非新生，即赖旧种，此则本有种也。次，自不违经。以增长为熏，而不以新生为熏。

通闻熏难中。外人讲能熏但是有漏，今并通无漏。以能闻有漏，所闻无漏；所熏有漏，能熏无漏也。又能熏疏无漏，所熏亦疏无漏也。又闻法不净，故闻熏通有无漏。

熏有亲疏者，自闻法时与本有种相应，自变相分，亲由法起，故熏本有为亲熏。托质变相，其义既疏，熏为疏熏。凡闻熏中有漏性者，皆指托变而言。

谓正因缘微隐难了者，等流无漏为隐，本有无漏为微。此云微者，以其似法也。

以上七月五日第一次讲

97 "依障建立种姓别者"以下，因顺文便故，讲演次序，与

《讲义》异。**❶**

佛说法，特重不定姓人，以其数特多且易转移也。

今必建立五姓之说者，以我侪凡夫，未跻见道，舍教无凭。《瑜伽》之教，则说五姓也。又以理推，用皆其对待，既有佛，亦必有对待之无姓人也。

无种姓者，二障烦恼、所知。不除之谓。新熏家解非以种显障，乃以障显种。谓有障，即有种也。本始家解非以障显种，乃以种显障。二解不同，其理则齐。

98 "《对法》"以下

就《对法》之文观之，可知安慧与护法学说之异。《对法》云："有漏法言亦摄随顺决择分善，粗重所随故。一切一分，是修所断。一分者，除见所断及无漏法。"基出三解，后解最是。惟新熏家言云云，亦可谓依《摄论》。《摄论》主新熏，而于世第一法及入见道，解释不明。以其无新本有无漏种也，乃谓见道刹那因前一刹那而起。此特等无间缘耳，安得为因缘？《对法》同此，即不可通，故基师有第三互用家之解也。

然《对法》之义，亦可不为会通，以其有特到之处也。《对法》为法相，《成唯识》等则为唯识，二者立说有异。唯识注重四缘，以种子亲办自体为因缘，而后发现为识现行，故论种子义独精微。法相不然，专就已现出之相貌而解，只须说明其次第，于诸法种子因缘从略无碍故，说种子义不精也。又法相从小乘递嬗而来，以蕴等三科为法，其显现安排现量所证之相貌为法相，以

❶ 本条笔记原在第 100 后，现按与《讲义》文字次序的对应关系，调到此处。——编者注

~ 155 ~

此相非名相之相。既纯从显现以言，即系由种子推至现行，与唯识宗之由现行逆溯种子乃大不同也。至于《对法》小乘等，均以三科为法，此乃佛语九事所摄，法尔如是之相貌，无论大小乘佛法皆不外是也。

再从学说之历史以言，《杂集》为救《俱舍》而糅，注重小宗之义，故特提三科也。佛灭后小乘学派分二系，上座一系毗于《瑜伽》，大众一系毗于《般若》。又自上座派分各部，一切有部说三法皆实，经量部破有部说三法有实有假。《俱舍》用经部义立说，为众贤所破，而后《杂集》救之，其所依据之学则法相也。《瑜伽》一论，本兼法相、唯识而有之。法相古学，唯识今学，其说各有所宗。故后来唯识别开，法相之学亦大成于《杂集》。糅《杂集》之安慧，谈唯识而不精，又杂以大众《般若》之思想，以为俗有真无。故不立本有无漏，未见其不可。由此以谈，《杂集》说世第一法为无漏，乃是正说，非随顺也。后人会违云云，亦曲为之解矣。

99 "《论》感胜异熟者"一段

大小各家皆言资粮、加行，又皆言感，而义不同。业分引、满者，满就果言，引就因言，其强弱有异也。

基师释感义，不同于有部及测、范二师，另为一表明之。

100 "新熏家一品转灭"以下

转齐、转灭之义，已见前卷《笔记》第76条。依熏本家，地前唯进资者，本性相近，又志愿前进也。地上有退资者，诸佛无量种子不灭一分，故可退为菩萨也。又约实理，非特退资地上，亦应退资地前。补此一层，诸佛化现作凡夫事，乃有依据。

以上七月七日第二次讲

（续讲前次未尽之义）《大论》二十一，释无姓六相。此乃慈氏之说，与各家微异。以相说者，佛性有无，隐微难了，如经载：有人为众大德反覆观察，无一善种，谓不可度。而佛证知彼人八万劫前，仓卒遇虎，惧极称佛，以此善种，今日可度。此之因缘微细，诸大弟子，且不能知。故今但由相显体也。六相如次：

一、赖耶爱满，谓我执坚。成无量种，念念随现，虽佛难拔。本宗说有无漏对治义，在佛有漏不起，无漏独行，阐提反是。

二、无少分厌生死乐涅槃。今人通病，在于外色山河大地，作常住不坏想；于内心识执受，作死后断灭想。殊不知物质无常，必归消灭；心神无碍，亘古不磨。乃竟颠倒无知，徒增其生死之惧，而毫无乐涅槃之心。以云学佛，必自乐涅槃始。本来面目，弃去不理，诸佛说为可怜愍者。

三、上品无惭愧。宋儒谓：直不知人间有羞耻事，人禽几希；治乱关系，决于一耻。世道且然，况于至道！

四、闻善说谛一毫不动。

五、逼迫苟活出家，螺音狗行。此虽指出家言，然在家此行，亦是无姓之相。

六、为殊胜后有少修三业。不知出世。

101 第一行论文

先、就种子来源，竖讲本始；次、就种子内容，平说六义。其实概括不尽。如遮外种，应再加极隐微之一义也。但言种子之自相，则一刹那灭，明其体之有生灭。三、恒随转，明其体之不同兔角龟毛，有此三义已足。自余四义，皆因遮余而立。读者宜善取此意，不可拘执，因具六义，亦不必为种子也。

102 论文

一、刹那灭者，佛法是用，不说体而但说因果，此甚浅显，又极平等。种子六义中，首简常法，不能为因，亦属此意。

二、三两义皆谓无常且现在，故可与他念为因，又与他性为因。

《大论》但说七因，系就因、缘、果三义，逐次推论。后人本此义而立种子。笔端❶于《摄论》，精深于《唯识》，可对勘知之也。

《述记》，外色假名种子者，一、无实体，二、唯识重变，三、是现行，故云假也。

103 "有胜功力而后可取与"句

种子者，力为之也。惟言力则有语病，讲用乃更活也。

取与之义，讲家多误。今取《疏抄》，为因生现名取，酬因名与。

104 "一、遮无为缘起"句

大众四部、化地俱计无为缘起，然彼之无为，非即真如，乃是无常生灭之理，是常是一，亘古不变，说名无为耳。由此无为，能令缘起支有隔。别此所谓能令者，即是转变，转变即非真如。然大乘经亦云"一切圣贤，皆由无为法而有差别"者，何耶？经言差别，非无为别，盖就证无为之浅深能边言之而已。

---

❶ 底本《〈唯识讲义〉笔记》卷三第九页第十三行此处为"笔端"，依文意疑为"肇端"。——校者注

105 "二、遮长时四相"句

长时四相谓一期生灭，即人生幼稚、长养、充盛等也。

106 "三、遮神我常法"句

《疏抄》："神者，如也。"因知如亦神也，谓非人力之所为也。

107 "《法华》：一地所生"一段

《法华玄赞》解此最为扼要。其言曰："将理会教，名为一雨；将教就机，说三乘法。"

108 "三、和合"句

和合即谓种现相生、三法展转也。其义如图：

109 "基必三义释现"以下

基师主张现行为唯现家，故说显现唯现行果。

110 "胜军因果义"

胜军新熏家，兼安慧、护法之学而不精。后来奘师始得护法之精义也。

新熏家惧因果中断，故合前后而言之。本有家反是。

以上七月九日第三次讲

（续讲前义）上座因果义，如图：

胜军因果义，如图：

望后为因　　　　望前为果

观图可知两家同义。但上座就一法以言，胜军就二法以言耳。大乘立义，较此更精，所谓生灭异时，不在一时中也。然龙树《智论》亦说：现在半为过去，半为未来，似与胜军立义相去不远。然龙树以此破现在，胜军以此立现在，实大相反对也。读者不可不细心辨认。

《述记》卷十四，三页右第九行，"和合义" ❶

说和有二：一、和杂不相离，谓报养二大，及与所造不相涉入。如胡麻聚，其体是二。小乘多用此义。二、和合不相离，谓四大所造报养七法，互相涉入。犹如水乳，其体为一。大乘多用此义。曰种现和合者，种能生现，为因果和合；又现能生种，为能所熏和合。因果一体，亦可就自相言之。

《述记》卷十四，四页左第三行，"见分缘于见"句

此有三义：一、六见缘八见，二、七见缘八见，三、自证缘自见。自证亦是见体，故可云见。

《述记》卷十四，四页左第三行，"解云"一段

通难大意，种子为自体因缘，非同时因果；见分是同时因果，非自体因缘。

《述记》卷十四，四页左第五行，"体便无穷"句

种子后望于前是等流，相似相续有故。如不相续而一时有，则应相生，以至无穷。

《述记》卷十四，四页左第七行，"名为异类"句

---

❶ 这5条笔记，在《讲义》中无直接的对应内容，是对《成唯识论述记》（金陵刻经处本）中相应内容的笔记。——校者注

异类之义，如图：

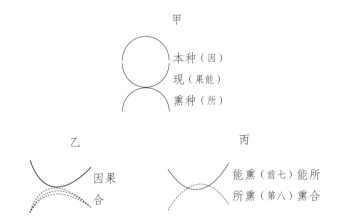

三法展转，指正熏时而言。熏有三时：将熏，正熏，已熏。新熏种但为果对种因言。中之所熏，必后一刹那已熏义边，为后法因，乃得为种子。否则一时有因果，与上座部执何异？此最宜致意辨别。

《述记》云：后种未生果故非无穷。今进一解，岂但无果，亦未成因。

111 "前后刹那，各自段落，故非无穷"句

异熟果，待缘凑足而成，故其段落为因果㊣○。

等流相续，法尔如是，由此知胜军惧因果中断，而立别义，其实大非。故其段落为因果㊣○。

此段落之义与胜军不同者，彼计一体，此但相涉而各自段落耳。复为一图：

112 "然现行望种"一段

《述记》出本有生新熏难，今解如图：

因谓依也。亲办自体混成一气，乃能为因。故本种不为新种因，但和合一体，假说为因缘。此即同类不妨和合，乃正义也。他家不解此点，遂多谬说。

《述记》顺文解戒体不增一段，宜知古师解。旧云阇黎作白，虽住无心无表，得时，七支种子体倍倍增，即本有修熏一新种也。今谓解错，但可说用倍倍增也。定、戒是现量思维，思维是心、心所现行之用故也。

以上七月十一日第四次讲

（续前）胜军但言因果同时，而不分别种现。其实种生现可同时，种生种则非即此刹那，故《述记》难彼云云。

无种已生者，《杂集》第四，有二十四已生；有种已生者，除阿罗汉最后蕴。无种已生者，谓最后蕴。今解，阿罗汉如就声闻果言，烦恼习气未灭，此文难解；又如就八地菩萨言，种子未尽，亦难解。此当以佛果解之。无学最后蕴，此时入过去是无，当来不生，现种不灭，名无种已生，此非无种而生现也。《伦记》三十六解，无种者，无现在种，但旧种在，仍种、现同时。此就不可为后来一刹那因，故云无种也。

无种已生，系就自类种不同时生而言，胜军之解故不可通。

113 "至究竟位，方成种子"句

《述记》解云：各各究竟。其义如次：

（一）染法至见道。

（二）有漏至涅槃。

（三）佛种至穷未来际。

114 "经部六识等"一段

恒随转，遮转识与色法，亦遮第八现行，有界地转易故，体非能熏故。然《述记》不简别者，八识体为种依，有种斯有现，故不简也。

115 "暂不生用"三句

唯识宗说能发现行，名为种子。此就他日能发而言，义理更长。一界有情，具三界种。此亦不起现时，得名种子，可以为证。

116 "三性五蕴"一段

此叙有部五因六因中除能作。之义也。前卷《笔记》，载六因系据《俱舍》义，以对十因；今据萨婆多义，以为所破，故不同也。此文较繁，而理较粗，即是同类因，《俱舍》以善自相望，此乃自地同部相望也。大乘立义则较《俱舍》更精。虽同一性类，亦须有和合等义，乃得为因。

惟以亲办自体（一），性相随顺（二），解释同类因缘，至护法始有其义，古师犹不知也。

117 论文"五、待众缘"一段

此须知缘生之义。缘生者，非谓独由缘生，必因缘和合而后生也。就缘言，亦自有其种子因缘。

又种生种，不得种子之名者，以无缘相凑合也。自类等流，不必待他，即除相续而外，别无同时生现之理。今就果言因，就显

谈隐，故谓待缘和合也。

自众缘者，一、作意，二、根，三、境。此就识法而言。

种子生现必待众缘者，有缘而后功能殊胜也。功能即潜隐之力。其力最大，世间一切皆自此起，故曰缘生，其实则力生也。

因此推论，用功必须强用意识，强为熏习，而后有用。多生功力，而后此用不动。诸佛功德有十力之言，亦此意也。《瑜伽》菩萨菩提分持中，说如是学，便能发起三业为十力种。特别立一《力种姓品》，亦此意也。

自然者，任运之谓。本系一名，虽诠以二字，而实若一字。《楞严经》竟将二字分解之，则成二名矣。此纯属望文生义，可知其经为伪作也。

《述记》：三世有执。此指有部以得非得等、生住异灭等为缘也。大乘新熏能所和合，在后为种，非现未俱有也。设小宗自救言，过未体虽有而未起用，故果非顿生者。此可破云：汝取果用应恒时有；不离体故；犹如其体。体用不离，是小所许，故得为因。《摄论》所说亦同。

以上七月十三日第五次讲

118 论文"六、引自果"一段

色、心各引自种者，慧作极微解。假名为色，行相为心，假说种生，不望极微，名引自果故。不知此意说色别种，即是外道。

余部互为因缘者，此指有部五与因之一计也。五与因如次：

（一）色与色、心与心。今此不破。

（二）四蕴与色，色不与四蕴，心法强、色法弱故。

（三）色与四蕴。

（四）色与四蕴，四蕴与色。

（五）五蕴更互为因。今此正破。

《述记》第八现行既恒随转一段。解之须更详果俱有义。果俱有者，旧解但旧种与现果俱。今谓亦有新熏种俱现能熏。之义，乃为合理。解如下图：

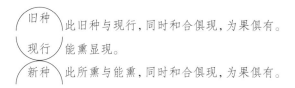

依此义释无姓第七，其现行缘八见，相状显现，然其新熏之所熏种一入第八，则七缘第八见分之相状不行，而纯属有覆之种性存在。种隐微故，缺果俱有义之一分也。第七见相，皆依自证而起，即有相反之义。又自证缘见，有能所相及之义。本此二义，似乎第七亦能自熏成显现种，然而不自熏者，自性有覆不受熏也。故仍以第八无覆为所熏而成种。六熏自六，虽不沉隐，然缺恒随转义，且非纯无智故，亦不成所熏也。自体与所持种，虽俱恒随转，然又不能熏自种，无力不生后故，仍无果俱有义。

119 论文"此种势力"一段

解此须明生引因义，生引即说十二有支。如图可解：

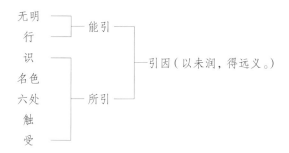

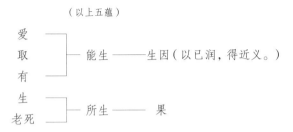

十二支为说明生死因果而建立。生死非他，五蕴种子生现之种种分位而已。

《述记》引《无性论》，以十二支解远近因。今详其义不然，但可爱、取、有望生为近，五蕴种望生为远；又引义有逆顺两解，逆义望因，顺义望果。如图：

前余（如身）◄————————引残（如骸）

引远 ————————►后增

有情死后，尸骸犹在者，第八执持，但无觉受，故非顿见消灭，又不同于生时之有知觉也。《述记》云势分力，即系执受之势分。

120 "坚住之坚可熏"以下

坚住、坚密，二坚何别而有熏不熏异？今解，住约相续，密约无间，故不同也。窥师释可熏三义：一、非坚密，二、有体，三、自在。有体之义，系窥师增补。

心所不受熏，凡有四义：依心王而不自在，一也；非报主，二也；无持力，三也；顿多果妨，四也。此第四义，又有三家解释不同。一师，独王能熏，所不能熏，一种生一故。二本有家，王正熏，所助熏，本、种唯一故。三护法解，王、所共熏，能持是一故。

以上七月十五日第六次讲

（续前）心所不受熏，第四因为顿多果妨，护法解释最精。以与后来论文胳合故，又就所边立说故。

121 "若法非常，能有作用"句

有用是生，非常是灭，如何相顺？然不灭则无容有作，无作亦无容有灭，生灭实相待而不相离也。

122 "二、有胜用"以下

《述记》文晦，应改读云："胜用有二：一、能缘势用，即简诸色，有强盛用，无缘虑用。原无此句。为相分熏，非能缘熏。二、强盛势用，谓不任运起，即简别类异熟心等，有缘虑用，无强盛用，为相分熏是。原作非字。能缘熏。"然此第二所简，亦但能缘而不能熏也。

解此段文，宜先知何谓相分熏。《述记》下文有云，即第八识为六、七识之所缘，故为相分熏。《学记》解同。盖法为所缘且有能致功效《述记》所谓可致熏习。之义，即作相分熏也。然能熏仍为自证分，但带见相而熏。以自证是体，见相依之而起故。其义如图：

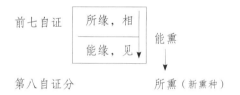

种子非死物乃活用也，乃用之可按实处也。见相现行，虽极歧异，然在种则分别微细而无碍，故图中于所熏边，不复分别。

123 "六识异熟生"一段

异熟生者，生有善生、不善生、异熟生三种，谓三性法同类相引生也。

异熟法有四类，有能熏，有不能熏。其别如次：

《讲义》释异熟生法能熏或否，凡有数家，未加评断，可任取舍。

《述记》云：平等物者，谓不为能所熏之法。如业感无记法，不似前七善恶心之为能熏，又不似第八之为所熏，故云平等物也。

佛果圆满不复熏者，佛位之法，皆由因位之积生熏习致之。如神通三世、一念三时，平等显现，故曰圆满也。然此但就不生灭之理言之，若其生灭之相，仍不倾动也。由此推论，诸佛说法，各各圆备，决无后超于前，逐渐进化之义。即菩萨说法，较佛说为精密，亦只发挥奥蕴而已，更无超过佛说之处也。

以上七月十七日第七次讲

124 "欲界所知障，分作十品"一段

《述记》解无姓第七有增减，出二家之说。

一、解唯增。此指用增。一类无间极难熏故，唯用增非体增也。以邪见为喻者，即如上品邪见，断下品善。一品之中，仍有上、中、下之别，即其用有异也。

二、解兼减。此就界地流转言之。《述记》次文，凡五段难，一一为通，方致评断。

初段难意。有增减不顿断，通意顿时见道断亦九品，顿断第九，余即尽断。

分品断惑，大小乘立义不同。大乘分三界烦恼为九个十地，通断自初地至八地，当于小乘四向四果之位，见《璎珞经》。小乘不然。总束三界惑为九品，品品分断，故谓断欲界惑上中六品，尽得二果；断下三品，尽得三果也。明此分别，则《述记》文易解矣。

二段难意。见道非见道不同，类通意非见道，亦有九品顿断义。

三段难意。加行顿无九品，通意任运，岂无九品？

四段难意。第六、九品不还顿，断七何不然？通意大生上不断下，小七例不断。

五段难意。九品一类异，通意九、一不相涉。

九难既通，增义乃立。次下文明不可兼有减义，即取前解而非后解也。无姓第七，三界虽殊，能所缘等。尽是有漏为能所故云等也。何有行相增减？盖必无漏种现行对治，而后可有增减也。

125 "三法展转，因果同时"句

三法同时者，其义如次：

刹那	又一刹那
一、从种生	
二、能熏识	
三、复熏种…………	一、从种生
	二、能熏识
	三、复熏种

126 "亦如芦束，更互相依"句

芦束喻种现依及能所熏。依。窥师谓是二法为喻，盖合此两种二法言之。以其中现行望因为果，望所为能，还同一法，故实是三法也。如解此喻，必取二芦者，即违经文。《杂阿含》卷十二云："譬如三芦，立于空地，展转相依，而得坚立。若去其一，二

亦不立；若去二，一亦不立，展转相依，而得坚立。识缘名色，亦复如是，展转相依，而得生长。"如基师解，义是而文非。殆于《四阿含》未尝留意欤？

127 "说此如小乘相应俱有因"句

此种望现，现望新种，同时为因缘，与种望种异时为因缘不同。以是取小宗相应俱有因，得同时士用果为喻。相应因，谓心与心所同时相应也。今此取喻，但用其同时之义，不及其他。

128 "说此如小乘前念同类因"句

小，前念善色，生后念善色。前念为同类因，对异为同也。后念为等流果，对因为等也。此是《俱舍》义。若《正理》《婆沙》，三性相望，皆为因缘。其义更粗。实则种望种，有相引之义，故前后相续不断。胜军上座，不明引义，强为二法因果同时之说，其误易知。

上来讲能所熏义已尽，其最要之关链则一"依"字而已。何以言之？世间无单独能立之法，佛必依众生，众生亦应依佛，故有依义。又法遍法界，必相依乃能广遍，故有依义。又可总结前说曰：就依义，乃足显法体；就变义，乃足阐法用。

以上七月十九日第八次讲

唯識研究

唯識學叢書

周叔迦 著

長江出版傳媒 崇文書局

圖書在版編目（CIP）數據

唯識研究 / 周叔迦著．—武漢：崇文書局，
2018.9（2023.2 重印）
（唯識學叢書）
ISBN 978-7-5403-5113-7

Ⅰ．①唯⋯ Ⅱ．①周⋯ Ⅲ．①唯識宗－研究 Ⅳ．
① B946.3

中國版本圖書館 CIP 數據核字（2018）第 164415 號

我
思

敢于运用你的理智

唯識研究

出 版 人　韓　敏
出　　品　崇文書局人文學術編輯部·我思
策 劃 人　梅文輝 (mwh902@163.com)
責任編輯　梅文輝
裝幀設計　甘淑媛
出版發行　長江出版傳媒｜崇 文 書 局
地　　址　武漢市雄楚大街 268 號 C 座 11 層
電　　話　(027)87293001　郵政編碼　430070
印　　刷　湖北金港彩印有限公司
開　　本　880mm×1230mm　1/32
印　　張　5.25
字　　數　115 千
版　　次　2018 年 9 月第 1 版
印　　次　2023 年 2 月第 3 次印刷
定　　價　68.00 元

（讀者服務電話：027－87679738）

目　录

第一章　緒說

　　唯識是佛教中許多派別的一派。佛教唯一的目的，就是徹底解決人生的苦痛。但是人是宇宙的一部分，所以要解決人生的苦痛，必須要先研究宇宙之所以成立，與人生之所以存在，再進而求人生與宇宙的關係，如是方可以得到徹底解決人生苦痛的方法。這三重初步工作的情形，當然是極複雜的；所以觀察的起點，名詞意義上的認識，各有種種不同。所以在同一佛教同一目的之中而有許多不同的派別了。這唯識宗的名詞，簡略地可以使我們了解他對於宇宙同人生的解釋。"唯"是單獨的意思，"識"是分別的意思。這個名詞的解釋就是說：宇宙同人生，全是分別的現相。他說宇宙之間，空無所有，只是有一種能力存在。由這種能力運動的結果，便幻生出無盡的時分、方分，種種宇宙人生來了。這種能力便叫作"識"。

　　研究唯識第一要注意的，便是"唯識"的意義與"唯心""唯物"以及其他的一切哲學都不同。因為其他哲學都是有對象的，而唯識的學理是"絕待"的。所說這分別的能力不是這能力對於"心"或"物"上加以分別，或是"有所分別"與"有能分別"。這分別就是這能力本能的活動，就是它分別它自己。我們所認識的一切事物動作以及我自己的心意，全是這能力分別的幻象而不是本來的根源。

　　佛教的派別，大要有二種：就是"大乘"與"小乘"。"乘"是"車乘"的意思。小乘目的淺、範圍狹、行為簡，所以叫作"小乘"。大乘目的深遠、範圍廣大、行為普遍，所以叫作"大乘"。大乘之中，又大要分為兩宗，就是"性宗""相宗"。"性宗"注重在"義"，"相宗"注重在"名"。性宗說名字是虛假的，而義是真實的。譬如人呼牛應牛，呼馬應馬。牛馬的名是假立的。縱然應牛應馬，而人的行為確立不變，不能改易的。相宗說名字是代表一種固定的意義。我是人，決對不能應牛應馬。如若應牛應馬，則世間一切理法都混亂，而佛教也無從成立，修學的人也無從入門了。所以相宗特別注重名句，而研究相宗的必須精熟"因明"。

第二章　百法

　　研究唯識哲學之先，必須要先明了百法。百法就是一百個名詞的解釋，是唯識哲學的提綱，是唯識論對於心理學簡單的說明。

　　這一百種法分成五種：第一是"心法"，就是人的智識，共有八種；第二是心所附屬的作用，叫做"心所有法"，因為人的智識只是分別，是不能成就善惡好惡的，這都是由於另有心所附屬的作用，共有五十一種；第三是心法同心所有法的對象，便是"色法"。這"色"字是照梵文直譯的，意思是指"物"。但是中國普通對於物只是有實質而可以觸摩的。這個色字的範圍卻不同。一切光聲香味感覺，凡是與知識成對象的都叫做"色"。因為色是眼識的對象，是一切對象的最初一位，所以梵文用這領袖代表一切，中國既沒有適當的名詞可翻，也只好直譯作"色"了。這色法共有十一種。第四叫做"心不相應行"，因為心與心所同那色法互相發生了種種的關係，因這種種的關係假定為種種的行為，這行為不是由心上直接發生的，所以叫做"心不相應行法"，共有二十四種。第五是"無為法"，就是無有作用清淨寂滅的法，這便是心、心所以及色法、心不相應行法的本性，共有六種。以上共是百法。

第一心法何以有八種呢？一、"眼識"能見色；二、"耳識"能聞聲；三、"鼻識"能嗅香；四、"舌識"能嚐味；五、"身識"能感覺觸摩；這五種識是最顯明的，人人都了解，總叫做前五識；六、意識能思想事理，以上的六識在佛教大小乘中是共同的。不但是佛教，其他的印度哲學以及其他的哲學也都是如此解；然而不是唯識哲學的精奧。小乘教是不研究宇宙的實在，不管一切人的行為的；只就自己心意識上用工夫，但求眼不見色、耳不聞聲以至於意不思法，逐漸的六識不起，便達"灰身滅智"的"涅槃"境界。所以在小乘的經論之中只說有六識。大乘教便不如此，是要徹底研究宇宙的本源，徹底解決一切人生的本源的，所以第一步先要研究意識的由來。眼識的生起是由於眼，耳識的生起由於耳，鼻識的生起由於鼻，舌識的生起由於舌，身識的生起由於身，由此證明意識的生起必定是由於"意"。這意識是有種種差別的，這意一定是個單純的唯一的直覺。他直覺個什麼？就是覺得有我。因為一切人的思想必定是先覺得有一個神秘不可知的我，纔感覺得"我想""我吃""我穿"……所以"我見"是意識的根，叫做"意"。照梵文譯音叫做"末那"。因為他既是一種直覺，所以一方面是意根，一方面卻又是識的一種，便是"第七識"。佛教宗旨是說"無我"的。何以第七識可以直覺"有我"？所以第七識的直覺是錯誤的。因為他放棄了整個的宇宙的本源，但執著局部的活動，所以纔有這錯誤的感覺。所以人要證得人生的本源，證得宇宙的本源，必須要打破第七識這一重關。這宇宙和人生的本源叫做"第八識"，又叫"阿賴耶識"，這便是唯識哲學所推敲研究的。但是人在"第七識"未破除以前，對於"第八識"只是在文字上了解而沒有法子可以實在證知的。以上便是總有八種心法。

第二"心所有法"又分六類：一、"遍行"是一切心法無論何時全都有的，有五種法；二、"別境"是只專對某種環境而生起的，有五種法；三、"善"的心所有法共十一種；四、"煩惱"有六種，煩是煩擾，惱是惱亂，這六種法可以擾亂人的心，所以叫做煩惱；五、"隨煩惱"有二十種，這二十種法是隨從前六種煩惱的；六、"不定"有四種，這"不定"的意思不是指普遍不普遍說，而是指善惡說的。這四種法可以成就善，也可以成就惡，所以叫做"不定"。

遍行的五種法：一是"作意"，是領導心意識去奔求環境。《大學》中說："心不在焉，視而不見，聽而不聞。"何以心有在有不在呢？這便是由於"作意"的功能。二是"觸"，令心與前境接觸。三是"受"，令心領受前境。四是想，令心領取前境的像貌方圓種種的形相，五是"思"，令心去造作種種事業。

別境的五種法：一是"欲"，對於某一種環境起一種希望願求叫做"欲"。二是"勝解"，於所接觸的環境生一種決定的了解，知道他必定是如此如此的，叫做"勝解"。三是"念"，對於過去的事理記憶不忘叫做"念"。四是"定"，令心對於環境一心專注叫做"定"。五是"慧"，對於善惡是非分別簡擇叫做"慧"。

善的十一種法：一是"信"，對於善事能了知是善，誠實的相信叫做"信"。二是"精進"，對於善事勤苦的修行叫做"精進"。三是"慚"。四是"愧"。慚愧二字在普通是連帶的，但是在唯識上，做了壞事自己心中羞惡叫做"慚"，做了壞事無臉見人叫做"愧"。五是"無貪"，便是對於一切功名財利不貪求。六是"無瞋"，便是對於一切人物慈愍他。七是"無痴"，便是對於善法能真實了知毫無迷惑。八是"輕安"，便是身心安泰逍遙快樂。九是"不放逸"，便是心不希求色聲香味。十是"捨"，便是於色聲香味能明了領解而不為所動。十一是"不害"，便是不破壞戕害一切物。

煩惱的六種法：一是貪，便是貪求種種愛樂。二是瞋，便是對於一切人物有賊害的心。三是"無明"，便是對於真實的道理不能明了。四是"慢"，便是自以為是，比他一切高貴。五是"疑"，便是對於真理懷疑不定。六是"不正見"，便是對於真理永遠生一種相反的顛倒的見解。

隨煩惱的二十法：一是"忿"，便是對於違害我的心中生忿。二是"恨"，便是由忿以後結為仇怨。三是"惱"，便是由於忿恨而起報復，惱害於他。四是"覆"，便是做了惡事隱瞞他人。五是"誑"，便是因為顯自己的高明而說妄語。六是"諂"，便是恭維巴結富貴有勢的。七是"驕憍"，便是自己有才能而在人前賣弄。八是"害"，便是對於人物存心破壞。九是"嫉"，便是嫉妒他人比自己強。十是"慳"，便是自己所有的不肯給人。十一是"無慚"，便是做了壞事，自己心中不知羞惡。十二是"無愧"，便是做了壞事，對人毫不知羞恥。十三是"不信"，便是心中污穢，對於真理心不好樂。十四是"懈怠"，便是只求快樂，不知為善。十五是"放逸"，便是對於惡事不能自己防閑。十六是"昏沉"，便是心中疲乏，不能領略環境。十七是"掉舉"，掉是振動的意思，便是令心不安靜。十八是"失念"，便是善忘。十九是"不正知"，便是對於環境了解錯誤。二十是"心亂"，便是令心奔求流蕩。

不定的四法：一是"睡眠"，睡眠一事也許善，也許惡。因睡眠而心不自在，不能觀察，耽誤為善，便是惡法。二是"惡作"，"惡作"即是追悔。這是照梵文直譯的。對於已作的善事或未作的惡事而追悔，便是惡法。對於已作的惡事或未作的善事追悔，便是善法。三是"尋"，四是"伺"。尋伺都是對於事理推求觀察，不過尋是粗，伺是細。譬如貓捉鼠，東西尋求便是“尋”，既看見了便在旁伺察，候機會乘勢捕捉它便是“伺”。

第三色法十一種：一是“眼”，二是“耳”，三是“鼻”，四是“舌”，五是“身”。眼耳鼻舌同是身體的一部分，何以要分為五種呢？因為這處所指的不是細胞所組織的肉體，卻是專指神經系說的。這五處是前五識所依據的地方，所以分為五種。那細胞所組織的肉體是下邊五種的色類。六是“色”，七是“聲”，八是“香”，九是“味”，十是“觸”。這五種便是前五識所感覺的對象。十一是“法處所攝色”。攝是包含統屬的意思。這一類色是無質的，用前五根所不能取得的，只可以用意識來領略，就是意識的一切對象。

第四心不相應行有二十四種：一是“得”。得是成就的意思。就是總指心法、心所有法、色法三種的作用發現生起，成就善惡無記的種種的行為。二是“命根”。就是心法、色法的作用，在相當的時期之間繼續不壞不斷，假定名叫做“命根”。三是“眾同分”。眾是眾多，同是相同，分是類別。就是人類與人類身體言語知識是相同的，畜類與畜類相同，以至其他各類各各相同。四是“異生性”。異生就是宇宙間一切眾生，因為眾生見解各異，種類各異，所以叫異生，異生性就是指一切眾生不能明解真理。五是“無想定”。這是非佛教的禪定的一種，修這種定，前六識不起，但是第七識仍在。六是“滅盡定”。這是佛教最高的禪定，修成這種定的前七識都不起。七是“無想報”。這是由修無想定的力量所成就的一種果報，這個的解釋在後邊說唯識的宇宙觀中再詳說。八是“名身”，九是“句身”，十是“文身”。這三種就是語言文字。名身就是一切名詞，句身是聯合若干的名身表明一種完全的事理，文身就是用以集合成字的，在其他各國的文身就是字母，在中國的文身就是點畫。十一是"生"，十二是"住"，十三是"老"，十四是"無常"。無常就是死。這四種在人叫做生住老死，在物叫做生住異滅。生是從無而有。住是繼續的有。"異"或"老"就是這有繼續的改變。無常或是滅或是死，就是從有而還無。十五是"流轉"。就是因果相續不斷。譬如種子生芽，芽生根葉花果，果又結種，種又生芽。宇宙間的一切因果是循環不斷的。十六是"定異"。就是不同的因決定生不同的果，譬如桃種決定不生杏樹，梨核決定不生蘋果樹。十七是"相應"。就是桃樹所結的果子還如當初桃種相似，桃種所生的樹還如當初結桃的樹相似。十八是"勢速"。就是說因果變遷是極快的，時時刻刻的不同。十九是"次第"。就是因果進演的有一定的次序，決不會錯亂的。二十是"時"。便是年月日時。二十一是"方"。便是東西南北。二十二是"數"。便是十百千萬。二十三是"和合性"。二十四是"不和合性"。便是一事一理不能單獨發生或存在的，一定要藉眾法互相維持為力量。它生起的原故，是由於眾緣集會的原故，這叫做和合性。它壞滅是由於眾緣分散的原故，這叫做不和合性。就是眾緣有時相吸，有時相推。

第五無為法有六種：這無為法直接無從表示，只可借事理間接的顯明。一是"虛空無為"。這無為的真理如同虛空。一切萬象都在虛空中生生不已而虛空永無改變。一切萬象都在真理中流轉而真理常住不改。二是"擇滅無為"。擇是揀擇，滅是寂滅，擇滅就是由智慧揀擇的力量，斷除一切煩惱，所得的寂滅，這名叫"涅槃"。這真理是由於證得涅槃的果而表現的，所以叫做擇滅無為。三是"非揀滅無為"。就是不由智慧揀擇的力量而自然寂滅所表現的真理，就是一切萬象由於眾緣分離還歸於空時所顯的真理。四是"不動無為"。這是色界第四禪不為一切苦樂所搖動的身心所顯的真理。五是"想受滅無為",是無色界中一切想受都不生起時所顯的真理。這色界第四禪同無色界,要在後邊唯識的宇宙觀中再詳說。六是"真如無為"。真是不假,如是不變。這一切法的本性都是真實常住的,這就是無為。以上總計一百種法。

第三章　心法與心所有法的關係

　　這五十一種心所有法並不是八種心法各各全有，是各有多寡不同的。

　　第一前五識：這前五識的作用雖然不同，然而能力卻相等，所以所附帶的心所有法也相同。這前五識的功能有五種特點：第一是眼只能見色，耳只能聞聲，鼻只能嗅香，舌只能嚐味，身只能覺觸。就是各各只能分別自己的對象。第二是只能分別色法上的"自相"，"自相"是隨同本質單獨具[有]的形相。第三是只能分別現在的。第四是只能極快而最短的了別，所謂剎那的了別。第五是由了別而取得將來的果報。何以由前五識的了別而能取得將來的果報？這理在後邊第六章中再說。第六是前五識[不是]單獨能生起的，而是要隨意識而生起的。這前五識各各有三十四種心所有法：便是遍行五、別境五、善十一、煩惱三、隨煩惱十一。煩惱中無有慢、疑、不正見三種，隨煩惱中無有忿、恨、惱、覆、誑、諂、憍、害、嫉、慳，又無有四種不定。

　　第二意識的功能有八種特點：第一意只能思法，所以也是只能了別自己的對象。第二是能了別色法上的"自相"與同"共相"，就是不僅僅能了別一切色法上隨同本質的單獨具[有]的形相，也能了別一切色法上由互相比較而得的一切差別形相。第三是不唯了別現在，還能了別過去未來。第四是不僅能刹那的了別，還能相續不斷的了別。第五是能成就一切樂。第六是能引起前五識，這意識是具足五十一種心所有法的。

前五識既不能繼續的了別，而要靠意識的力引發他。又前五識不能了別體上的種種不同的理事，所以每有一前五識生起時，必定有一意識同起。仔細的研究，凡是看見一種顏色或聽見一種音聲，要經過五種意識同前五識相互的作用，方能完全了別的，這五種作用叫做“五心”。一、率爾心：這是前五識在刹那間忽然的了別。二、尋求心：這是意識因前五識生起而起尋求。三、決定心：這是意識因尋求而決定了別。四、染淨心：這是意識由了別後生起好惡貪嗔的念。五、等流心：這是因意識的好惡而前五識與意識於相當時間中同等的流轉，成就善或不善。

第三末那識是唯有單純的思量，有兩種特點：第一這思量是不能認為善或是惡的，所以是“無記”。第二這思量是虛妄的我執，所以是“有覆”，所以他與十八種心所有法相應，就是五種遍行，一種別境“慧”，四種煩惱“貪、痴、慢、不正見”，隨煩惱八“不信、懈怠、放逸、惛沈、掉舉、失念、不正知、散亂”。

第四阿賴耶識有四種特點：第一是“無記”。因為他也是無所謂善惡的。第二他是真實的，所以是“無覆”。第三是“器世界”所依託，“器世界”就指宇宙間一切無情。第四是根所依處無同名言熏習所依託。這詳細的情形在後邊再詳說罷。

第四章 五蘊與百法的關係

這百法是在唯識哲學發展以後，對於心理逐漸的分析而成立的。在佛經中並未曾詳細的提到。佛經中所解釋的只是"五蘊"。蘊是積聚的意思。就是宇宙以及人生都是總由五類的法積集而成的。這五類之中不能說那一類或那一法是我，那一類或那一法是我所有的，而況宇宙與人生是互相對待而成立，不能說人生是我而宇宙是我所有的，所以說是"無我"。

五蘊是那五種呢？第一"色蘊"，第二"受蘊"，第三"想蘊"，第四"行蘊"，第五"識蘊"。這色蘊就是百法中的十一種色法。受蘊就是百法中的遍行心所中"受"。想蘊就是百法中的遍行心所中的想。這二種可以單獨成立為"蘊"，可以見此二種心所是最普遍而重要的。行蘊就是百法中的除受想以外的四十九心所以及二十四不相應行。識蘊就是百法的八種心法。

百法中的無為在五蘊中無有的，所以佛經中說"色如聚沫，受如水泡，想如陽焰，行如芭蕉，識如幻化"，這就是指明無為的道理。色法是如大河中的聚沫，隨流飄蕩，忽聚忽散，忽起忽滅的變化無常，卻無一點實在堅固的本質；受如水上因風的激盪所起的泡，無有實質，當時起當時滅，決不會久停的；想如同陽焰，陽焰是熱帶間沙漠中因蒸氣而現的海市蜃樓，這都虛假的，遠望似實，仔細推求卻是無有；行如芭蕉，芭蕉是無有柯幹的，只是眾葉包裹成為大樹，若是伐倒剝削，卻無有堅實的木材；識如幻化，幻化就是魔術，古代的魔術幻化出種種物件，無中生有，但是只可目見而不可手觸，若手觸時，卻是虛空毫無所有。說五蘊是破人我執的見解。因為"人"是由五類眾多的法積合成的，所以不能說有單純主宰的靈魂或"神我"。又用五種譬喻證明五蘊也是空的，以顯明無為的道理。

第五章　八識萬法的體性

這百法是包羅萬象的總綱，八識又是百法的主腦。這宇宙間的萬象以及八識的心主究竟是什麼體性呢？要知道每一種法都具足有三種性：第一"遍計所執性"，第二"依他起性"，第三"圓成實性"。

第一如何是"遍計所執性"呢？遍是普遍，計是計校。這性不是附屬於一切萬法的本質，而是由於人的普遍計校所生的執著。平常人對於一切理事，總有兩層執著。第一、一切諸法各各有特性。第二、一切特性都有本體。譬如不認識牛，纔聽見人說牛，便要推想到什麼叫做牛。又如見著牛而不認識它叫什麼，便要推想：它是鬼呀？它是獸呀？所以一切遍計所執不出兩種：第一"文言"，第二"義理"。

為什麼這些執著要標明普遍與計校兩層呢？因為我們的智識有四種不同：第一是遍而非計，第二是計而非遍，第三非遍亦非計，第四是遍亦是計。這遍而非計的是一切聖者所得的"無漏智"。我們平常人的智識是"有漏識"，如同器皿有了漏孔似的，永遠不會盛滿了的，因為他對於一切都不曾徹底研究同認識。研究唯識而經過種種對於智識上的整理，纔能徹底認清一切，所謂大徹大悟的境界，便無所不知，無所不解了。然而他的知解不是從計校上得來的，所以是遍而非計。那計而非遍的便是我們的"第七識"。他只知道計校著有"我"，然而這"我見"是虛妄的，其他的一切宇宙、一切人生、一切事理，這第七識是不能計校的，所以是計而非遍。這非遍又非計的便是我們的"前五識"以及"阿賴耶識"。他只能了別自己的對象同環境，所以不是遍；他不能想念分別，所以不是計。那是遍又是計的，唯是我們的"意識"。他是時時刻刻計校一切顏色、音聲、香臭、苦辣、痛癢以及喜怒的，所以意識了別，一切都是錯誤的執著，而我們人的一切思想行為都由於意識，在前第四章中，"五心的次第"已經說過，所以唯識哲學家說，我們平常人的一切思想行為全是錯的。

那"依他起性"對"遍計所執性"說，比較上是真的。"依他起"的意思就是指一切事理的由來，不是自己單獨能成立的，必須要依靠其他的事理積合而成。譬如說牛，這牛並無有一種單獨的東西是牛，它不過是頭、角、毛、尾、足、蹄、心、肺、臟、胃等等集合成的，再進一步求這牛心也無有一種單純的東西是牛心，它不過是無數細胞整合的。如是一層層地推求，結果宇宙間的一切事理，無有一件不是依靠其他別的東西來積成的，因為這種性相不是依名生義的遍計所執，所以是真的，然而他證明一切事理是無實質的，所以又是假的。

那"圓成實性"是一切事理的真實體性，圓是圓滿，成是成就，實是真實，這圓滿成就真實的性就是六種"無為"中的"真如"，這真如是一切事理共同的體性，這是最真實的。

這"三性"的理要是換一種名詞來解釋，便是"三無性"，這"遍計所執性，即是"相無性"。因為人的一切了解，一切想像都是假的。這"依他起性"即是"生無性"。因為一切事理的生起是不能由己而是由他的。這"圓成實性"即是"勝義無性"。因為這是一切事理平等不差別的本體，在最妙勝的義理上無有一切萬象的分別的。

既然我們所認識的一切事理是虛假的，而一切事理別有依據發生的成分，如此則佛教所說的"我"是虛妄的，豈不是應當有一個依他起的實"我"嗎？何以一定說"我"是絕對無有的呢？因為"遍計所執"也可以實在無體的。譬如有人不認識羊毛，聽見人說龜毛，後來看見羊毛便以為是龜毛。但是世界上龜是不長毛的，龜毛絕對是無有的，人對於龜毛的了解便是遍計所執。而無有依他起的人的"我見"也是如此，實在是無有的，但是人的虛妄的想像而已。

為叫人了解遍計所執性的虛妄，所以在唯識上說六種譬喻：第一、一切人的智識既無實在，何以有種種的環境呢？為了解這理，所以說如"幻"，"幻"便是催眠的魔術，被催眠的所見的境界全是假的。唯[識哲]學說一切的人生都是在催眠中的。第二、既然一切無實，何以有人要生這種種的虛妄思想呢？為了解這一層所以說如"陽焰"，這"陽焰"就是沙漠中的海市蜃樓，遠看像有水草，不近看不會知是假的。第三、既然一切無實，何以人有好惡愛怨的受用呢？為了解這一層，所以說如"夢"，夢中的受用到醒時都是空的。凡人的受用到覺悟以後都是假的。第四、既然一切無實，何以人要有種種言說文字呢？為了解這一層，所以說如"響"，"響"就是空谷的回聲，這空谷的回聲是無意義的，而人聽了卻了解他的意義。第五、既然一切無實，何以要說一定有善惡的果報呢？為了解這一層，所以說如"影"，鏡中的影子雖然是假，然而有物在前，便決定有像。第六、既然一切無實，何以佛教主張救濟一切呢？為了解這一層，所以說如"化"，"化"是變戲法，雖然是假，然而要變給大眾看。

第六章　識有四分

　　這唯識哲學所說的，不僅是在覺了以後認識一切事理的本質，除識以外無他物，既是在凡夫的思想作為，也只是自己識的了別，與一切事理的本質是毫不相干的。為解釋識的了別作用究竟如何，所以要仔細的研究。這研究在唯識哲學的歷史上是古今不同的。有說識的作用是單純的，說是識只是一分；有說識的作用不是單純而是對偶的，說識有二分；有的說識的作用不是對偶而是複雜的，說識有三分；有的說識的作用不僅複雜且是重疊的，說識有四分。

　　第一說識只一分的是說：識只有"自證分"，即是說識的了別作用不是對待的，眼也未見色，耳也沒聽聲，所有我們所得到的顏色、音聲與實際的顏色、音聲毫不相干，這不過自己識上一種證明，認為外界有這一種情況就是了，立這種學說的是安慧菩薩，南印度人，生在佛滅度後一千年。

　　第二說識有二分的說：但說唯有"自證分"不足以表明識的作用。識的功能是有兩種：一種是相分，一種是見分。相是相狀，便是隨著外界事物的本體，在自己識上相分的功能發生相似的相狀；見是見解，便是用見分來證見自己識上相分的一切功能，所以說人的一切知覺都是自己識上見分對相分的了別，與事理本體毫不相干，這便是唯識，立這一種學說的是難陀論師。

第三說識有三分的說：第一說是只就識的本體說，第二說是就識的作用說，都是一偏的。識實在應當有三分，便是"相分""見分""自證分"。這相分譬如"布"，這見分譬如"尺"，這自證分便是量得的結果"布有若干尺"。立這一種學說的是陳那菩薩，是南印度人，生在佛滅度後一千一百年。

第四說識有四分的說：這以上的三種學說都不完備。有了"布""尺"，但是一定還要有一個用尺的人哪。所以說識有四分，便是"相分""見分""自證分""證自證分"，這自證分譬鏡子，這見分便是鏡子的光明，這相分便是鏡子裡的影像，這證自證分便是鏡子的他，有了他，然後這鏡子纔能東西南北隨意所照。證自證分的作用是對自證分的，自證分的作用是對見分的，見分的作用是對相分的，立這一種學說的是護法菩薩，生在佛滅度後一千年的時候。

第七章　阿賴耶識的異名

　　宇宙間"一切事","一切理","一切心","一切物"，總名叫做"一切法"。一切法的總根據就是"識"，這識在"凡夫"的地位叫做"阿賴耶識"。凡夫便是"地獄""畜生""餓鬼""人""阿修羅""天"六道的眾生。在"凡夫""二乘""菩薩"的地位上總叫做"異熟識"。在"如來"的地位上叫做無垢識，所以這阿賴耶識有種種不同的名字。

　　第一"阿賴耶識"是梵文譯音，意思是藏識，言其含藏一切事物的種子，由此無量無數的種子發生一切差別的事物。梁朝真諦三藏譯作"無沒識"，言其保存一切事物的種子，不令他失壞。

　　第二又叫做"心"，梵文叫"質多"。心是積集的意思，言此心是一切種子積集的地方。

　　第三又叫做"阿陀那識"，也是梵文譯音，意思是"執持"，言其執取善惡的業因，維持事物不令破壞。

　　第四又叫做"種子識"，言此識是一切諸法的種子，能生起一切諸法的。

　　第五又叫做"現識"，言其一切諸法皆在這本識上發現。

　　第六又叫做"本識"，言這識是一切諸法的根本。

第七又叫做"宅識"，也是"阿賴耶"的別義，"阿賴耶"也有房宅的意思，言此識是種子的房舍。

第八又叫做"根本識"，這是小乘教中的名字。

第九又叫做"第一識"，從末向末數，此識第一。

第十又叫做"第八識"，從末向本數，此識第八，前五識是眼識、耳識、鼻識、舌識、身識，第六識是意識，第七識是末那識，第八便是此最究竟的阿賴耶識。

第十一又叫做"所知依"，"所知"就是雜染清淨諸法，此識是此法所依據的。

第十二又叫做"窮生死陰"，這也是小乘教中的別名。言一切心、一切物是有時連續有時斷滅的，但是這心物的種子在此識中是不斷絕的。

第十三又叫做"異熟識"，異熟就是"果報"，這果報是由業因不同時、不同類而成熟的，此識能引起生死以及善惡異熟果報的。因為二乘菩薩所有的種子已經斷絕，不受後有，但只有生死異熟未盡的，所以不叫"種子識"，改叫"異熟識"了。

第十四又叫做"無垢識"，此識在如來位上是最極清淨的，是一切無病所依止的。

第八章　阿賴耶識的四分

　　唯識哲學有兩條定理：第一是阿賴耶識是萬物的本源，人生的本源；第二是識的作用是絕待的不是對待的，就是自己識的見分了別相分。將這兩條定理連到一起來說，便是人生同萬物決不是由阿賴耶所發生的單獨一種東西，不過就是阿賴耶識的相分。所有過去未來現在的宇宙人生既然全是阿賴耶識的相分，然而過去的宇宙人生已經消滅，未來的宇宙人生還未發生，何以能說也是阿賴耶識的相分呢？因為過去的宇宙人生雖然已經消滅，他卻有一種結果積蓄在阿賴耶識相分裡。這未來的宇宙人生雖然還未發生，他卻有一種應當發生的能力含蓄在阿賴耶識相分裡。這過去的宇宙人生的結果就是發生現在同未來的宇宙人生的能力，所以這二種總叫做一個名詞：叫做“種子”。阿賴耶識叫做“種子識”，便是這個緣故。

　　阿賴耶識的相分所以包含三種：第一是“種子”；第二是器界，便是現在的宇宙間一切萬事萬物；第三是現在的五根，這五根在萬物之中有一種特別作用，便是為五識所依託的地方，所以要獨成一類。這現在的前七識也是從阿賴耶識中的種子發生的，但是因為他各各有體，所以不是阿賴耶識的相分了。

　　這"種子"的意思是假借世間"種能生根莖枝葉"的意思，然而實在他的作用比世間花木種子的作用完全不同。他有六種特點：第一剎那滅，第二果俱有，第三恆隨轉，第四性決定，第五待眾緣，第六引自果。

　　如何是種子剎那滅和果俱有呢？這識是一種能力，不是一種有體質的東西可以用色聲香味觸去測量的。譬如人有千斤的力量，在不用的時候，這力量並無體質也無容量，然而不能說沒有，因為到工作的時候可以顯現出來的。這識也是如此，在寂靜真如之中無有所謂識，然而不能說沒有。識既如此，識的相分當然也是如此，這種子的作用力未發生時是無體質無容量的，等到他的作用發生時，那時種子的體纔成立，但是這時正是由種子發生現在的宇宙人生的時候，所以說是果俱有。這發生是極快的，種子纔生便滅，繼續不斷地更換，所以宇宙也進化不息，所以說是剎那滅。這有最好的譬喻，便是電影。種子是影片，宇宙人生是影幕上的像。這是"剎那滅"和"果俱有"的。

　　如何是"恆隨轉"？由種子發現的宇宙人生，這叫做"現行"，就是現在行為。種子既是與果俱有，又是纔生即滅。他滅了之後，便又由"現行"結成未來的種子了。所以直截了當說是"種子自類相生"，不是同花木的種子，種滅芽生，以至花滅果生，果還成種的。這種子在阿賴耶識中自類相生，永無了期，必須到因修行對治證得最末的分位方能滅除，這叫做"恆隨轉"。

　　如何是"性決定"？便是由現行的善惡，成決定善或決定惡的種子，不能改變的。

　　如何是"待眾緣"？便是種子單獨不能發生現行，還要依待其他的緣。譬如草木的種子要藉日光水土為緣，這阿賴耶識中的種子也是如此。

如何是"引自果"？便是色法的種子還生色法的果，心法的種子還生心法的果，不能錯亂的。

第九章　阿賴耶識的能力不滅

　　宇宙既是這阿賴耶識的相分，所以換一句話說，便是宇宙充滿在這阿賴耶識之中，不過宇宙在這阿賴耶識中，並不是如同我們人所見的形況。這宇宙是不純潔的，不清淨的，是無窮複雜染污的法集聚成的。在這阿賴耶識中所包括的，唯是這無窮複雜染污品法的種子，這種子依託這阿賴耶識而得保存，所以這識叫做"藏識"，又叫"種子識"。這種子的成立，是由於這阿賴耶識受這無窮雜染的法熏習而生成的，但是這種子並不是另有體質，種子就是習氣的別名。如同麻油用香花熏，便也沾染也香氣了。這種子又受這阿賴耶識的功用，發生無窮雜染的法，所以說"攝持種子"是阿賴耶識的"自相"，"一切染法得生"是阿賴耶識的"因相"，"從染法熏習力阿賴耶識相續而生"是阿賴耶識的"果相"。

　　什麼叫"熏習"？如同用香熏衣，這衣服便有香氣，這叫做"熏習"，所以，"熏習"一定要有"能熏"的，有"所熏"的。這"所熏"的一定要具四種性格纔能受熏：第一"堅住性"，第二"無記性"，第三"可熏性"，第四"和合性"。第一為什麼要堅住性？譬如"聲音""風""光"等不能熏成香味，因為他是忽起忽滅的，是虛蕩的。人的眼識、耳識、鼻識、舌識、意識以及第七識都是有間斷的，所以不能受熏，唯有阿賴耶識是堅住的，所以能受熏。第二為什麼要無記性？無記是不分善惡，如同沉香麝香不能熏成臭，韭蒜不能熏成香，因為他已經有固定氣味了。所以清淨的法雜染的法都不能受熏。清淨的法即是佛果，雜染的法即是煩惱，唯有第八識是不分善惡的，所以能被熏。第三為什麼要可熏性？如同金石不能熏成香臭，因為他體質太堅密了，所以"真如"是不能受熏的，唯有第八識體性虛疏能含容種，所以能被熏。第四為什麼要和合性？如在東屋的香不能熏西屋裡的東西，一定要"能熏"的同"所熏"的在同時同處，方能成熏。所以各人唯受各人自己的前七識熏，不受他識的熏習。

"能熏"也要有四種性格，纔能熏：第一"有生滅"，第二"有勝用"，第三"有增減"，第四"與所熏和合"。第一為什麼要有生滅？有生滅即是有作用，無有作用等如無有香味，不能熏他。所以寂靜無為的法不是能熏，唯有前七識有生滅有作用，方是能熏。第二為什麼要有勝用？如香氣薄弱不能熏，必定要氣味強烈纔能熏。所以第八識氣味薄弱不能熏，物質無思想作用不能熏，唯有前七識是能熏。第三為什麼要有增減？如同香味能熏的，但是要逐漸消失的，假如極圓滿不增不減的氣絕不能熏，若是也能熏，他便決定不圓滿了。所以佛果是圓滿的善法，不是能熏，唯前七識是能熏。第四為什麼是與所熏和合？因為能熏與所熏要不是同時同處，決不會受熏的。所以他人的前七識不是能熏，唯有自己的前七識是能熏。

第八識是"所熏"，前七識是"能熏"，所熏得的結果便是"種子"。但是有人主張種子不是由熏習得來的，是第八識中本來有的，不過由熏習的力量，擊發他的作用；有人主張種子是全由熏習成的。所以護法菩薩的意思，是種子有兩類：有本有的，有新熏的，都是待眾緣而後發生作用。本有的遇緣，便由本有的種子生現行；新熏的遇緣，便由新熏的種子生現行。

第十章　物質是甚麼

　　唯識學對於物質究作如何解釋呢？識是一種所能，由種子生現行，這種子同現行也都是一種功能。何以由阿賴耶識中的種子可以生前七識，又可以生成物質呢？唯識哲學說：物質根本就是能力的集合，並無有實質的。由阿賴耶識中生起四種功能：一是"障礙的功能"；二是"流潤的功能"；三是"炎熱的功能"；四是"飄動的功能"。這四種功能集合到一起，所以我們覺得是物質了，由四種功能集合的成分不同，所以有各種差別的原質。

　　由這障礙的功能，我們對於這障礙認為是實質，為使人了別這一點，在唯識哲學中將這障礙的功能叫做"地大種"。意思說這障礙的堅厚同地一樣。由這流潤的功能，可以使障礙性的集合時多時少，換一句話說，便是物質互相吸引化合或是分析的功能，在唯識哲學中叫做"水大種"。言其同水一樣可以融化一切物而自體也是流散不能固立的。由這炎熱性，世間一切物質纔有生長的功能，便是一切物質所含的熱，在唯識哲學上叫做"火大種"。由這飄動的功能，世界一切物質纔有生滅變遷，在唯識哲學上叫做"風大種"。將這理論若是與最新的科學來比較，卻是恰恰相符。科學家從前認為世間物質是由八十幾種原質組織成的，但是現在已經不這樣說了。他說“物質就是能力”。譬如一件物體，我們可以量他的容積幾尺高深，我們又可以量他的重量是幾斤重，現在我們又可以量他是有多少能力，物質可以分散成能力，發揮成功作用，也可以由能力集合成物質。太陽一日夜發揮這些熱，經過這些千萬年也不減少，便是由太陽的物質分散成能力的表示，因為一點極少的物質可以散成甚大的能力的。何以太陽中的物質他要分散成能力而發揮出來呢？這要就唯識哲學的來解釋，卻極簡單，便是太陽中的四大種消長的關係。因為四大種的消長而火大種風大種有餘剩了，所以便發揮成光熱而散在虛空了。

再將這四大種與科學中電子論來比較，這障礙的功能便是電子，這流潤的功能便是電子吸引的力量，這炎熱的功能便是電子中的電量或是電子中所含的熱，這飄動的功能便是電子流動不停的力量。

人的身體也是物質，便也是四大種集合成的，但是有兩種：人的肉體，便是這像葡萄的眼，像荷葉的耳，像懸膽的鼻，像半月的舌，四肢六腑的身，這是與一切物質一樣的，叫做“扶塵根”。屬於百法中色法類的色聲香味觸，因為是可見可聞可嗅可嚐可覺觸的；而於見色而生眼識的眼，聞聲而生耳識的耳，嗅香而生鼻識的鼻，嚐味而生舌識的舌，受觸而生身識的身，卻是不可見聞嗅嚐觸的，這叫做“淨色根”。這五根是由清淨四大種成的。何以證明呢？譬如人因腸胃病而死的，那肉體的眼沒壞，何以不見呢？肉體的耳沒壞，何以不聞呢？又譬如人被一刀殺下頭來，那肉體的眼耳也不壞何以不見不聞呢？所以必定另有一種眼、耳、鼻、舌、身，這另一種的五根是有相當的關係的。這種身根一壞，這種的眼耳鼻舌根也連帶壞了，所以這人是死了。人觸電死的，在肉體上檢查不出損壞的痕跡，便是用電子的四大種損壞了人的淨色根，所以在唯識哲學上不做作"死"，說是這是"四大分離"了。

第十一章　四緣

　　人生宇宙的顯現，便是阿賴耶識種子生現行，現行熏習成種的循環功能，所顯現的有心法色法的不同。何以會有如是的顯現呢？卻有四種緣故，這四種緣故叫做"四緣"，這緣字在中國舊有的訓詁上，是說一種行動，順其他一種事的邊際而行動的叫做"緣"。譬如人爬上樹叫"緣樹而上"；又如人靠牆站著，不叫緣牆而立，卻叫"依牆而立"，但人爬牆上去，卻叫"緣牆而上"了。但是在唯識哲學上卻有一種引伸的意思：便是一切法生起的功能叫做"緣"，因為一切法不是自然單獨生起的，是要依靠其他的邊際而發起的，這便是四緣的"緣"字的解釋。

　　哪四緣呢？第一"因緣"，第二"等無間緣"，第三"所緣緣"，第四"增上緣"。

　　這因緣是說"兩法相生成緣"。如由種子生成樹，這樹又生種子，這因緣是循環不絕的，有因必有果，但是因果不定的。如由種子生樹，這時種子是因，樹是果；由樹結成種子時，樹是因，種子是果。

　　這等無間緣是"兩法相讓成緣"。如兩人相隨行走，必定要前人向前走一步，那後邊纔纔能向前補上他的位置；前人不走，後邊的人也無法走的。何以叫做"無間"呢？在這二人中間不容有第三者加入，假如前人向前走一步，而同時由旁邊加進去一個人，這後邊人還是不能向前走的，所以二人必須緊緊跟隨，不容有旁人加入的機會。何以叫做"等"呢？便是相隨的兩法必須是相等或是相似，因為一切事理各有各的規則，凡不相似的便無須乎相隨相讓了。

這所緣緣是"兩法相待成緣"。譬人有夫的名稱，是因為他有妻；假使他無妻，同時這人也失了夫的名義了。又譬如鏡子有像，因有件物體在鏡子面前，假使鏡子前面毫無所有，這鏡子裡像也無了。何以叫做"所緣"呢？在這裡這緣字是應當用中國本來的訓詁解的，緣是一種順著其他事物的邊際的行動。既然有行動，必定有能緣與所緣了。但是這能緣卻是因為先有所緣而後有的。這個理很難解，便是要先有物體，於是便有一個鏡子，鏡子中有他的像；如若物體消滅，不但鏡中無像，卻連鏡也消滅了，這纔是真正的所緣緣呢！

這增上緣便是"兩法相助成緣"。譬如由種生芽是因緣，但是單獨的種子不能生芽，必須埋在土裡，用水灌溉，加上肥料，有日光照，這土水肥料日光便是增上緣，可以增加因緣的力量。

這一切色法的生起只須兩緣，便是因緣和增上緣。因為色法的生起是雜亂的，所以不須等無間緣和所緣緣。

這一切心法的生起是要具足四緣，便是前眼識滅，後眼識纔能生，前眼識是後眼識的等無間緣，前耳識是後耳識的等無間緣。譬如人昨夜睡眠到今晨起來，開眼看見一切物體，這也是昨夜最末的眼識是今晨最初的眼識的等無間緣，雖然中間經過睡眠，但是中間無有其他眼識生起，而今晨最初的眼識是因為昨夜

最後的眼識滅纔能生的。這眼識了別色，耳識了別聲，都是所緣
緣。因為識有四分，卻是因為先有相分，纔有見分，但是相分又
是因為先有色法。所以就見分說：相分是見分的親所緣緣，色法
是見分的疏所緣緣。就自證分說：見分是自證分的親所緣緣，相
分是自證分的疏所緣緣。就證自證分說：自證分是證自證分的親
所緣緣，見分是證自證分的疏所緣緣。

第十二章　十二因緣

　　一切宇宙人生都是由種子生的現行,這現行還熏習成種子,但是其中卻經過好幾層階級。譬如由種生芽,由芽生莖,由莖生枝,由枝生華,由華生果,果還成種,這種子和現行的循環也是如此,其中有十二層段落,這叫做"十二因緣"。

　　這十二因緣便是"無明緣行","行緣識","識緣名色","名色緣六入","六入緣觸","觸緣受","受緣愛","愛緣取","取緣有","有緣生","生緣老死"。如何是無明? 無明就是不明白,就是愚痴同貪愛。何以是不明白呢? 因為執著有我,只因執著有我,所以分別有無種種的希求,由這希求所以造作種種善不善的行為,便是無明緣行,由這行為重成第八識中的種子。因為第八識與種子是不一不異的,離了種子也無第八識,離了第八識也無種子,所以叫做行緣識。這無明同行是說過去時的,這種子生起現在的受用,所以就現在生中識是最初。這識何以能生呢? 譬草木的種子,要種在地下,日光覆照,用水灌潤,便生芽了。這心的種子也如此,要種在"行"的田裡,無明覆蓋,用愛水灌潤,便生芽了。生甚麼芽呢? 生"名色"的芽。名就是心,就是受想行識四蘊;色就物,就是色蘊。於是有了身心,便是成胎了。這就叫識緣名色，這名色逐漸增長，眼耳鼻舌身意全長成而出胎了，便是名色緣六入。既生之後，六根與六塵便相接觸，便是六入緣觸。既然根塵相接觸，便感覺得苦樂或不苦不樂，這是觸緣受。對於身心順適的感覺即是樂受，自然要特別的貪愛，這是受緣愛。因為有所貪愛，所以四方奔求，執著不捨，便是愛緣取。由追求執著，所以成就善不善行業，便是取緣有。這識名色六入觸受愛取有八種，便包括現在時人一生的心理，由現在的行業所以生未來的身心，便是有緣生。未來既然有生便決定有死，這是生緣老死。這生同老死是就未來說的，這是就三世的因緣來解釋十二因緣，總括來說，便是由過去世的無明和行為因，生現在的識名色六入觸受的果；由現在的識名色六入觸受為因，生現在的愛取有的果；由現在的愛取有為因，生將來的生死的果。

　　這十二因緣不僅是三世因果的解釋，在我們的"一念"心中，也具足這十二因緣。由於不明了真理，所以有整個的環境發生，便是無明緣行。有環境便有知識，這就是行緣識。有知識便有身心和物我，這就是識緣名色。這身心物我一切作用相接觸的機會只有六處，所謂眼、耳、鼻、舌、身、意，這就是名色緣六入。有接觸的機會自然發出接觸的情狀，這就是六入緣觸。這觸無非就是苦、樂、不苦不樂三種，這便是觸緣受。人的心思無非是對於樂受的貪愛，便是受緣愛。愛而不已便是愛緣取。由於取，一切心行成就，便是取緣有，這一念由初起以至成就，便是有緣生，這一念成就便消滅，就是生緣死。

　　這十二因緣又可以分成兩個輪迴，便是由"煩惱造業"，"由業感苦"，"由苦還生煩惱"，如是循環不已。這十二因緣中的前七支是一個輪迴，後五支是一個輪迴。第一無明是煩惱，行是業，識名色六入觸受是苦，便是由過去的煩惱成就過去的行業，由過去的行業生現在的苦果。第二愛取是煩惱，有是業，生老死是苦，便是由現在的苦果還生現在的煩惱，由現在的煩惱成就現在的行業，由現在的行業生將來的苦果，由這十二因緣所感得的無非是一個“苦”。但是苦的情形卻不同。這無明行識名色六入五支是因為變遷無常而生苦，叫做“行苦”，這觸受二支是“苦苦”，因為一切受皆是激刺性的，惱亂心性，所以都是苦，這是苦的正位。這愛取有生老死五支是因為樂事壞滅而生苦，叫做“壞苦”。

人的生死以及一切行為感覺，無非十二因緣的循環。所以人要求解脫一切束縛而求清淨的快樂，唯有打斷這十二因緣。便是無明如若沒有了，那行也沒有了；行沒有了，識也沒有了，以至於老死也沒有了。但是斷十二因緣是要從那一項斷起呢？隨便那一項斷都可以，因為十二因緣是循環的。但是最直接的是斷無明。因為這是十二因緣中最重要的，所以列在第一位上。但是從無明上斷是不容易，最容易是從現因果中間去斷，便是受而不愛。因為愛斷了，便取也沒有了，以至於老死也沒有了；老死沒有了，無明也沒有了。所有唯識哲學的唯識觀以及天台宗、賢首宗、禪宗的初步修法無非是教人受而不愛。

第十三章　名言的熏習

　　一切宇宙人生都是由"十二因緣的定律"而生起的，又是由"種子現行的循環定律"而生起的，這兩種定律的關係是如何呢？

　　為解決這問題，先要知道，這"現行熏習成種"是如何的熏法。這熏習是有三種：第一是有分熏習；第二是我見熏習；第三是言說熏習。這有分熏習便是人行為的熏習，他所熏成的習氣是新生的，由這類新生的種子發生我們的無量生死以及一切果報。這言說熏習便是由人的感覺的熏習，這類熏習都是本有的習氣，由為假使本識上根本沒有這一類習氣，便不會有這一樣感覺或思想發生了，由這種習氣生起"根身""器界"以及"心王""心所""時分""數分""方分""語言文字"一切知識。這我見熏習有兩種：有人我見；有法我見。這人我見是粗顯的，這法我見是細密的，所以法我見可以獨起而人我見一定要依法我見同起。人我見是執著有一個能主宰的我；法我見是執著有一個固定體性的法，這兩種見各有新熏的同本有的。這本有的我見叫"俱生我執"，在第七識同第六識中，第七識的我執是無間斷的，第六識的我執是有間斷的；這新熏習我見叫"分別我執"，唯有第六識中，便是由推求義理以及一切學派的傳說而執著有我。

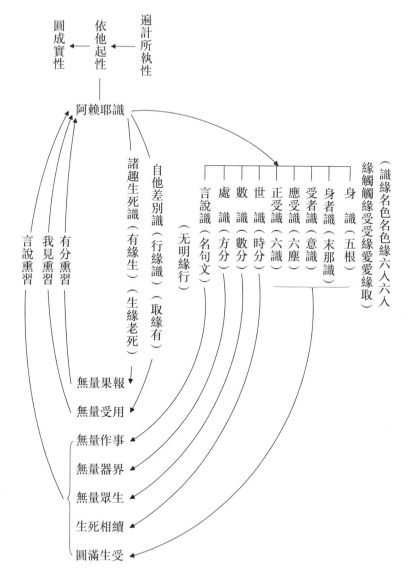

我見熏習便是無明緣行，他除了自己種子現行的循環，還引起有分熏習。有分的熏習便是行緣識，取緣有，有緣生，生緣老

死。他除了自己的種子現行的循環，還引起言說熏習。言說熏習便是識緣名色，名色緣六入，六入緣觸，觸緣受，受緣愛，愛緣取，他除了自己的種子現行的循環，還引起有分的熏習。

這種人生宇宙循環的原則，便是依他起的自性，一切人不了然，卻有無量的分別執著，便是遍計所執性，這遍計所執是如何的生起呢？這遍計所執唯是從語言文字起的，一切人所領略的環境並不是環境的實況，不過是環境的虛名。因為只領略這環境的虛名，所以所得的不是環境的實體而是環境的相貌，由這相貌生起見解，由執著這見解而推求，用見聞覺知四種情況而生起言語，於是由無意義的虛名中增出定義，所以永遠不能得真實的了解。所說“推求”不離五種：第一“由名分別義”，如聽見人說牛，不知是何物，便推求牛是甚麼樣的東西。第二“由義分別名”，便是看見牛，不認識他，便推求他叫個甚麼名。第三“由名分別名”，便是世間歷史語言的學問。第四“由義分別義”，便是世間一切科學。第五“由名義分別名義”，便是世間一切學術的爭論，由這五種分別所得的結果唯是虛名，決不會得到真實的了解的，所以佛教中說“唯證自知”了。

這遍計所執雖然是無用，卻也不離依他起。唯識哲學的目的，便是於一切依他起的環境，不生遍計所執而真實證知一切的圓成實性。這圓成實性就是“真如”，他是極清淨的。何以清淨呢？第一本來自性是清淨；第二一切垢穢不能染污他，所以是清淨；第三唯順著清淨的道理纔能證得這真如；第四順清淨道修行的人的環境是清淨，所以真如一定是極清淨。

第十四章　唯識學的宇宙觀

　　要研究宇宙的真理，是不能單就平常人的環境來推求的，平常人的思想是很雜亂的，但是人的思想也有安定的可能，平常人的知識雖然極玄妙的能事，然而必定依形體起，但人的知識也可以無須形體的。平常人總以為國家、民族以及一切禮樂兵刑是必須有的，殊不知這都是一部　人循十二因緣以及熏習的種子而發顯的。世間上也有一部分人無有這一類的瞋慢憍誑的種子，他所處的地方便無所謂國家、家族以及一切禮樂兵刑而自然和平安樂無有一切紛爭的。所以人要求安樂，要求寂靜，只應當在現行熏成種子的時候（因）上求，不應當在種子生現行的時候（果）上求的，為使人了解平常人的環境，只是一部分人的環境而不是宇宙的全部狀況，所以要知道唯識哲學的宇宙觀。

　　世間中一切有情命的不僅是人畜，卻還有人所不能見的有情。世間上一切有情總有六類：便是天、阿修羅、人、鬼、畜生、地獄。先說人鬼之分：鬼也不過是一類眾生，不過他的身根中風大種水大種增盛，而地大種火大種微弱便是了。人不能見鬼，就如人不能見空氣一樣。再說人天之分：天也不過是一種眾生，不過他居住在其他的星球上；就我們人看，他是在天空之中，所以叫做天，並沒甚麼稀奇呀。阿修羅是印度譯音，意思是"非天"，便是指"神道"。地獄便是感覺最痛苦的眾生，這痛苦直是人間所未嘗有而不可想像的。

我們所住的世界中心有一個山叫"須彌山"，高廣各八萬由旬。由旬是印度的一種長度，合中國二三十里左右，山外四周是海，寬八萬由旬，海外又是一重山環繞著，比須彌山低一半。如是一重山一重海，凡有七重山六重海，海的寬和山的高廣都是一重比一重減一半。第七層山外是鹹水海，寬三十二萬由旬。在這海外有一層山叫鐵圍山，高廣各三百十二由旬，這山便是這一世界的邊際，山外便是虛空了。在這鹹水海中，就須彌山說，東西南北各有一大洲，科學家的五大洲不過只是這南洲，叫做閻浮提洲。這東南西三洲的人民都是有禮樂兵刑的。這北洲的人類無國家、家族的觀念；也無須禮樂兵刑的，人人都自然和睦，無有疾病而人人都是活一千年的。這日月是平行繞著須彌山轉的，因為被須彌山的遮障，所以有日夜。這一個世界叫一四天下；一千個如此四天下叫"小千世界"；一千個小千世界叫"中千世界"；一千個中千世界叫"三千大千世界"，這是一個統系，在虛空中有無數的大千世界。

這世界也有毀壞的時期。這世界的循環叫成、住、壞、空四劫。劫是印度的譯音，不過是極長的時間的意思。世界的成是由虛空中忽然先起大風；經過長時間的大風，於是發生大水；又經長時間的大水於是有地，這與科學家說地是由氣體成液體，液體成固體是相符的，這便是"成劫"，於是漸有人民。世界最初的人民壽八萬歲，身長八丈，因為貪瞋淫妄的關係，所以人壽漸減，平均百年減一歲，一直到人壽十歲。到人壽十歲時因為感覺生死的苦，於是自然互相親愛，無有瞋嫉，於是人壽又漸增。百年一歲，一直到恢復八萬歲，如是人壽一增一減是一"小劫"。經過二十小劫總叫"住劫"。以後這世界便要壞了；或是起大火，或是起大水，或是起大風，將這世界毀壞了，這便是"壞劫"。壞以後這位置便是虛空了，便是"空劫"。這成住壞空的時間平均是相等的。

這地獄、畜生、鬼、人、阿修羅，都是欲界的有情。何以叫欲界呢？因為他們的一思一念一舉一動。無往而不是有所希望以及由希望得來的事物。這天卻有二十八個階級不同。最初六個階級叫"四天王天""忉利天""夜摩天""兜率天""化自在天""他化自在天"，這也是欲界；不過所享受的此人間特別好就是了。再上有十八個階級，總分四層：即是"初禪天""二禪天""三禪天""四禪天"；初二三禪天各有三個階級，第四禪天有九個階級，這總名叫"色界"的有情。何以叫色界呢？因為這一類的現行都是由禪定所熏的種子而發生的，唯有形體享受禪定的快樂而無所希望無所追求的；所以初禪二禪三禪四禪總叫色界定。初禪離欲斷憂；二禪無尋無伺斷苦；三禪離喜受樂；四禪斷樂捨念清淨。再上有四個階級叫"空無邊處天""識無邊處天""無所有處天""非想非非想處天"；這總是無色界的有情。何以叫無色界呢？因為他們無有形體，唯有混沌的知識。這四種天便是由修"空無邊處定""識無邊處定""無所有處定""非想非非想處定"四種五色界定所熏成種子而發生的現行。

何以一切有情有"欲界""色界""無色界"的差別呢？因為"有"有三種。十二因緣中說：取緣有；有緣生。"有"既有三種，所以生死也有三種。由"欲有"起欲界的生死；由"色有"起色界的生死；由"無色有"起無色界的生死。平常人一切行為（取）都

是成就"欲有"的；修禪定而感覺快樂，執取不捨，便成"色有"；修
無色定而感覺空靈玄妙，執取不捨，便生"無色有"。

第十五章　佛性

　　一切哲學及其他社會科學等都認為宇宙間有一個真理或是定律，順著這真理或定律的人生是正當的，違反這真理或定律的人生是不正當的，唯識哲學卻不如此。他雖然解釋出宇宙人生的所以然，但是認為一切循著因果循環的定律的人生都是不正當的。人既然知道這宇宙人生的所以然，便應當想法超出這所以然或當然的環境。因為甚麼這種人生是不正當的呢？因為他是“有漏”的。譬如瓶子有了漏孔是灌水永遠灌不滿的；這種人生是因果循環永無休息的。何以成因果循環？因為一切知識都是“相待”的，凡是相待的因果一定是循環的。唯有絕待的因果方是圓滿的，這絕待的“圓因”“滿果”叫做“無漏”。百法中八個心王、五十一心所、十一種色法、二十四種不相應行，都是有漏；但是有漏的正因，只是第七識。

　　這無漏的圓因是甚麼？這即是一切有情於阿賴耶識中本來有的“無漏種”。這種子叫做“佛性”，這佛性是極清淨的，是具足無數量微妙功德的，一切佛果上的功德在這佛性上完全具足，所以這佛性又叫做“如來藏”。不過一切有情雖有這本有的佛性，卻因有漏種的障礙，一切功能無從顯現。譬如將草木種子埋在沙漠裡一樣，是不能生芽的，要以種種人工化學的方法將這沙漠變成田地，這種子自然有生芽的機會了。所以唯識哲學說：一切有情成佛的可能性有兩種：第一是“本性住種”，就是本識上本有的無漏種；第二是“習所成種”，就是由聞正道的緣故，增益善心所的功能，這善心所雖不是佛性而與無漏種的緣生相應，於是由無漏種先發生“無漏智”，由這無漏智再熏成種，便為將來成佛的種子了。

　　既然一切有情都有本性的佛性，是不是一切有情將來全都成了佛呢？這問題便是性相兩宗的爭點了。性宗說：一切眾生將來畢竟成佛。唯識哲學說有情五種不同：第一是“聲聞種姓”，聲聞是研究佛教中小乘教的人。因為他是聞佛的音聲而得解脫的，所以叫做“聲聞”，他只可以證小乘的法。第二是“緣覺種性”，緣覺是依佛或自己推尋十二因緣的道理而得覺悟的，他只可以證緣覺的法。第三是“菩薩種性”，這一類有情是決定成佛的。第四是“不定種性”，便是他先修聲聞緣覺的法，然而遇著機緣便可轉成菩薩的。第五“無種性”，這類有情是永遠不得成佛的，說他無種，並不是無有本性住種，是無有習所成種，因為他善根斷了。

　　唯識哲學雖然說有情有五種的不同，這是就同時一切有情的比較上說的。若是就一個有情直說，他現在的善根雖然斷了，但是將來還有續善根的時候，等他續善根，那便不是無種性的了。

　　何以這成佛因果是無漏的呢？為明了這一點，先要解釋“漏”字。第一漏是水流不息的意思。譬如自來水管的水門一開，那邊抽水機永遠往裡灌，這邊水永遠流，而水在水管中是次第遷流不住，永遠沒有滿足的時候，所以一切世間法都是有漏的。第二“漏”即是煩惱，一切世間法都是由煩惱的因而起，結果無非增益煩惱。第三"漏"即是障的意思，因為一切世間法是有漏的，所以一切行無有休息的時候，於是永遠覆障著這本具的佛性，使他的功能無由顯現。所以唯識家的目的，便斷除煩障，而行位的階級淺深也就隨著他所斷的煩惱淺深而規定了。

第十六章　煩惱障同所知障

　　唯識家修學的目的，便是第一斷除一切有漏，第二成就究竟無漏的果，這就是大乘。若是只注意在斷除一切有漏，這便是小乘。何以人的漏紛紛的流注沒有休息呢？這便是由於煩惱。何以人的無漏佛性不能顯現呢？這便是由於不明了。所以唯識哲學說：人所以不能成佛，由於兩種障：第一煩惱障，第二所知障。煩惱障是從人我見生的，所知障是從法我見生的。

　　這兩種障各有一百二十八種，總說只有十類，便是“薩迦耶見”“邊執見”“邪見”“見取”“戒禁取”“貪”“瞋”“無明”“慢”“疑”。這前五個便是由百法內煩惱法的“不正見”分開的：“薩迦耶見”的意思是有“身見”，便是“人我見”；“邊見”是對於事理上執著一偏的見解；邪見是事理上錯誤的見解；見取是執著一己的見解而不肯捨；戒禁取是由於不正的見解，不應當做的認為要去做，應當做的反認為不可做。其餘五個的解釋便同百法中一樣。十類中又有“見所斷”與“修所斷”的不同。“見所斷”是由研究正當理論，實際推測而得斷除的惑；“修所斷”是用種種對治的行為而得斷除的惑。人的修道當然先斷見所斷的煩惱，然後方能斷修所斷的煩惱。

研究甚麼理論可以斷惑呢？只有苦集滅道四諦的道理。"諦"便是真理，這四諦是二層因果的真理。要知宇宙間的一切事物無非是苦；這苦的由來，是由一切行為所整合，這是世間因果的真理。要求脫苦，唯有證寂滅；要證寂滅，須修"三十七菩提分法"的道，這是出世間因果的真理。但是宇宙間的情狀不過欲界、色界、無色界。要斷煩惱也是要先斷欲界惑，次斷色界惑，最後斷無色界惑。這三界中欲界具足十種煩惱；色界無色界只有九種，因為這二界是沒有瞋的。欲界十種煩惱各有"見苦所斷""見集所斷""見滅所斷""見道所斷"的不同，便是四十種見所斷惑；色界九種煩惱也有如此差別，便是三十六種；無色九種煩惱也有如此差別，便是三十六種；共合見所斷的煩惱是一百一十二種。

這修所斷的煩惱是不分四諦的，只是按修行的淺深分的。欲界的修所斷煩惱有六種，便是薩迦耶見、邊見、貪、瞋、無明、慢；色界無色界只有五種，因為沒有瞋。共合三界中修所斷的煩惱是十六種，但是就淺深上分，卻有八十一品的不同。三界中欲界是一地；色界分四禪，便是四地；無色界分四空處，便是四地；這共總九地。每地各有上上品、上中品、上下品、中上品、中中品、中下品、下上品、下中品、下下品，共九品的不同，便是八十一品修所斷惑。

所以就行位上，這阿賴耶識的差別有五種不同。凡夫的阿賴耶識，是"具足相"。世間離欲的人，便是其他宗教或學派的修行的人的阿賴耶識是"不具足相"。菩薩和有學的聲聞，便是"須陀洹果""斯陀含果""阿那含果"的阿賴耶識，是"一分滅離相"，因為菩薩是斷二種障未盡的，有學聲聞是斷煩惱障未盡的。阿羅漢和緣覺的阿賴耶識是"煩惱障滅離相"。佛的阿賴耶識是"煩惱障所知障滅離相"。

第十七章　正行唯識和預備

　　菩薩是梵文的譯音，菩是菩提，翻成中國語就是覺悟；薩是薩多，翻成中國語就是有情。這覺悟的有情便是一類有情，他確實知道平常人的知識行為完全是錯誤的，不徹底的；而他自己卻堅決地要求到最圓滿真實的覺悟。

　　就前一章看來，這凡夫和佛的分別，就是一個是具足一切煩惱障所知障的，一個是滅離一切煩惱障所知障的。換一句話說便是，一個是具足一切有為法，一個是純淨無為的。這具足一切有為法的主要便是"阿賴耶識"，這純淨無為的便是"無垢識"。由凡夫的地位，要修到佛的地位，須過五個階級：第一是"資糧位"，第二是"加行位"，第三是"見道位"，第四是"修道位"，第五是"究竟位"。

　　資糧位的人並不是真正能修唯識道理的人。譬如人要遠行，必須要籌集資財糧食，方能啟程；不然半路上是要受凍餓窮困的。所以人若是無有相當的智慧和相當的福德，作修行唯識道理的資糧，是無從修行的。這資糧如何的籌集呢？先是要切實研究唯識的學理。這種研究所得的思想雖然也是一種現行，也還熏習成種，卻不屬阿賴耶識，便是啟發本有的無漏種子成"習所成種"。雖然不能見著真實的法，卻與真實的法相似。由此再用三種事來勉勵磨練自己，除減四種障礙。甚麼是"三種磨練"？第一要知道十方的世界是無窮盡的。在這無窮盡的世界之中，時時刻刻有無數的有情證得佛果。第二要信我若修行"六度"，必定可以圓滿，並不是難事。這"六度"便是"佈施""持戒""忍辱""精進""禪定""智慧"六種菩薩行。第三要信世間人作有漏的功德，所熏成的種子尚能令將來得一切富樂；我修這圓滿妙善，將來決定可得一切圓滿。甚麼是"四種障"？第一要捨離"聲聞""獨覺"的小乘思想；第二要決定信大乘的道理，不可猶豫；第三對於一切所聞所思的法不可生"相對"的執著，便是不可有"我"和"我所"的執著；第四對於一切境界只可任運的進行而不可有執著分別。

這資糧位中分三十位，叫做"十住""十行""十迴向"。十住是"發心住""治地住""修行住""生貴住""方便住""正心住""不退住""童真住""法王子住""灌頂住"。

這"發心住"發十種求覺的心：第一"信心"，便是信大乘的道理，心不疑惑；第二"精進心"，便是勤勵的修行；第三"念心"，便是念念在正道不忘失；第四"慧心"，便是能分別邪正，不起錯誤的見解；第五"定心"，便是心能寂靜，沒有散亂；第六"施心"，便是沒有貪愛慳吝；第七"戒心"，便是不作一切惡事；第八"護心"，便是保護這其餘的九種心不叫他廢忘；第九"願心"，便是願斷煩惱，願明正法，願度眾生，願成佛果；第十"迴向心"，便是所作所為只是為求佛果。這以上所發的十種心，也叫"十信"。十信圓滿，所以叫做"發心住"。

"治地住"便是能修身業、口業、意業，可以生長一切功德；如同耕治土地，生長禾稼一樣。

"修行住"便是對於一切事上觀察他勝妙的道理，能巧妙的應付。

"生貴住"便是一切都能依從佛的教化。

"方便住"便是能善巧的利益眾生。

"正心住"便是對於一切毀譽能不動心。

"不退住"便是人若說有佛無佛，或是有過去未來現在，或是無過去未來現在，那心不為所動。

"童真住"便是身業口業意業都極清淨，不受"有情世間"和"器世間"的染著。

"法王子住"便是明了佛法。

"灌頂住"便是明了佛法，漸漸能如說修行。

十行是"歡喜行""饒益行""無恚行""無盡行""離痴亂行""善現行""無著行""尊重行""善法行""真實行"。

那十住所修，但能自利，所以叫做"住"。這十行所修，兼能利他，所以叫做"行"。

"歡喜行"是修行"佈施"。一切都能捨，不求財利名譽。所以人見了都歡喜。

"饒益行"是修行"持戒"。不受色聲香味觸的染著，並且能令一切眾生也能持戒。

"無恚行"是修行"忍辱"。因為心能空寂，所以了悟身是空寂。對於一切怨害都能忍受。

"無盡行"是修行"精進"。無論多久遠，或是多少時劫，受種種極大的苦痛，而念念求佛道度眾生的思想沒有間斷。

"離痴亂行"是修行"禪定"。一心正念，沒有散亂。便是生時死時、入胎出胎都沒有痴亂的時候。

"善現行"便是修行"智慧"。知道一切法沒有定實的性相，所以身業口業意業都是寂靜。不受纏縛，不受染著；卻能隨眾生的根來教化他們。

"無著行"便是修行"方便"。對於空有兩端，通達無礙；對於一切事佛求法度生的事苦修行，心不厭足；卻又了知一切法是寂滅相，毫無所著。

"尊重行"便是修行"願"。因為尊重善根，更增益修行自利利他的事業。

"善法行"便是修行"力"。得了"總持"的法門，能有力量護持正道。

"真實行"便是修行"智"。便是成就誠實的了悟，能言行相應。

十迴向是"救護眾生離眾生相迴向"，"不壞迴向"，"等諸佛迴向"，"至一切處迴向"，"無盡功德藏迴向"，"隨順一切堅固善根迴向"，"等心隨順一切眾生迴向"，"如相迴向"，"無著無縛解脫迴向"，"法界無量迴向"，"迴向"的意思是凡所作事都是別有作用而作的。別有個甚麼作用呢？只是下化眾生，上求佛道便了。

"救護眾生離眾生相迴向"是用種種方法來救濟眾生；令他得離生死的苦，得寂滅的樂；然而對於一切眾生平等看視，沒有怨親高下輕重種種的分別。

"不壞迴向"是堅固的信從佛理，用此迴向，命一切眾生明了真理，得著利益。

"等諸佛迴向"是學一切佛的"悲""智"。智是雖在生死，不染不迷；悲是修行迴向的事業。

"至一切處迴向"是以善根的功能，供養諸佛，利益眾生；便迴向供養一切佛，利益一切眾生。

　　"無盡功德藏迴向"是修悔過的善根，因此得離一切業障；所有一切如來一切眾生所有的善根，盡都隨喜；由此隨喜所得的無盡善根，迴向莊嚴自己的佛土。雖用種種善巧方便來成就一切功德，然而無有虛妄，無有染著。

　　"隨順一切堅固善根迴向"是能以"內財""外財"，隨眾生的希望，便能捨給。"內財"便是身體性命，外財便是飲食衣服以至於妻子國土。由這佈施迴向令一切眾生得大智慧，除滅大苦。

　　"等心隨順一切眾生迴向"是能增長一切善根，能修習一切善根，能究竟一切善根；由此善根迴向普覆一切眾生，令他脫離生死，亦得一切善根。

　　"如相迴向"是能成就定慧，心無依著，不動不亂；卻能隨順一切平等的正法，莊嚴佛土，成熟眾生；所修的一切善根，都順著真如平等的相。

　　"無著無縛解脫迴向"是於所修習的善根，不分為人為我；便是同體大悲，修普廣賢善的行為，由此饒益一切眾生。

　　"法界無量迴向"是能說法利生，智慧如同虛空，不可限量；由此善根迴向，等同法界。

　　這資糧位以前是凡夫位：凡夫要經過一萬大劫的修行，方能十信成就，入資糧位。這資糧位要經過一阿僧祇劫，方能修滿這三十個等級。阿僧祇是一個很大的數目，假使萬萬是一億，萬億是一兆；這一阿僧祇便是一千兆兆兆兆。但是資糧位滿只是所集積的善根滿足罷了，還不能算真正的修行；因為還不曾真實的明見一切法。他所了知的不過是與真實的道理相似罷了，便是還不能脫名言的熏習。譬如人既然資糧等積允足，便應當止式啟程出行了，所以資糧位滿，便應當是修道位。但是還應找一個人領路，方不至於迷失途徑。所以在唯識哲學中，在資糧位後、修道位前，特別添了兩位，這加行位是研究如何可以明了途徑的方法，這見道位是規定如何方是真實認得路徑了。

這"加行位"有四個等級，叫做"暖軟""頂""忍""世第一法"。在"暖""頂"二位修"四尋思"；在"忍""世第一"二位修"四如實智"。甚麽是"四尋思"？便是尋思這"名""義""自性""差別"四種都是假定的，而實在是無有的。譬如牛：這個文字同音聲便是"名"；這個文字和音聲便是指那個二角四足一身一尾的物，就叫做"義"；那牛的實物便是"自性"；那牛所有的一切形狀作用便是"差別"。在"暖"位中一一推求這四種都是由自心所變的，是假定的，是無實的，如同日出天明，所以這時候所見的道理叫做"明"，由明得著安定。如同鑽木求火，未發火之先，必定先發暖，所以這位道火雖然未發，卻已有暖相，便是道火必定可發的憑據；這暖位所修的尋思叫"下尋思"。

這"頂"位更深刻的推求名等四法是唯心所變的；那時明相轉盛，定亦增進，尋思到了極頂，所以叫做"頂"位。這頂位所修的尋思叫做"上尋思"。

由四尋思生起四種如實智，便是如實知道這名等四種決定是無有。如同官府的印信，決定可以憑準，所以這智叫做"印"。由這印可依順真理，得著了寂定。如何由這印可便依順真理呢？因為既得這四如實智一定再進一步觀察絕對的道理。那暖頂二位不過是明了個唯心的道理，現在再研究心從那裡生起的。那"所取"的是環境，"能取"的是識。在暖頂二位知道所取是假的，認為只有能取，便是只知道離識無境。現在要知道離境也無識，如實知道"名""義""自性""差別"四種是假的，那能生這四種的識也是空的。譬如人在暗中看見繩子以為是蛇，這是凡夫的妄見；明了的人對於蛇的認識雖除，卻還有繩的認識，這是四尋思。再觀察這繩也沒有，不過是麻喲。既知色香味觸是假相，仔細的分析，生境的識也是空的，只是依於真如，於是認識真義的少分；決定認可"境""識"二種都空，所以叫做"忍"位。

由對於能取所取上，都決定了知空的道理，得無間的寂定；從此便明見真實的義理，所以叫做"世第一法"位，是世間最第一的法了。

那"暖""頂"二位的四尋思便是明了遍計所執性；那"忍""世第一"二位的四如實智便是明了依他起性和圓成實性。這四位成就了，方是真實的唯識觀，對於識的"見性""相性"以及識所顯現的種種相和"名""義""自性""差別"六種的分別都降伏消除，得著那"無分別智"，了知一切平等平等的實狀；這便是"見道位"了。

這"見道位"只是由資糧位因為修四加行的功夫進到修道的第一步。修道位有十個階級，叫做"十地"，這"見道位"正是入"第一地"的頭一步。

這見道位是就所得的智慧立的，所以只是一念的工夫。因為這智慧有兩種，所以這見道位也分兩位：第一"真見道"是得"根本智"；第二"相見道"是得"後得智"。這根本智是由四加行所生的體會真如的智，這智同真如是平等的；沒有"能取""所取"，也沒一切名言的相狀。所以這根本智只有"見分"，沒有"相分"。沒有相分所以沒有分別；只有見分所以能隨帶真如的相狀，因為這根本智同真如是不相離的。由得這根本智所以能證"生空""法空"的道理，斷"所知障""煩惱障"的分別種子。得了"根本智"，然後起"後得智"。這"後得智"卻有"見分"也有"相分"，因為這智所觀察的，只是相似真如的形相，而不能真實見真如的本性。這相見道又有二種：一是"觀非安立諦"，就是觀一切平等的真理；二是"觀安立諦"，就是觀種種差別的真理。"觀非安立諦"有三個等級：第一是"內遣有情假緣智"就是觀知"生空"，能除軟品的分別種子；第二"內遣諸法假緣智"，就是觀知"法空"，能除中品的分別種子；第三是"遍遣一切有情諸法假緣智"，就是觀知"生空""法空"，能除一切分別種子。前二智叫"法智"；後一智叫"類智"。這"觀安立諦"有二種：一是"觀能取所取"，便是觀"勝義諦"；二是觀下上諦境，便是觀"世俗諦"。這二種中每種都分十六心。這"觀能取所取"中就苦集滅道四諦，每諦有"法智""類智"成八品；每品又先成就"忍"，後成就"智"，便成十六心。便是觀苦諦的真如得"苦法智忍"，由"苦法智忍"證"苦法智"，由"苦法智"證"類智忍"，由"苦類智忍"證"苦類智"；其餘的集滅道三諦也是如此。那"觀下上諦境"的十六心，就是就苦集滅道諦分"下界""上界"二境，下界是欲界，上界是色無色界；這八品又各有"忍""智"二心，成十六心。這"忍"叫"現觀忍"，這智叫"現觀智"。現觀就是現前分明觀見的意思。由此斷"見所斷"的一百十二種分別種子於便是"相見道"，就是修道位中的"初地"的地位了。這修道的"十地"在後再講。

第十八章 六度

得了"見道位"，纔是"入唯識地"；再修行"六度"，纔能成就"入唯識果"。"度"字的梵文叫做"波羅蜜"，是"度到彼岸"的意思。由死生這一岸度到涅槃那一岸；由有漏這一岸度到無漏那一岸；由不覺這一岸度到一切覺那一岸。這"度"便是船筏的意思。六度便是"佈施""持戒""忍辱""精進""禪定""智慧"。由能佈施方能不染著富樂；由持戒方能靡有犯過的心；由忍辱方能不被苦所惱壞；由精進方能修行善法無懈怠心；由禪定方能離一切散亂的因，專一心意；由智慧方能合理的簡擇種種法，入唯識觀。由施戒二波羅蜜能對治"不發修行心"；既發起修行心，所以有忍精進二波羅蜜對治"退弱心"；既能發行和不退弱，所以有定慧二波羅蜜對治"壞失心"。因何不發修行心呢？便是貪著財物室家，所以施戒二波羅蜜能對治。因何退弱呢？便是由修苦的逼迫和遠久的修行，所以忍進兩波羅蜜能對治。因何失壞呢？便是由於散亂和邪誤的智，所以定慧二波羅蜜能對治。由於正道唯有這六種惑障，所以修行唯有六度。

再說修道只是兩個目的：第一是生起一切佛法；第二是成熟一切眾生。就生起一切佛法上說，最要緊是不散亂；由不散亂所以能如實的了解諸法的真理。那施戒忍進四度是不散亂的因；那禪智二度正是不散亂的體。就成熟眾生說：由佈施度方能利益眾生；由戒度方能不煩惱眾生；由忍度方能受眾生的毀辱而無報復心；由精進度方能生眾生的善根，滅眾生的惡根；由定慧二度方能令眾生的心寂靜，得著寂靜，方能解脫。所以修行位唯有六度。

在資糧位中也修行這六種行，但是不能叫做六度，唯有修行位中所行方能叫做六度。由為修行位中所行有六種勝相：第一"依止最勝"，因為是依止菩提心，菩提心便是習所成種的佛性；第二"事最勝"，便是事事能行到極究竟處；第三"處最勝"，便是所行唯是利益安樂一切眾生；第四"方便最勝"，便是都由無分別智起行；第五"迴向最勝"，便是所行唯是迴向一切智果；第六"清淨最勝"，便是無有煩惱障所知障。

在修道位修行六度有五種修法：第一"現起加行修"，便是隨事誠懇的修。第二"勝解修"，便是由於信樂佛教而精進的修。第三"作意修"。作意有三種：即是"愛重作意""隨喜作意""願樂作意"。愛重是深知六度的功德，隨喜是愛悅自他所作的六度行，願樂是時時希望能修行六度。又有六種作意：即是"廣大意""長時意""歡喜意""有恩德意""大志意""善好意"。"廣大意"便是無論修行多少事行，永遠無有自滿足的意思。"長時意"便是從初發心以至成佛中間無有厭足的意思。"歡喜意"是對於所行的六度生無上的歡喜。"有恩德意"便是修行六度利益眾生，不覺自己對於眾生有恩而感激眾生對於我有大恩德。"大志意"便是以無著的心願將修行所得善根施與一切眾生，令彼得著可愛樂的果報。"善好意"便是將修行所得的善根施與一切眾生，令彼平等都得無上菩提。第四是"方便善巧修"便是由無分別智來修習。第五"成所作事修"便是證得佛果已後所行一切六度事業。

這六度各各有三種,施有三種,便是"財施""法施""無畏施"。財施是給人貨物,利益他的身體;法施是教人正道,增長他的善根;無畏施是濟拔人的驚怖,利益他的心神。戒有三種,便是"攝律儀戒""攝善法戒""饒益有情戒"。攝律儀戒是滅一切惡,攝善法戒是生一切善,饒益有情戒是能助一切眾生滅惡生善。忍有三種,便是"耐怨害忍""安受苦忍""觀察法忍"。耐怨害忍是能忍外來的一切眾生的怨害,安受苦忍是能忍自心的一切飢渴寒熱等苦,觀察法忍是能忍受真理。精進有三種,便是"勤勇精進""加行精進""不怯不退不滿足精進"。勤勇精進是時時能自勉勵,加行精進便是勤修,不法不退不滿足精進是不怕難、不中止、不懈怠。禪定有三種,便是"安住禪定""引神通定""隨利他定"。安住禪定是清淨安住法樂,引神通定是起發六種神通,隨利他定是以定力功德饒益一切眾生。智慧有三種,便是"無分別加行慧""無分別慧""無分別後得慧"。無分別加行慧是如實智,無分別慧是根本智,無分別後得慧是後得智。

這六度是互相成的,隨修一行便也具足其他一切行。假使對於其他一切行有毀犯,這一行也不算成就了。

第十九章　十地

　　修道位的十個等級便是"歡喜地""離垢地""發光地""焰慧地""難勝地""現前地""遠行地""不動地""善慧地""法雲地"。

　　"歡喜地"以修行施度為主。由最初能成就自利利他的功德,所以歡喜。這位中,能知遍法界中一切諸法無不是空,能治異生性障。

　　"離垢地"以修行戒度為主。由能遠離一切過惡,所以叫做離垢。這位中,能知一切法中以這空理為最妙最勝,能治一切邪行障。

　　"發光地"以修行忍度為主。由能證得稀有的禪定,發生智光,照了一切法,所以叫做發光地。這位中,能由空理所生出的一切教法,能治遲鈍性障,所聞所思所修沒有忘失的。

　　"焰慧地"以修行精進度為主。由修集一切助道的法,焚滅一切煩惱如同灰燼,所以叫做焰慧地。這位中,斷除一切法愛,無有自他的計著,能治微細煩惱現行障。

　　"難勝地"以修行禪定度為主。由能和會無分別的真諦智,與有分別的世俗智,這二智是相違反的而能令互相應,所以叫做難勝地。這位中,能知一切有情雖然生死相續,卻無有差別,能治證小乘無餘涅槃障。

　　"現前地"以修行智慧度為主。由能明了十二因緣甚深的道理，令無分別智現前，所以叫做現前地。這位中，能知一切法無染無淨，能治一切粗相現行障。

“遠行地”以修行方便度為主。“方便”即是將以前六度所集的善根，與一切有情同共迴向，願求得無上菩提。前五地是有相觀多無相觀少；第六地是有相觀少無相觀多；這位中，純是無相觀，但是對於無相還須加行，這是有功用加行的最後，所以叫做遠行。這位能知一切法都無差別，能治細相現行障。

“不動地”以修行願度為主。“願”是能發種種大願，引起六度的生緣。這位中無分別智慧任動流轉，無功用行任道發起，知道一切法不增不減，不為一切相一切行所動，卻能一切自在，所以叫做不動。能治無相中作加行障。

“善慧地”以修行力度為主。“力”是思擇修習兩種力。由這力能令六度不間斷的現行。這位得最勝的無礙智，所以叫做善慧。能治不行饒益有情事障。

“法雲地”以修行智度為主。智是由前六度成熟妙智，受用法樂。這位的身口意業無不自在，如雲在虛空任運卷舒相似，所以做作法雲。又如雲含水，這位的智慧含一切法門，所以叫做法雲。能治一切法中不得自在障。

這十地中止觀的修法總有五相：第一“總集修”，便是總集一切成為一聚簡要的修習，由此念念中能壞阿賴耶識；第二“無相修”，便是離一切“我”“法”“佛”等種種想，得著法樂；第三“無功用修”，便是能通達十方普遍無限量的相，得大法光明，以任運修行；第四“熾盛修”，便是由無分別無相的現行，能引發清淨佛果；第五“無喜足修”，能圓滿法身，成就佛果。

這修道位時，經過時間有三種不同。第一說是三阿僧祇劫，便是資糧位一阿僧祇劫，那加行位、見道位時間甚短，只好附在這一阿僧祇內了；這三位叫勝解行，由初地到五地叫清淨意行，第六地叫有相行，第七地是無相行，共須一阿僧祇劫；由八地到十地叫無功用行，共需一阿僧祇。第二說是七阿僧只祇，便是地前三阿僧只祇，地中四阿僧祇劫。第三說是三十三阿僧祇劫，便是十行十住十迴向各一阿僧祇劫，十地中每地各分"入""住""出"三心，各一阿僧祇劫。

第二十章　三學

菩薩的行法總括起來不過六度。六度再總攝起來不過三學。三學就是"戒學""定學""慧學"。

菩薩的戒學有四種差別：第一"品類差別"；第二"共不共學處差別"；第三"廣大差別"；第四"甚深差別"。那品類差別就是前邊說的三種戒："攝律儀戒""攝善法戒""饒益眾生戒"。共不共學處差別就是大小乘戒共不共的差別；大小乘所共的便是斷一切殺盜淫等性罪，大小乘所不共的就是大乘中身口意三業隨有一犯，便是犯戒，小乘中只有身戒口戒而無心戒。廣大差別就是菩薩戒的品類廣大、福德廣大、利益一切眾生廣大、成就無上菩提廣大四種廣大。甚深差別就是菩薩能方便善巧，雖行惡事而實利眾生，不成犯戒。

菩薩的定學有六種差別：第一"緣境差別"、第二"品類差別"、第三"對治差別"、第四"功能差別"、第五"引發差別"、第六"事業差別"。緣境差別就是菩薩所修的禪定，是緣大乘教法的。品類差別就是菩薩禪定有無量種類。對治差別就是菩薩禪定，是由無分別智緣真如，能除阿賴耶識中的一切障。功能差別就是菩薩能隨意受生，不失禪定。引發差別就是菩薩禪定能引發一切無礙的神通。事業差別就是能由定力成就種種自在事業。又能成就十種難行：第一"自誓難行"，就是能誓願無上菩提。第二"不退難行"，就是不畏生死眾苦。第三"不背難行"，就是一切有情雖行種種邪惡，還是救濟不捨棄。第四"現前難行"，就是對有怨的眾生也作一切有利益事。第五"不染難行"，就是生在世間不為世法所染。第六"勝解難行"，就是對於無盡的大乘教法，能極深的信解。第七"通達難行"，就是通達生空法空。第八"隨覺難行"，就是對於佛所說的一切密語，或是不了義經能甚深的了解。第九"不離不染難行"，就是不離生死而不為生死所染污。第十"加行難行"，就是能修學諸佛解脫一切障礙，不作功用而能永久利益一切眾生。

慧學就是無分別智。這無分別智有十六種特殊情狀：第一無分別智的"自性"是本來無法表示的，一經表示便成分別了；只可就離五種相上間接表示無分別智的自性。一無分別智不是無作意，因為睡眠醉不是無分別智；二無分別不是無尋無伺，因為二禪以上不是無分別智；三無分別智不是想受滅，因為無想天不是無分別智；四無分別智不是色，因為一切四大種所成的色不是無分別智；五無分別智不是對於真義有所計度，認為是真實，因為假若如此認識，還是分別了。

第二無分別智"所依"藉的不是心也不是非心，因為心是主分別的，非心又不能成智。

第三無分別智的"因緣"，是由於語言聽聞的熏習和合理的作意。

第四無分別智的對"境"，是那不可言說一切無我的真如。

第五無分別智的"行相"，就是無相，因為一切相是由分別起的。

第六無分別智所"任持"的就是諸菩薩由無分別後得智所起的一切行業。

第七無分別智的"助伴"，就是前五波羅蜜；施戒忍進四波羅蜜是無分別智的資糧，禪波羅蜜是無分別智的依止。

第八無分別智所感的"異熟果"，就是生在諸佛變化身受用身兩種法會中。

第九無分別智的"等流果"，就是轉轉的增勝。

第十無分別智的"位次"，是從初地得無分別智，能見一切地無分別理，次第到十地方完全成辦。

第十一無分別智的"究竟"，便是佛的法身受用身變化身。

第十二無分別智的"勝利"，就是如同虛空，一切過惡所不能染污的無分別加行智。因為信解無分別的道理，所以能對治種種惡趣而不為惡趣所染。無分別根本智如同虛空，能解脫一切障，所以無染。無分別後得智如同虛空，常在世間而不為世法所染。

第十三無分別智的"差別"，就是三智。那無分別加行智，如同啞巴或是癡人所有求望；無分別根本智，如同啞巴或是癡人正領納環境；無分別後得智，如同不啞或是聰明人領納環境。又加行智如同前五識求受，根本智如同前五識正受，後得智如意識正受。又加行智如同不明白此書而求解，根本智如同正研究此書，後得智如同已研究熟習完全通達。又根本智如同人閉目空無所見，後得智如同人開目見一切色像。

第十四無分別智何以能"無功用"而成就事業，在印度用摩尼珠和天樂來譬喻。我今引孔子兩句話來譬喻便是：天何言哉！四時行焉！百物生焉！天何言哉！無功用的行事便如此。

第十五無分別智何以"甚深"呢？這無分別智所緣的，既不是依他起性的分別事，卻又不是別有境界。他所緣就是遣分別事的法性。這無分別智不是智而又是智，是智他卻無分別，不是智卻又由加行無分別智出生。這無分別與所取境是平等不差別的。一切法本來是無分別。所分別既無有，那能分別也沒有。如此說來，這無分別智也沒有，所以這智實在甚深。

　　第十六三智的種類。無分別加行智有三種加行，就是"因緣生""引發生""數習生"。因緣生便是由佛性種子的力量而生；引發生便是由前生修習的力量而生；數習生便是由現在勤修的力量而生。無分別根本智有三種無分別：就是"喜足無分別""無顛倒無分別""無戲論無分別"。喜足無分別便是知足，了知這無分別是究竟了；無顛倒無分別便是通達真如；無戲論無分別便是知一切法不可言說。無分別後得智有五種思擇：就是"通達思擇""隨念思擇""安立思擇""和合思擇""如意思擇"。通達思擇便是已能覺察，通達無分別性；隨念思擇便是憶念我已通達無分別性；安立思擇便是能為他說此通達的事；和合思擇便是觀一切都是一相；如意思擇便是隨所思唸成一切如意事。

第二十一章　佛果

　　修到究竟位便是證得"佛果"，但是佛果是如何情形？各宗的解釋卻不同了。在名詞上是一樣，便是圓滿成就"三身"。在性宗多半說三身是"法身""報身""化身"。在相宗多半說三身是"自性身""受用身""變化身"。那性宗的意思說：成就佛果就是"人我""法我"完全斷盡，證得了究竟寂滅；那時自己就是絕對的真理，所以這真理就叫做"法身"。一方面也可以說絕對的真理就是自己，所以叫做"報身"自受法樂。由於法報二身的功德，隨類起化，救度一切眾生，所以叫做"應化身"。但是相宗的意思不如此，既然叫做"身"，便有積聚的意思、所依的意思、自體的意思。那真理只是"所證"，不是"能證"，所以不能叫做身。雖然能所不二，但是必須能所合說，所以叫做"自性身"，便是總指性宗的法身報身。那佛的應化事業有兩種不同，一是為分證無分別智的登地菩薩現示自己所證的真如的道理，令登地的菩薩能享受大乘的法樂；這是應不是化，是與真理相應的，這便是"受用身"。二是隨眾生根機示現生老病死，由太子出家，降魔成道，說法入滅；這是化不是應，是變化的幻相，這便是"變化身"。在這三身之中，"受用身"和"變化身"無須詳細解釋的。要明了佛果就是要明了那

"自性身"，在這裡有十重的解釋。

第一自性身的"相"有五種：一是"轉依"是自性身的相。便是將那一切依他起的染分完全滅除，所以能解脫一切障礙。那一切依他起的清淨分完全現前，所以得了絕對的無垢的真如的圓成實性。二是"淨法"是自性身的相。便是由六度圓滿，得了十種自在：由施度圓滿得"壽自在""心自在""眾具自在"；由戒度圓滿得"業自在""生自在"；由忍度圓滿得"欲樂自在"；由進度圓滿得"願自在"；由禪度圓滿得"神通自在"；由智度圓滿得"智自在""法自在"。三是"不二"是自性身的相。便是有無不二、有為無為不二、一異不二。這自性身不能說是有，因為一切法空；也不能說自性身是沒有，因為空所願現的自性是有的。一切業煩惱斷盡，所以不是有為；又能自在示現一切有為法，所以不是無為。一切佛的自性身是同的，所以不能說是異；但是一切佛各各單獨的證得，所以不能說是一。四是"常住"是自性身的相。因為常住是清淨真如的自相，又由本願的勢力那所應作的事業無有了期。五是"不可思議"是自性身的相。因為這自性是一切尋思所不能想像的，一切世間譬喻所不能比擬的，是清淨真如自己內證的。

第二自性身如何能"證得"？由於總緣大乘法的總相為境，以無分別智和無分別後得智，修行"五相"。"五相"便是"無生相""無滅相""本來寂靜相""自性涅槃相""無自性相"。由無生相能念念消滅一切煩惱習氣。由無滅相能真正了知普遍無量無分限相，由本來寂靜相能現起清淨分無分別無相的大法光明，由自性涅槃相能令法身圓滿成就，由自性相能次第增進到究竟位。由此次第於十地中修集一切善法，以金剛後心破滅一切微細障礙，便證得了自性身。

第三自性身有五種自在：一是轉色蘊成顯示淨土自在；二是轉受蘊成大安樂自在；三是轉想蘊成說法自在；四是轉行蘊成應化事業成就善法自在；五是轉識蘊成四智自在，便是轉第八識成"大圓鏡智"，轉第七識成"平等性智"，轉第六識成"妙觀察智"，轉前五識成"成所作智"。

第四自性身有三處"依止"：一是"依止佛性"，便是自受法樂。法樂有五種：見這法身是一切佛所證的，一切功能都相平等，這是一喜；見一佛所作利樂有情的事業，便等於一切佛所作的，這是二喜；見著一切經法的滋味，這是三喜；隨所思念便成就一切事具足一切德，這是四喜；這喜無有煩惱習氣一切過失，超過三界的喜，這是五喜。二是"依止受用身"，便是能教化成熟一切菩薩。三是"依止變化身"，便是能教化成熟一切聲聞和資糧位菩薩等。

第五自性身由六種法所"攝持"：一是"清淨"，便是除滅執持一切雜染種子的阿賴耶識而得清淨法身。二是"異熟"，便是捨從前所受異熟的五根而得異熟智。三是"安住"，便是息滅一切世間的欲行而安住佛法。四是"自在"，便是轉一切世間的事業而得神通自在。五是"言說"，便是轉一切世間的見聞覺知一切戲論而得見聞覺知的自在，能令一切有情生起正智。六是"拔濟"，便是能息除一切有情的災難。

第六自性身的"差別"：一切佛的自性身也有差別，也無差別。一切諸佛的自性身同是依止真如，同受無上法樂，同誓度脫一切眾生，所以無有差別；但是各別的證得菩提，所以也有差別。那受用身和變化身也是如此。雖然受用身變化身不是依止真如，但是一切諸佛誓願相同，所以無差別；各各成就各各的事業，所以也有差別。

　　第七自性身的"功德"略說有二百：就是四無量心，八解脫，八勝處，十一切處，二智，四無礙解，六神，三十二相，八十種好，四淨，十力，四無畏，三念住，三不護，十八不共法，拔除習氣，無忘失法大悲，一切智。這二百種功德解釋，在這裡限於篇幅，就不及細解了。要是想明白，可以看鄙人所作的《廣百法明門論》，便都在其中了。

　　第八自性身"甚深"的道理有十二種：一是"生業住業甚深"，便是如來無生為生、無住為住。這是很難了解的，所以自性身很深的。二是"安立數業甚深"，便是唯一成辦利他的事業，以無差別性而具足堅住的自性身和不堅住的受用身變化身，有無數無量的建設。三是"示現正覺甚深"，便是依他起中無有遍計所執性，所以不可以說如來是成等正覺；但是依他起中卻實有圓成實性，所以這等正覺實在是有的。由這有無不二而成如來，所以甚深。四是"離欲甚深"，便是煩惱即是菩提，因為悟人煩惱的法性。這不離染而不染，所以甚深。五是"斷蘊甚深"，便是如來超過一切遍計所執的色受想行識等諸蘊而安住在法性蘊中。這法性蘊與色受等蘊不一不異。如來不捨法性諸蘊而妙得善永寂，所以甚深。六是"成熟甚深"，便是如來無思無慮而能成就一切利他事業，所以甚深。七是"顯現甚深"，便是如來身是常住的，遍照世間如同日光，而眾生由於惡業不能得見，所以甚深。八是"顯現成道入滅甚深"，如來身是常住而有成道入寂的示現，所以甚深。九是"安住甚深"，便是如來在不正法中、惡道中、非梵行中而得最勝的安住，所以甚深。十是"自體甚深"，便是如來以後得智遍行於一切境界中而卻無分別，一切不行，所以甚深。十一是"滅惑甚深"，便是在菩薩位因為恐怕墮到二乘涅槃的原故，只伏煩惱而不斷除他，方能修菩薩行以至於究竟位，這是甚深的。十二是"不可思議甚深"，便是諸佛視煩惱即菩提，生死即涅槃，這是不可以世間的理來思議的，所以甚深。

第九要"思念"佛的法身，應當由七種情狀去思念：第一諸佛對於一切法是得大自在的；第二如來法身是常存在的；第三如來是無有絲毫過失的；第四如來所成一切事業是無功用的；第五如來是極大富樂的；第六如來是一切染污所不能染的；第七如來是成辦極大事業的。

第十如來所成就的事"業"有五種：第一救濟一切有情的災難；第二救濟一切惡道；第三救濟一切不正道的修行；第四救濟一切邪見；第五救濟狹劣的聲聞等令一切趣向佛果。

受用身與自性身的差別有六種：一受用身可見而自性身不可見；二受用身有種種佛，會種種受用，而自性身無有；第三隨見者的根器所見的佛，受用身有種種不同，而自性身不然；第四隨見者的進修或退化所見的佛，受用身有種種的改變，而自性身永無變易；第五受用身的法會有菩薩聲聞諸天等一切間雜，而自性身無有；第六自性身是由轉阿賴耶識所得，受用身由轉餘識所得，所以不同。

因為小乘認為印度的王宮生、雙林滅的釋迦是真佛而不是化佛，所以要舉出八種理由來證明。第一法身菩薩已久得不退定，何以還受兜率天及人道中生？第二法身菩薩久得宿命智，何以釋迦為太子時還受欲塵？第三法身菩薩久已分別邪正，何以釋迦出家還先修外道定？第四法身菩薩久知三乘道理，何以釋迦出家先修苦行？第五若釋迦是真佛，但是一婆娑世界有百俱胝小世界，何以不在他方成佛而獨在此土？第六若是此土是真佛，他方有化佛；則何以不在兜率天中成佛而在一切人中現化？第八若此土是真佛，他方一切相同，應亦是真佛，便是一佛土同時有多佛。由此看來釋迦是變化身不是自性身。

第二十二章　真諦的唯識哲學觀

　　中國自東晉佛陀跋陀羅最初傳入華嚴，是相宗傳入中國之始。直到唐朝傳相宗的凡有十幾人，但是以梁陳的真諦和唐時的玄奘為最盛。二人雖然同是相宗，但是學說不同。真諦的學說是依據《攝大乘論》的，玄奘是依據《成唯識論》。二人不同的要點有三種：第一真諦說有第九識，玄奘只說唯有八識；第二真諦說真妄和合，真如無明互相熏，玄奘說真如不受熏；第三真諦持種不壞生死相續由於第七識，玄奘說持種不壞生死相續由於第八識。於今將二人的學說對照立兩種圖表。第一圖以真諦的學說為主。那括弧內的名稱是玄奘所主張的。凡是旁邊沒有括弧的，便是玄奘所沒有說的。

　　第一圖中生滅門內阿賴耶識和佛性對立，這是與玄奘學說相同的。阿賴耶識由於無明而有三相，這是與玄奘學說不同的。玄奘認為識有四分是有為有漏識的本性，無須再用無明為緣；所以阿賴耶識是無覆無記，只與遍行五心所相應。真諦認為三相雖然即是阿賴耶識的本相，但是沒有無明便沒有種子，沒有種子也沒有種子識；所以十二因緣中無明為第一，無明緣行、行緣識，便是無明為緣生三細的憑據。

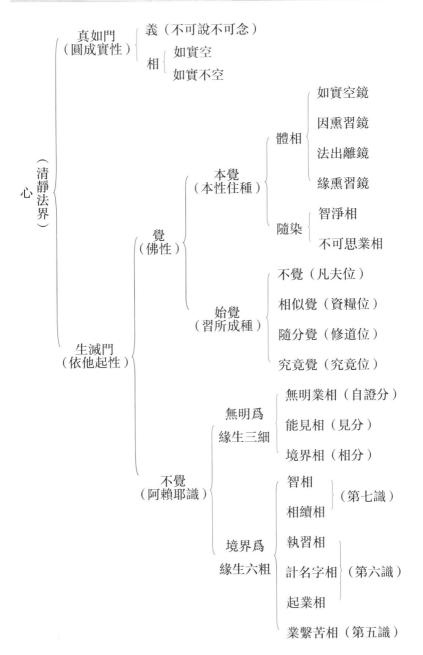

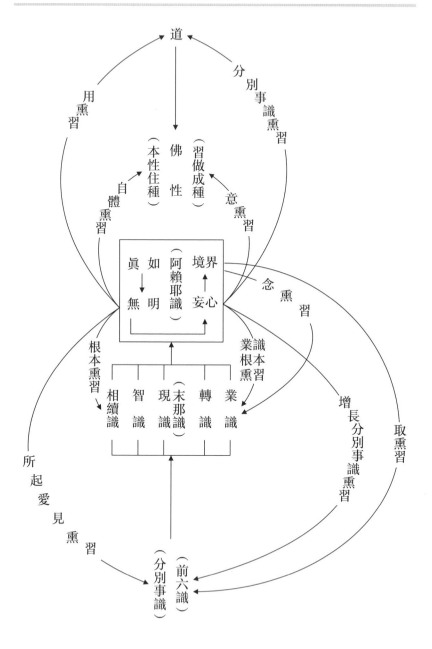

　　又玄奘認為阿賴耶識是依他起性，所以應知應斷；佛性便是圓成實性，所以應證，便是只有八識了。真諦認為《法華經》中說"佛種從緣起"，叫做佛性已經是從生滅邊說了。若是就真性中說，不但佛性是圓成實性，便是阿賴耶識一切也是真如無為，也是圓成實性。所以有生滅門，有真如門；這都是清淨法界中法爾之理；所以在阿賴耶識上有"一心"，便是有第九識了。

　　本覺的體相是譬如明鏡。明鏡中空無所有，清淨光明，便是"如實空鏡"。雖然是空，卻能顯現一切影像；佛性雖空，卻能顯現一切世間境界，便是"因熏習鏡"，就是真如門中如實不空的道理。鏡中雖有一切影像而鏡不被影像所染污；佛性雖能現一切世間境界而不為世間境界所染污，便是"法出離鏡"。因為鏡能現像而不為像所染污，所以一切人用以照面等；佛性能現一切世間境界而不為境界所染污，所以能遍照一切眾生，令他修習善根，隨他的意念，便能顯現一切救濟的事業，作他出離的增上緣，便是"緣熏習鏡"。

　　這本覺在凡聖位中有二種功能，第一在凡位叫"智淨相"，就是有破阿賴耶識、滅除末那識的功能；第二在聖位叫"不思議業相"，就是由智淨相成就法身的功能，能隨一切眾生的根器，顯現一切利益的業用。

　　阿賴耶識中"境界為緣生六粗"，就是指前七識。"智相""相續相"是第七末那識；"執習相""計名字相""起業相"是第六意識。"業繫苦相"是前五識。

　　第二圖中便是真諦學說和玄奘學說根本不同的由來。那"業識"轉識""現識""智識""相續識"都是第七末那識的異名。玄奘說末那識恆審思量，這便是業識的意思。玄奘說末那識緣第八

見分而不著，生起我相，這便是轉識的意思。由第七識的我見所以有我同我所，然後方有一切虛幻的境界。所以一切境界之所以現前，實由於第七識，所以叫做現識。一切分別也是由第七識的我見起，所以又叫做智識。一切種子在阿賴耶識中只是含藏，卻無有發生的功能，譬如種子藏在地中，若無雨水日光，日久也便壞沒，不能生芽了。所以種於能生現行，實在是第七識相續不絕滋潤的功能。若是第七識我見斷除，阿賴耶識中的一切種子也不能生現行，便一切煩惱習氣永斷了，所以第七識又叫相續識。若是阿賴耶識同時有含藏又同時有滋潤生起的功能，便一切煩惱習氣無法斷除了。

第七識的恆審思量唯是由於無明，所以無明能成就第八識的自證分業用，又直接成就第七識。這叫"根本熏習"。由於無明生起煩惱障所知障，煩惱障便是"愛"，所知障便是"見"。由愛見生起意識同前五識，這是無明間接的熏習，叫做"所起愛見熏習"。

生死有二種，一種是"分段生死"，便是凡夫位中的生死。這種生死只是前六識的現行改變而第七識於生時死時絲毫無有更動的。凡夫隨其種類各有相當時間的壽命，所以叫做分段生死。便只是第八識的見分與前六識的關係，所以叫做"增長分別事識熏習"。變易生死是聖位的生死。因為聖位修集善根，對治第七識的我見。因為第七識我見逐層的減除，所以有變易的生死。便是第八識見分和第七識間的關係，所以叫做"業識根本熏習"。第八識相分雖然直接與第七識無關卻也有增上緣的作用，叫做"增長念熏習"；又是前六識的所緣緣，叫做"增長取熏習"。

一切有情都有阿賴耶識，都有佛性；便應當一切有情同時是有情，也同時成佛。然而事實上不如此，便是由於修道的因緣不同。玄奘認為阿賴耶識本性雖是真如，是就圓成實性說的，不是就生滅門說的。真諦認為阿賴耶是有為有漏，而同時又能為習所成種的佛性作因緣。那有為有漏的阿賴耶識，不能成就無為無漏的佛性，所以這習所成種的佛性是由阿賴耶識的真如性上起的。這阿賴耶識的真如性即是佛性，也即是涅槃，所以叫做"自體熏習"。但是同時還須種種與真如相應的助道法作增上緣，便是真如的"用熏習"。在不覺位以至究竟位中間一切修行是不離妄心的。所以涅槃和道與妄心中間不能無有關係。妄心與道的關係即是抉擇邪正的關係，叫做"分別事識熏習"。妄心與涅槃的關係便是定的關係，叫做"意熏習"。所以佛性圓滿便是第八識轉成涅槃，或是無垢識。阿賴耶識是第八識，所以由此圖可以證明無垢識是第九識了。

第二十三章　天台宗賢首宗
與唯識哲學的比較

　　唯識哲學只說種子生現行，現行熏習成種。然而如何生如何熏的條例規則卻未明言；因為其中情形繁雜，不可一概而論的。天台宗說"一念三千"。一念便是指阿賴耶識，三千便是指種子現行的關係。雖然不是分明的條例，但是比唯識所說的卻比較清楚的多。

　　就阿賴耶識現行的分位上有六種有情不同：便是地獄、餓鬼、畜生、人、阿修羅、天。就佛性的覺不覺分位上有四種不同：便是聲聞、緣覺、菩薩、佛。這十類叫做"十法界"，每一界有三種世間，便是"五陰世間""眾生世間""國土世間"。五陰世間是指心王心所的種子現行。眾生世間是指根身的種子現行。國土世間是指六塵的種子現行。這三種各有他的"本性""相狀""體質""能力""作用""因""緣""果""報""本末究竟等"。本末究竟等便是指他的圓成實性。所以一個人界是具足三十種法，不但具足本界的三十種法，同時還具足其他九界的三十種法。因為一個人的行業，同時在阿賴耶識已經有六道一切種子，同時也具足佛性，同時也有

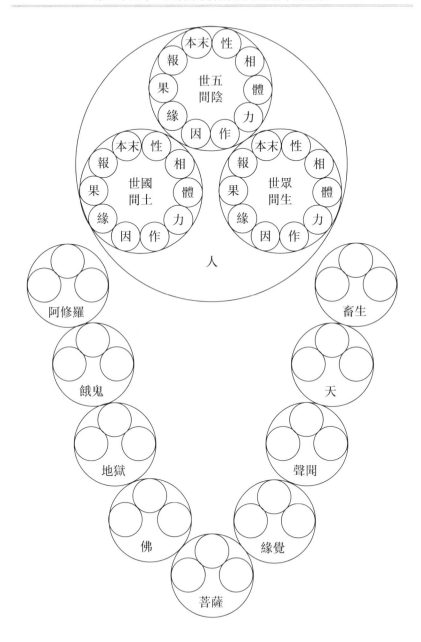

究竟覺未究竟覺的可能性。所以一個人的一念中具足三百法。人界如此，其他九界也是如此，共有三千法。不過人道所具的佛界三十種法與佛所具的佛界三十種法決然不同。反過來說，佛所具的人界三十種法也與人所具的人界三十種法不同，其他九界互具也是各各不同。但是世間決不是一個人或是一界所能單獨現顯的，無眾生也就無佛了，無佛也無眾生了，所以清淨法界便是十法界，十法界便是三千法界，人的本源便是清淨法界，所以人一念中便具足三千法。

這圖中便是指示一念三千的道理，因為篇幅的關係，只將人界三十種註明，其他九界未能細畫。假定十法界是十顆明珠，每顆本體具足三十種法，同時又有其他九珠的影像，便是有三百種法。但是各各珠的本體不同，所有的影像也不同，然而這十顆明珠聯合起來是一個珠圈，這便是一念三千的道理。

賢首宗說四法界、十玄門：第一六趣中的有情，各各在自己環境之中，生死流轉，無非是行住坐臥飲食言語，這叫做"事法界"。第二佛教所談的一切真理，叫做"理法界"。這兩界都是凡夫位中或是隨業流轉或是修行信心。第三佛教行者對於一切事上知道一切真理，便是資糧位中依名言起修集善根，叫做"理事無礙法界"。第四得無分別智修行六度，叫做"事事無礙法界"。如何叫無分別智？若是僅僅一切無分別，不識不知的，那四無色定便應當也是無分別，而世間一切愚人便應是佛了。所以要知道如何無分別，實在是因為一切互相聯涉，不能由一個單純的概念來觀察推定的。

十玄門便是解釋事事無礙的道理，也就是解釋無分別智的道理。第一"同時具足相應門"，因為宇宙間一事一理沒有單獨能成立存在的；必須有一切事一切理互為因緣，方能成就。所以見一事一理，便應具足了知一切事一切理。第二"廣狹自在無礙門"，即是一切容量無定。因為一切容量，是由相待而成立的。相待即是分別，無分別即是絕待，在絕待中，一切容量是可大可小自在無礙。第三"一多相容不同門"，即是一切數量無定，數量也是相待的。在絕待中，一就是多，多就是一。第四"諸法相即自在門"。無分別是一切法無有定性。既無定性便是也可以成稱己也可以稱他。第五"秘密隱顯俱成門"。一切法雖然同時具足，自他相即；然而體有顯密，自他不容雜亂。第六"微細相容安定門"，一切法雖然同時具足，然而其中卻極有條理。第七"因陀羅網境界門"，因陀羅即是帝釋天，這天的宮殿上有珠網，這無數的珠子，光影互攝互現。因為不但遍法界一切事理同時具足，便是單獨一事一理也具足一切事理。譬如鏡鏡交輝，光光互攝。第八"托事顯法生解門"。以上七門是事事無礙的實情。同時有理事無礙的作用，就一事表示一理或一切理。第九"十世隔法異成門"，這是一切時分無定。過去未來現在各又有三世分別成九世，九世總攝即是現在一念，叫做十世，在絕待中一念總攝，不礙九世分明。第十"主伴圓明具德門"，雖然一切法相融相即，但是隨以一事一理為主，其他一切事一切理便是伴。秩序井然，不容錯亂的。明了這十玄門，便明了無分別智的境界了。

　　這"無分別智"和"一念三千"和"十玄門"一貫的道理，用數學的方程式很容易證明了解的。譬如一根線，它的長度在人的意識中是一尺的概念，但是在螞蟻的意識中是一里的概念，在微生物的意識中是一百萬里概念。由此可以得下列三個方程式：

　　此長：人的意識＝一尺

　　此長：蟻的意識＝一里

此長：微生物的意識＝十萬里

但是：人的意識＝蟻的意識＝微生物的意識

所以：一尺＝一里＝十萬里

就上列的方程式看來，最要緊的要明了一切有情的意識是相等。所以在一個事物上同時具足了解一切有情對於他的概念。有情是無邊的，所以一切事物的概念也是無邊的，所以叫做無分別。所以就此長不可分別說，便是無分別智。就一切有情意識相等說，便是一念三千。就一切概念相等說，便是十玄門，但是全是一個理呀！

第二十四章　禪宗淨土宗密宗律宗
與唯識之比較

　　禪宗自達磨傳來中國，便用《楞伽經》作唯一修行的規則。《楞伽經》是相宗的六根本經之一，所以達磨便是唯識宗中的實行者。禪宗所修，便是加行位的四尋思、四如實智，到後來禪宗有曹洞宗、臨濟宗、雲門宗、潙仰宗、法眼宗五派不同。但是所解的全不離無分別智。

　　"曹洞宗"立五位君臣。第一"正位"即是空界，就是圓成實性。第二"偏位"即是色界，就是依他起性。第三"正中遍"是背理就事，就是無分別加行智。第四"偏中正"是合事入理，就是無分別根本智。第五"兼帶"是冥應眾緣而不墮諸有，非染非淨，非正非偏，就是無分別後得智。正位又叫做"君位"，偏位又叫做"臣位"，"君視臣"是正中偏，"臣問君"是偏中正，"君臣道合"是兼帶。

　　"臨濟宗"立四料簡。第一"奪人不奪境"，就是唯物論。人指前七識，境指十一色法，因為色法是第八識的親相分，前七識是虛妄有覆的。第二"奪境不奪人"，就是唯心論。這人指阿賴耶識，境指色法，因為色法從第八識的種子生而第八識是本源。以上兩位是無分別加行智。第三"人境俱奪"，便是無分別根本智。第四"人境俱不奪"，便是無分別後得智。又有"三玄三要"，第一玄便是無分別加行智，第二玄便是無分別根本智，第二玄便是無分別後得智。三要便是相無性、生無性、勝義無性的三種無性道理。

宋朝臨濟宗的和尚省念法師，有人問如何是學人著力處？師曰：嘉州打大象。曰：如何是學人轉身處？師曰：陝府灌鐵牛。曰：如何是學人親切處？師曰：西河弄師子。若人會得此三句，已辨別三玄。更有三要語在！切須薦取！不是等閒！與大眾頌出：三玄三要事難分，得意忘言道易親。一句明明該萬象，重陽九日菊花新。這第一玄嘉州打大象，便是說無分別加行智。也就如韓退之《答李翊書》中所說的：非三代兩漢之書不敢觀；非聖人之志不敢存。這第二玄陝府灌鐵牛，便是說無分別根本智。也就如韓退之《答李翊書》中所說的：唯成言之務去，戞戞乎其難哉！這第三玄西河弄師子，便是說無分別後得智，也就如韓退之《答李翊書》中所說的：得之於手而應於心。這得意忘言道易親便是說相無性；這一句明明該萬象便是說生無性，這重陽九日菊花新便是說勝義無性。

"雲門宗"有三字禪。他每呼人，人若是回顧，他便說"鑒"。人若是要問他，他便說"咦"。這便是斷人分別心的方便，他有三句語：一句涵蓋乾坤，一句截斷眾流，一句隨波逐浪，第一句便是究竟位，第二句便是見道位，第三句便是凡夫位。

"溈仰宗"用九十七個圓相，這也無非是斷分別的方便。

"法眼宗"依據《華嚴經》，所說與賢首宗相近。有"三界唯心頌""華嚴六相頌"。六相就是"總""別""同""異""成""壞"。這六相便是解釋依他起性，也就是說明無分別後得智。

　　至於"淨土宗"的念佛法門便是成就習所成種的佛性的最簡便方法，也是唯識觀的一種修法。雖然這法門與唯識宗不相關係，然而他的原理卻仍然建設在唯識學上。因為熏習的力量自然是以遍行心所力量為最大。淨土宗的心念口言一心不亂，便是使遍行心所專注在佛上，所成就的自然是淨土了。所以宋永明大師說："生則決定生，去則實不去。"這二句話便可了然了。

　　"密宗"是主張持咒的。他的用意和淨土宗相彷彿，不過密宗複雜罷了。密宗與顯教最特殊的便是唯心唯物的不同。顯教說"唯心"，所以說"即心是佛，即心作佛"。密教主張唯物，所以說即身成佛。但是心物本是一家，說用第八識的見分來熏習修道，和用第八識的相分來熏習修道，是一樣的。

　　律宗與唯識哲學關係最深，律宗是司法部，唯識哲學是立法院，不明了立法的原理，這法也無從守的。所以初唐的律師，多半是奘師的弟子。而唯識哲學喪亡之後，律宗也不興盛了。

附錄一：《新唯識論》三論判

序

余昔年遍讀三藏，而獨苦唯識之書難讀，聞黃岡熊十力前輩方授《唯識論》於北庠，心向仰焉，只以緣慳，無由請益。既而余授唯識於北庠之翌年，熊君自南來，講說其所著《新唯識論》。余購而讀之，未竟，友人有以劉定權君之《破新唯識論》見遺者，熊君因復有《破破新唯識論》之作。縱觀三論，始知熊君非真見道者。夫人情各是其所是而非其所非，熊君之作，若名之曰《熊子哲學》，則余何敢置一辭？今乃曰《新唯識論》，新者對舊言也，是其中是非不可以不辨矣，爰為之判。語云："名不正則言不順，言不順則事不成"。是余此作，熊君有以教我也。熊君造論，而劉君破之，劉君述破，不唯熊君再破之，余亦非之。則余此判安知世之讀者不便將判我此判耶！雖然，余非欲熊君捨其所是而從吾所是也，聊以示熊君其所立，論未嘗得人心之同然，更不復於古德橫生謗毀耳。熊君以大慈悲，具大精進，欲令世人了知無我之宗，乃窮搜冥證，捕得此風，捉得此影，便以此風影，攝彼同緣，誨彼同見者可也。何必立毀諍於其間哉！所毀而是，亦足以招驕慢之識，所毀而非，謗大般若，墜無間獄，熊君慎乎哉！

第一章 《新唯識論》判

第二頁，心者不化於物。註云：若其人陷於物慾，不能自拔。即是完全物質化，而消失生命，便不會有心，便失掉了固有的本體，只是一堆死物質。

如此豈非心有得失？有得失便有生滅，有生滅便非常恆，焉可為心？又不會有心而是一堆死物質，豈非自心以外有實在的境物？云何又云，若離自識便無有物？云何得成唯識義？

第三頁云：取境之識，是執心故，即妄非真，云何而可不空。

此蓋不知唯識之旨。夫境因識現，境可是妄，識則非妄，依他起故。譬如病目，見空中華，華可非有，病云何空？病若空者，幻華何從出耶！識之不空，如目之病。

第五頁云：以境與識為一體故，一體故得交感。

既云交感，豈非有二，云何一體？若是一體，云何交感？如目不自見，手不自觸，此自語相違。又境識一體，無有比量，未立因故。唯識義云：十一色法，是八識相分，為眼等識之所緣緣，唯識義成。非謂一體也。

第六頁云：覺與正見，二時不俱，則此覺時，能見已入過去。

論云，意識與前五識，同緣俱起。則正見生時，此覺即生。云何覺時，能見已滅。又若覺時能見已入過去，則俱生意識與獨頭意識又何別耶？又復論者不許八識異體，云何今言能見已滅，而覺始生。

第六頁立量云：起此覺時，必非現量，是散心位，能見已無故。如散心位，緣過去百千劫事。

現量有四種：一色根現量，二意受現量，三者世間現量，四者清淨現量。世間現量亦是清淨現量，何以故？眾生見是白，如來亦說是白故。清淨現量非世間現量，何以故？出世智非凡夫所測知故。今所立量凡有二因：成前因者，是法自相相違故。應云，起此覺時，定是現量，是散心位之意受故。若就後因，是有法自相相違過。應立量云，汝覺非覺，能見無故。又宗中有法云：起此覺時，則是時為有法自性；起此覺者，為有法之差別。如此則時非現量相符極成過。又覺者所謂如理了別，如理了別即是現量。所以古人云：以先覺覺後覺。而佛稱覺者，覺之可貴，正以其唯現量。今云覺非現量，何異云此現量非現量，此自語相違過。

第六頁又立量云：起此覺時，必非現量，是散心位，境已無故。如散心位，緣過去百千劫事。

此過如前。應立量云：起此覺時，定是現量，是散心位之意受故。又應云，汝覺非覺，境已無故。

第七頁云：由想力有遺習故。

夫想以於境取像為性，念以於曾習境令心明記不忘為性。此二各有功能，不相關涉。一是遍行，一非遍行故。則憶持者，即是念力，非由想力有遺習也。若有遺習，此何所依？何所執持？若依意識，為相為見，為心為心所耶？若依心者，此心剎那生滅，變幻無端，云何想習，得互不改。若依心所，而彼心所無執持義。又此遣習是境之習，是想之習？若是想習則應唯憶於想，不憶於境。若是境習，想是心所，境是心之相分。云何心所能成心王之習？故知憶持，但是念力，不假習也。

第十頁云：太易未見氣也。註云：易具變易、不易二義。又云：即變易即不易也。佛家以不變不動言如，似偏顯不易義。

夫圓成實，不可說，不可念，離四句，絕百非，不可云變易，不可云小易，不可云亦變易亦不易，不可云非變易非不易。以此皆遍計所執，與彼不相應故。然以言遣言，亦可云變易，貪瞋即是道故。亦可云不易，圓成實故。亦可云亦變易亦不易，隨緣不變，不變隨緣故。亦可云非變易非不易，非思量境界故。今所言真如者，為對依他起之生滅，方便顯示。若定執者，則真如固不是，太易亦不是也。又云太易未見氣，此如計極微有何分別。應如彼破極微計云，汝太易未見氣，應非萬有實體，以未見故。如彼狂師，指空為縷。又汝萬有應非萬有，是未見氣故。又云手觸壁等，應無對礙，是未見氣故。又此氣者，是色法耶？是心法耶？若是色法，豈非心外有物？若是心法，云何名氣？況且心外無物，唯識所變。則萬有實體，豈非即識，又何須別計太易未見氣也。若言此氣乃識之體，則是《新唯氣論》，非是《新唯識論》。如此立言，自宗相違，信成過矣。

第十一頁云：識能了境，力用殊特。說識名唯，豈言唯識，便謂境無。

夫第八識相分，具種子、根身、器界三者。此根身器界，對前六識言之，名之為境。則所謂境者，相待之假名也。體是第八識，故言唯識。眼識分別，只是眼識見相相緣，而實不了知第八相分，云何而非境無。又云識能了境者，此境何所指耶？若是第八相分，則前六識實所不了；若言前六相分，則此相分即識力用，云何而言境有。縱許八識同體，唯是恆轉，則是此境，唯是其翕。如彼翕中妄計色聲等境，不如實知。則境是假名，體是恆轉，云何不得謂無？

第十二頁云：定律公則等等，何嘗不許有此事實，只是不必問此事實耳。

既言唯識，則定律公則，即是識中事，云何不必問。世界中無有無事之理，無有無理之事。捨此等事實而言理，豈非夢中說夢？只患自義之不明，遂觸途而成礙耳。

第十二頁云：仁者渾然與物同體，程伯子之實證也。宇宙不外吾心，陸象山之懸解也。又引陽明語錄云，先生遊南鎮，一友指岩中花樹，問曰：天下無心外之物，如此花樹，在深山中，自開自落，於我心亦何相關？先生曰：汝未見此花時，此花與汝心同歸於寂；汝來看此花時，則此花顏色，一時明白起來。便知此花不在汝心外。

程朱陸王之學，皆出於禪宗，只因我執不除，遂致所論似是而實非。以此正心，未嘗不可以為則；以之明理，實南轅而北轍。程氏云，仁者渾然與物同體，則不仁者不與物同體耶？何為物體？何為仁者之體？何為不仁者之體？此種不徹底之談，了無義味。至於王氏云，汝未見此花時，此花與汝心同歸於寂等，此乃就生滅明六識之虛妄耳。乃模仿《楞嚴》之意，而實不知《楞嚴》之旨。究竟此心是何作用，此花是何作用？若云未看此花時花、心同寂，則我未見時，他人亦不應見花；若云他人所見，是他人心中之花，無關我事，則是心為有限量，有限量則非真極。故知王氏仍是以攀緣心為自性者，正是《楞嚴》所呵，豈知真唯識理也！

第十四頁云：橫豎異故，假析時空，理實時相，即是空相。

時數方三者，同是不相應行。業用有異，故可言俱起，而不可言相即。如人行住坐臥，同是威儀，業用有異。不可坐即是臥，臥即是住也。若謂俱起，則時數方三者，不可有缺。今言時空而略數分，殊不應理。

第十六頁云：顧彼不悟心識為流行無礙之全體，而妄析成八聚，此已有擬物之失。

所謂流行者，在執時方為真極者言之，則不失其宗。所謂四時行焉，萬物生焉者也。今既謂時方唯是幻現，則心識非從去世來至現世，非從他方來至此方，何所流行？心識念念生滅，而前念後念不相及，又何得謂之流行？識雖有八，各別非多，不可言聚，決定是八，不可言全體。在果位中，一切人我法我，斷除盡淨，無垢識中六根互用，可言全體。在凡夫位，我見深重，阿賴耶識，定非眼識，若言阿賴耶識即是眼識者，則眼識相分，即是賴耶相分，則眼識所見，即真境界，如實不虛，何云幻妄？又若賴耶即是意識，則是一切皆真現量，如此則凡夫知見，即是真極，何假修行？彼前六識皆從賴耶相分自種子生，六塵亦從賴耶相分自種子生，遂成所緣，奚待擬物而後立耶！又若心識全體流行而用有異者，則眼見色時，識流在眼，耳應無聞；又眼見色時，唯稱眼識，賴耶應非是有，如是則非有情。又若八識同體者，則欲界色界應無差別，生時死時亦無差別，則一切有情，常住在世，永無生滅矣。

第十六頁云：又復計心從種生，能所判分，其謬滋甚。

所謂因緣者，相生為義。如彼世間，種能生果，果還成種，循環無已。是故種子即是習氣之異名，與阿賴耶識不一不異。不惟心從種生，一切現行，皆從種生。十二因緣，無明緣行，行緣識，此識即是種子識。以此識因緣名色六入觸受等，故名種子。又以此識從過去無明行因緣而有，故名習氣。若謂非從種生，則無一切因果十二因緣等，亦無凡夫賢聖至覺等位一切差別。

第十六頁云：心識現起，元為自動而不匱，故假說因緣。

既云心識自動而不匱，便是無緣自然而生。又曰假說因緣，是何異於指丈夫曰，以彼是女，假說為男。自語相違，莫此為甚。

第十六頁云：何以言其為自動耶？識無方相唯以了別為特徵。

夫動者，振也、搖也、出也、作也。今言動者，義何所指？若以一切有為法皆所作性，故言動者，何不直言自作，而予動名。又說無方相因，唯了別因，不能成立唯是作義，以彼色法有方相故，不了別故。亦唯是作，即是不共不定過。若以其出也、搖也、振也而言動者，則無方相因，唯了別因。此二因者，適證其反，便是法差別相違過。又夫法不自生、不他生、不共生、不無因生，而今言自動，便是自生，邪執法我，謬之甚矣。又復此動與彼飄風流水之動何別？若是其同，則飄風流水，應自有識。若言飄風海水之動，即是心動，則是識有境無。云何前許識有，不許境無。亦因唯闕無翁，恆轉義不成。

第十七頁云：識者，動而趣境。

前既言識無方分，而今又曰動而趣境。夫趣者，趨也、邊也、進也、疾也、向也，若無方者，則何所向？自宗相違，即此是矣。

第十七頁云：無量行相，容俱起故，故名無間。

若言無量行相，容俱起故，故名無間者，則一切識既以等無間緣而生起，一切凡夫便應一時起無量行相。而今不然，便是聖位無間，凡夫有間。如此，則等無間緣便失其義。

第十九頁云：謂所緣境為彼能緣之所挾帶。

玄奘云：帶有二義，一者變帶義，二者挾帶義。若變帶者，即變帶似質之已相起，是相狀之相者。挾帶者，即有根本智親挾帶真如體相而緣，更不變相分。是故挾帶有二：一者無分別根本智緣真如，唯見無相故；二者識中四分相緣，同一識故。變帶有一，謂六識緣外境。今曰為彼能緣之所挾帶。夫識憑官體，境則在外，云何挾帶？若言境入我識，成挾帶者，則境既入識，外應無境。則是外境滅已，眼識方生，如此則非現量。又境入我識，他人不應有見，而實不然。故知定是變帶，非是挾帶。

第十九頁云：能緣冥入所緣，宛如一體。

既言所緣為能緣之所挾帶，應是所緣冥入能緣。而今又曰能緣冥入所緣，則又成能緣為彼所緣之所挾帶，如此則應名曰能緣緣，非是所緣緣矣。

第二十頁云：何可等心識於色法乎。

夫心識既不可等於色法，何以前者自言能緣冥入所緣，宛若一體。既謂一體，非等而何！是知前言，定不如理。

第二十五頁云：能變法是用，乃至不變法是體，固明將體用，打作兩片看。

用是依他起性，唯有幻有；體是圓成實性，體性真實。即用顯體，即是就依他起性，顯圓成實，云何有打作兩片之失。今綜觀全論，皆以真諦俗諦，混為一談，顛倒說法，而自謂為一貫。是何異桎梏其手足，攣曲其首腹，而自言我得行動自在也。

第二十五頁云：假名以彰體，稱體而用已賅。

四加行者，名、義、自性、差別，皆無所有，則名不足以彰體，明矣。體尚不能彰，況賅其用乎！而今乃曰，假名以彰體，是以遍計所執為真常也。又曰稱體而用已賅，是計依他起為實有也。轉變邪見之由來，不亦宜乎。

第二十六頁云：動而不已者，元非浮游無據，故恆攝聚。惟恆攝聚，乃不期而幻成無量動點，勢若凝固，名之為翕。

夫既恆攝聚者，則一切物應無無常，以恆攝聚故。而今一切物無不壞滅者，何也？理實四大與乎和合性、不和合性迴互為用，故有聚散。今唯言動，唯言和合，但見其成，不見其敗，不應正理。

第二十六頁云：然俱時由翕故，常有力焉，健以自勝而不肯化於翕，以恆轉畢竟常如其性故。唯然，故知其有似主宰用，乃以運乎翕之中，顯其至健，有戰勝之象焉。即此運乎翕之中，而顯其至健者，名之為闢。

所謂常有力焉者，此力是恆轉之動耶？抑離恆轉外別有力耶？若即恆轉之動，則應為攝以成翕，便應唯物，實無有心。若恆轉動外別有力者，則此恆轉非是真極，以相待故。又復健以自勝，則一切有情，應無有死。而今死者，其身尚存，知識滅亡，則此力有生滅，有生滅則非健矣。是戰敗之象，非戰勝之象也。又復人有死亡，物有壞滅，則闢者不恆闢，翕者不恆翕，則此恆轉不恆矣。

第二十七頁云：夫翕凝而近質，依此假說色法。夫闢健而至神，依此假說心法。

內而根身，外而器界，皆色法也。何以此心，唯依於根，不依於器？人有意想，瓦石無知，則是闢者或有或否，健者固如是耶？

第二十七頁云：宋明諸師言升降、上下、屈伸等者，義亦同符。

夫闢翕云者，既不異於古之所謂陰陽、進退、升降、上下、屈伸等者，則何必改作？不仍舊貫，徒益戲論。了無實義，巧言以欺世耳。

第三十一頁云：原夫色心流行，都無自體，談其實性，乃云恆轉。色法者，恆轉之動而翕者也；心法者，恆轉之動而闢也。

夫行者乃心、心所、色三位差別假立，是故行稱不相應行。五蘊之中，想受行三，介乎色識之間。十二因緣，識緣名色乃至六入觸受，方有愛取，則行為末、心色為本可知也。今乃曰行之實性，乃云恆轉。一翕一闢，心色斯分。則是先有於行，後有心色，顛倒本末，堪為笑談。

第三十五頁云：跡護公立因果，乃若剖析靜物，實於變義無所窺見。彼唯用分析之術，乃不能不陷於有，所謂已成之斷片相狀，而無以明無方之變。

夫《唯識論》者，大自然之科學也，事實俱在，不容增益，不容減損。譬之建屋，樑柱欀椽，磚瓦木石，條理周密，不容紛亂。今乃曰無以明無方之變，是何異於業窮靈者，告明匠曰，我所造屋，唯是一紙，而眾物皆備。其奈唯堪一炬，了無實用何？

第三十六頁云：若了現界實無，則知因緣亦莫從建立。

《法華》云：“佛種從緣起。”《涅槃經》云：“有因有因因，有果有果果。”有因者，即十二因緣。因因者，即是智慧。有果者，即是阿耨多羅三藐三菩提。果果者，即是無上大般涅槃。故知若了現界實無，則知因緣如實建立，非是無從建立也。

第三十六頁云：元來只此實性。別無現界與之為對。

經云：“業性本空，果報不失。”又古德云：“大徹悟人，不背因果。”今云別無現界，直與大徹悟人不受因果同其謬誤，墮五百世野狐之身，深可憐憫也。

第三十七頁云：故見體則知現界本空。

夫森羅萬象，無非清淨本然；而清淨本然，亦無非森羅萬象。故得事事無礙，交攝圓融。古德云：“萬法歸一，一歸何處？參！”

第三十八頁云：不悟種子之義，既有擬物之失，又亦與極微論者，隱相符順。

種子、習氣、功能，同體而異名。為人不了生果之義，立種子名。以此種子，不離賴耶，故立功能名。以此功能由業果故，立習氣名。故以六義釋彼種子：一曰剎那滅，二曰果俱有，三曰恆隨轉，四曰性決定，五曰待眾緣，六曰引自果。則與世間草木種子自不相類，何有擬物之失？種子雖多，各引自果。非和合性，豈與極微論者相順。若無種子，一切有情色法心法五取蘊相，我人知見種種根行，品類無邊，以何而為差別？

第三十八頁云：直謂一人之生，自有神識，迴脫形軀。

如是根身，本是賴耶相分，豈謂神識迴脫形軀？一切色法心法根身器界，唯是賴耶，豈同外道別立神我。

第三十八頁云：佛家固極端之多我論者。

常樂我淨，大般涅槃之四德，以其真故，以其一故，故稱為我。不知此我，何以言多？夫言我者，只應唯一，若是其多，便成對待。若是相待，便有自他。此多我言，自語相違。

第三十九頁云：功能者，即宇宙生生不容己之大流。

此功能者，為是真耶？為是妄耶？功能是真，何以生起三惡趣乃至無明一切煩惱結使？若其是妄，妄必有本，則此功能依何為本？

第三十九頁云：湛然純一，故能極萬變而莫測。天得之以成天，地得之以成地，人得之以成人，物得之以成物。

　既云湛然純一，則應唯可成天，不成其餘。或唯成人，不能成餘。以純一故，功能唯一，而所成千差，則必別有能興。譬如金唯是一，而成盆盤釵釧之殊，金唯是質，無有功能，要須匠者鍛鍊之功興而眾器始成。今此功能純一，而所成無量者，則是別有主宰者耶，為是天地人物各自取得之耶？若別有主宰者，則此功能實非功能；若天地人物各自得之者，則天地人物之生，不假功能，以必先有能取而後有所取。故彼既自生，更何假乎功能。進退兩途，同為戲論。

　第四十頁云：此理驗之吾生，凡所曾更，不曾喪失，信而可征。

　凡所曾更，不曾喪失，此乃意識念心所之用。此念心所與第八識，乃不相應，云何而成習氣。

　第四十一頁云：習氣隨形氣俱始。又云，功能者，則所以成乎此形氣，而為形氣之主宰。

　詳此意言，人具功能、習氣，便是具足真妄二者。而殊不知全真無妄，全妄無真。今乃截然分為二段。

　第四十一頁云：功能唯無漏，習氣亦有漏。

　夫功能通有漏無漏者，聲聞種姓、緣覺種姓、菩薩種姓、佛種姓，唯是無漏，故能證得涅槃。六趣四生種子，唯是有漏，是故流轉生死。今言功能唯無漏，而能成人天有漏果報者，因果不相似，不順正理。

　第四十一頁云：淨習四者，曰戒、曰慈、曰定、曰勇。

　菩提心者，深心、直心、大悲心是。慈悲雖二，用義實同，謂之淨習，尚無不可。戒若是淨習者，則天竺外道牛戒狗戒等亦是淨習，定中無想及四空定，唯是凡夫，豈成淨習！

第四十五頁云：纔能非功能之能。又云，出於造化之無心。又云，凡習之起，必於氣質。

纔能既非功能，又為習之所依，則此纔能，非能非習，從何而起？所謂造化者何？造化若即功能，則纔能即出於功能，何得云纔非功能。造化若非功能，則恆轉之外，別有一法，彼恆轉者，非真極矣。

第四十四頁云：氣質者，形生而才具，故名氣質，是氣質非性也。而氣質所以凝成之理，便謂之性。

若謂形生而才具，謂之氣質者，則人之氣質，便是人之形與才耳。人之形不過四支百骸，人之才不過智愚賢不肖。此八尺之軀，攀緣之心，唯是有為有漏，豈是真性所凝成耶！既有凝成，便有散壞，如是性何因而凝成，何因而散壞耶。反覆無常，真性固若是耶？

第四十四頁云：雖為本性表現之資具，而不能無偏。

凡藉資具而表現者，唯是有為，即非本性。既曰本性，則其表現唯應純正，何因而有偏耶。既曰性即是凝成此氣質者，又曰隨其氣質而有偏，如語人曰，由形有影，以影偏故，故我形偏。天下至愚，知其言之顛倒矣。

第四十五頁云：人物之生也，資始於性，而凝成獨立之形。形者質礙物，固非復性之本然也。

　　既謂資始於性而凝成獨立之形，則此形為實有矣。形既是實，便非無我，亦非是空，亦應苦受定苦，樂受定樂。則無常苦空無我四者之中，唯有無常，其他三者，皆不應理，如來便是妄語。經云"一切有為法，如夢幻泡影"者，亦是戲論矣。又復此性，何因而凝為人，何因而凝為畜？經云："以無明風，生諸識浪。"不謂真性，自凝成形。

　　第四十六頁云：性者，備眾形而為渾一之全體，流行不息。

　　前第十四頁云：起外境執時，空時相定俱起。則是時相空相，唯從執生。非是性本如是。既無方分，便無流行。既無時分，便無不息。今此言曰流行不息，便是自教相違過。又復既有流行，便是有為。性凝成形，亦是有為。有為便有漏，復與前宗功能無漏，成自教相違過。

　　第四十六頁云：習氣者，本非法爾固具，唯是有生已後，種種造作之餘勢。

　　習氣若無本有，則最初有生，唯具功能。性既是善，一切所作亦應唯善，便應唯成淨習，此染習從何而有？

　　第四十六頁云：吾人生活內容，莫非習氣。吾人日常宇宙，亦莫非習氣。

　　既曰，恆轉者功能也。又曰，翕假說色，闢假說心。今又曰，吾人生活內容，莫非習氣。既皆習氣，便非功能。既非功能，便非是闢矣。寧非自宗相違耶？此宇宙者，非是形耶？若既是形，便應是性所凝成，云何而言莫非習氣。自宗矛盾，乃至於斯。

第四十六頁云：性習差違，較然甚明，護法必欲混而同之

此所謂性，非護法所謂性也。此所謂習，非護法所謂習也。譬如有人曰：驪騾者，一馬也。有鄉人焉，謂為駝驪，謂鹿為騾。曰：我驪背有二峰，我騾頭有二角。而汝必欲混而同之，未知其可，殊不知其為智者笑也。

第四十九頁云：人真諦故，決定遮撥世間知見，故於地不作地想，地性空故。現前即是真體澄然。

於地不作地想，只是除遍計所執性。經云："遍計所執性應知，依他起性應知應斷，圓成實性應證。"是知依他起性未斷，則一切遍計所執性不了，圓成實性亦無由證。而今以為但了遍計所執，便證其常，豈非大謬。蓋由於認一切依他起以為順性，勢須如此，遂認習氣唯是遍計所執，而有此失。此禪宗所謂千生系驢橛者也。

第五十頁云：動點之形成，不一其形，而陰陽以殊。

前曰：惟恆攝聚，乃不期成無量動點，勢若凝固，名之為翕。又曰：陽為神為心，陰為質為色，則是動點，應唯是翕，唯是陰。何以今又曰：動點有陰陽之殊也？縱使動點有陰陽，然恆轉唯動，一動而有陰陽之殊，果何因以致之耶？且陽之動為何若，陰之動為何若，以具欲有故，生乎欲界，遂謂天地之間，唯是一陰陽，此大謬也。

第五十頁云：動點之相待，不一其情而愛拒斯異。陰陽相值適當，則幻成動點系焉。

同源於恆轉，則其情必一，何因而有參差耶。既曰相值適當，則

必有不適當者在焉。彼夫至化，尚容有不適當者乎？此直委情之取與耳，豈足以言夫至化。

第五十頁云：其點與點之間距離甚大。

此點與點之間，為有物耶，為無物耶？為有動耶，為無動耶？若有動者，則動實一片，無所謂點。若無動者，則此動勢，有所不遍，不可謂恆。縱有容隙，尚且不可，況距離甚大耶。若有物者，則此物奚自生？若無物，當是虛空，則此虛空，不因動成。有為虛空，尚不因動成，況真實本源清淨法界耶。

第五十三頁云：斯理之玄，難為索證。理之至極，本不可以知測，不可以物征耳。

難為索證，便無因喻。不可以知測，便無比量。不可以物征，便無現量。捨比量、現量以及因喻以立宗，則此宗者，真是莫須有耳。

第五十五頁云：一己之身，備眾物而非大。

所謂一己之身者，是遍宇宙之全身耶，為八尺之軀也？若是遍宇宙之全身，則是備眾物而大矣。若是八尺之軀，云何而備眾物？現見不然，世間相違。又復八尺之軀，豈非粗色。前云粗色境者，其成幻成，其滅幻滅，自性空故。既云是幻是空，云何而備眾物？若云其動，與眾物之動同，則是相同，非相備也。此動以成身，彼動以成物，此動非彼動，云何相備。以云動點愛拒，系不同故。

第五十五頁云：然後自器相互之感應為言，則身體又屬器界之中心。

身體若為器界之中心，則此身體實可尊貴，云何如來而言無我。宇宙之本，既曰恆轉，恆轉之動，乃有體器，自性如是，便是無有無餘涅槃。如來法身，亦是虛妄，以不能感應故。彼應化身，反是真常矣。

第五十六頁云：此力之全集於腦，則又若電之走尖端，勢用猛疾，夫孰知其所以然耶。

夫世無無理之事，亦無無事之理。事有所不明，便是理有所不極。今不知其所以然者，適足以證此理之不正耳。

第五十七頁云：常物物而不物於物也。

此晉支遁之言也，然其解不與今論同。今謂下"物於"之"物"字為蔽錮義。夫視惟依眼，聽唯依耳，則是此心蔽錮於眼耳矣。是物於物矣，奚能物物哉。

第五十八頁云：恆轉翕而成物，乃即利用物之一部，即所謂身體者，以為憑藉，而顯發其自性力。

此恆轉者，何故惟藉此一部分之物，以顯其自性力，而不遍藉一切物耶？孰障礙之？孰遮止之？而令彼本源大用，不得普藉一切物以顯其自性力耶？同一翕也，而此恆轉，何因而捨彼瓦石樹木，而取此血肉之軀以自顯耶？凡有取捨，取非真常。

第五十八頁云：當極靜時，恍然覺吾此心，中虛無物，旁通無窮。

既曰覺吾此心，便有能覺，有所覺，有我有我所。凡有能所，一切虛妄，而乃謂此為真實耶？昔者釋迦如來初出家時，習外道定非想非非想者，曰：此想為有我耶，為無我耶？若無我者，我尚不有，云何謂想。若有我者，一切我見皆是虛妄生死根本。因遂捨去。今此羅念庵言，充其量不過無色定耳。而無色空，唯是外道邪見生處，奈何認為真諦。

第五十九頁云：生物進化，至人類而為最高。

六趣之中，人居第三。下接三惡趣，直是倖免苦痛耳。三界中之慾界最下，人直欲界之中愚蠢分子耳。乃指為最高，何其見之不廣也。又復生物果真進化耶？增劫減劫，成住壞空，循環不已。一切有情，隨業流轉，升沉無定，云何乃謂進化。

第六十頁云：此心乃體物而不遺。

此心若體物而不遺者，何以眼不能自視，手不能自觸，舌不能自嚐，豈非有所遺乎。體物而有遺，則此心非真心也。

第六十一頁云：生命力之顯發也，不期而現為物以神其用。

此生命力，為即恆轉，為非恆轉？若即恆轉，則宜用一名，前後貫徹，何故又易名生命力。若非恆轉，則宇宙實為二元，以一切有情資於生命力，非資於恆轉故。又若即恆轉，此生命力為是闢耶，為是翕耶？若是其闢，則不可曰不期而現為物，以神其用，以物非闢故。若是其翕，則不可曰人生只此生命活動，以人生實賴心靈，是闢非翕故。

第六十一頁云：植物徒具形幹，其生命力，幾完全物質化。

植物與動物之異，豈非一為有情，一為無情歟。有情者，心識，無情者，物質，則是植物者，亦器界耳。其生其滅，本自完全物質化，豈別有所謂生命力，而幾完全物質化者耶！若謂植物有生命力與動物等，亦有情感，特以物質化故，不能顯用，則是六趣有情應是七趣有情。如來所說，便非誠諦。

第六十一頁云：生物界累級演進，迄至人類。

夫人類者，信從原始細胞動物，逐漸進化以至於人耶？此乃科學界中意測之見。以其橫具，遂作豎解，事實不如是也。若是自原始細胞，任運累級演進，以至人類，則更進不已，將來一切有情，任運可為天仙，或為神靈，乃至極果，不假修證矣。以一切自然進化故。

第六十二頁云：則舉其本不隔者而成隔絕。

生命力者，可以隔絕乎？若真隔絕，則一切有情，實有彼我，實限時空矣。云何前云，己身實賅攝自然？是故經云："我見以唯妄見，不應事理。"故應曰，舉其本不隔絕而妄見隔絕，非是成乎隔絕也。

第六十四頁云：則亦惟有戕賊以盡，而頹然物化已耳。

夫生命力有增減耶，有大小耶？若有增減大小者，直是有為生滅之行相，非是本心也。若無大小增減，云何而可戕賊以盡。若為人之死亡，便是戕賊以盡者，便是斷見，應無輪迴，亦無因果。而彼大惡逆人，反證涅槃，以生命盡故。

第六十七頁云：跡舊師樹義，蓋本諸分析之術。

舊師之術，本非分析，事實如此，不容假倍。若以分析為乖真者，則如來五蘊十二處十八界之說，皆不如理矣。

第六十七頁云：然立學務得其總持。又曰，萬有統體曰總持。

既曰萬有統體曰總持，則是不明萬有之參差，何以知其統體純一。是故不假分析之術，不能得統體之真。如執身而遺其手足之形，執面而遺其五官之用，亦為不識身面也云耳。

第六十八頁云：此本分事，放之則彌六合，卷之則退藏於密。

此本分事。有能放耶，有能卷耶？有所放耶，有所捲耶？須知此本分事，本自彌六合而恆藏於密，不待放卷也。藏於密者，不可以言名知。彌六合者，則可以分析求。所謂即分析中得總持相，故曰斷依他起證圓成實耳。否則一切皆成遍計。

第六十九頁云：當反觀時，便自見得有個充實而光明的體暇段。當反觀時，能有所見耶，能有所得耶？《心經》云："無智亦無得。"《仁王經》云："有所得心，無所得心，皆不可得。"而今乃以為便自見得如是如是，此直遍計所執耳。尚昧此執心，遑論真理耶。

第七十頁云：及世親造《百法》等論並《三十頌》，遂乃建立唯識。

圓成實性，體絕名言，不可言唯，不可言識。今言唯識者，就依他起中說耳。是故《百法論》曰："一切法無我。"一切法中，真如無為，為真實性。一貫之理，倐然甚明。執彼象尾，謂象如繩，而輕侮之，執者自誤，非象咎也。

第七十頁云：爰至護法談種子義，並健本新。

唯識所言，文字般若，真顯事理。既非紙上而談兵，亦異閉門而造車，理之無者不可令有，事之有者不可令無。本有種子，與彼無明同源俱起，其理至精，其事至隱。十地菩薩之於無明，猶如隔羅縠而見物；況彼凡夫宜其不了。

第七十頁云：則由其本有種義而推之，似直認妄識以為本心。

生死唯妄幻，是故生死得由本有種子起，同是有為有漏，性相應故。今執有為生死為由闢翕，闢翕之興，由彼恆轉。從無漏之恆轉，起有為之生死，性不相應，定不如理。

第七十頁云：彼本有種現起之識，應即是本心。何以故？是本有故。豈可謂本有者非本心耶！豈本有之外，更有夫本有以為之體耶。

本者對始言，有者待無說，此生滅法，非本心也。本心圓成實性，無三世則不可言本，絕斷常則不可言有。以本心為本有，已是一虛妄執矣，奚從體認耶。

第七十一頁云：夫心即性也，以其為吾身之主宰，則對身而名心焉。然心體萬物而無不在。

夫心體萬物而無不在，則是萬物之主宰，實不遺萬物。而以為遺萬物獨主宰此身者，實妄也，非真也。妄則非性，奈何混二者而同之，豈非認妄識為本心乎？

第七十一頁云：今反求其在我者，乃淵然有定向。

心體萬物而無不在，則不可謂在我。在我而有定向，乃生死之大患。是故意乃我執，生於無明，奈何謂即心乎。

第七十一頁云：依此而立自我。

一切法無我，此佛教根本大義，名一切法印。如是之理，方是誠諦。今云依此而立自我，豈非大謬！認賊作子，此之謂也。

第七十二頁云：本無異體而名差別。

夫同體異名者，如赤之於紅，豕之於豬是也。今識有資乎官能者，有不依官能者，有體萬物者，有宰一身者。依處不同，作用亦異，云何同體。是何異於以馬鹿同獸，遂指山林之麋鹿，與槽櫪之牛馬同體，不亦惑乎！

第七十二頁云：如彼舊師，析為各體，心其如散沙聚也。

心體萬物而不遺，則其本源，萬物之多，非如散沙耶。於無我中，妄執有我，復認此妄，即是真實。遂謂此心，渾然唯我，展轉妄計，盡從此生。又復執我見者，恆計身心以為純一，如來為破彼執，故說五蘊。識名識蘊，非如散沙聚耶。

第七十三頁云：無分別者，以不同意識作解。

識者了別，是故眼識緣青，確然證知如是境相，是有分別，非無分別。無分別者，自初見道乃至極果，於一切境知彼依他起故。能斷彼已，證圓成實，故於虛妄境中，見真實性。故肇公云：「目對真而莫覺。」非謂現量緣青，知青即是真也。

第七十四頁云：然意識作用，不唯分緣而亦返緣。

不唯意識如此，諸識皆爾也。如緣色而識自知知色之知。意識緣色，要須此知。眼識緣色，亦須此知。是故一切識有自證分、證自證分。至於全泯外緣，親冥自性，亦是諸識之所同然。以轉八識，成彼四智故。今言意識獨爾，是尚未諳前五識之平日作用，又何從而究其名義自性差別也。

第七十七頁云：所應其心，而毋或奪主，則心固即性，而所以莫非性也。

既曰，心所屬後起人偽，性為本有天明。人偽縱可應乎天明，然後起決不可作本有，云何乃言所莫非性。

第七十七頁云：習伐其性，即心不可見，而唯以心所為心。

以恆依心，故名心所。心若不見，此所何依？所名不成，亦應不有感識意識。而眾心所各各獨立，便應一時有眾多心，所緣諸境，便應紛亂。而諸凡夫，實不如此。

第七十八頁云：因果二法，條然別異，如穀粒生禾，真倒見也。

由於種子生起現行，非如穀粒生彼禾苗。故以六義釋彼種子，則今倒見，過由自生，非古唯識而有此見。

第七十九頁云：性通善染，恆與心俱，曰遍行數。性通善染，緣別別境而得起，故曰別境數。

善染之不可同俱，如冰炭之不相容。今曰性通善染，寧非自語相違？如彼淨布，隨染成色，但可云淨布無色，不可云淨布具一切色。又如彼水，隨器成形，但可云水無定形，不可云水具一切形。遍行、別境，本無善染之分，以與善心所煩惱心所俱起，故有善染之分。是故遍行、別境，唯是無記，不可云性通善染。今云性通善染，便是世間相違，以與事實不相應故。

第八十頁云：觸數者，於境趣逐故。

舊云觸者，令心心所觸境，而今乃曰於境趣逐。夫趣逐者，如追奔逐北，而觸則擒獲也。彼夫追逐，未必能擒。追逐以足，擒獲以手，此二功能，時具不同，必先由作意而後繼有觸興。是故舊云，作意能引心趣所緣邊，譬如追逐；觸者令心心所觸境，如彼擒獲。今曰觸者於境趣逐，不應正理。

第八十頁云：驚於心令增明故。

心之作用，非可增減，如是作意，不可驚心，令其增明。所言驚者，作用未起，激發令起；彼未緣境，驚之令緣。是故作意，唯是驚心，令趣所緣，非是令其增明。

第八十頁云：如惑熾時。瞿然驚覺，明解即生。故此心畢竟染污不得者，賴有作意耳。

作意既是遍行，一切人所同具，便應一切人於一切時中，由作意力，恆自解脫，不為一切煩惱結使之所纏縛。以彼作意能驚覺心，令生明解，不受染污故。奈何世人流轉生死，眾欲鉤牽，不得解脫？又復作意遍行，則是此心恆受驚覺。如是，諸惑不容得生，云何乃俟此惑熾時，方始驚覺。故知作意，唯是驚心令趣所緣，非是驚心令生明解。

第八十一頁云：夫所謂非順非違者，實即順相降至低度。又云，取順久，便不覺順。

非順非違，若可云即順相降至低度。應亦可云，即違相降至低度。此乃決定相違過。又復世間不如意事，十有八九，故云八苦交煎。則是取違較久，順相低度，亦應覺順。如彼世人，執彼微樂,乃生滿足。云何乃謂順相低便不覺順。

第八十一頁云:且其欲必別有所寄。人生與希望長俱,若有一息絕望,則不生矣。故欲非遍義不容成。

遍、別之分,唯就境說。好財之人,欲唯在財,設遇美色,欲心不生。所專注境即生希望,所不註境或全不見聞。如人攫金於市,唯見其金,不見有人。則是欲者,定是別境,非是遍行。

第八十二頁云:心者純淨而無染故,亦不以善名。

染淨善惡,皆相待之名。心純淨而無染,而亦不善名;亦應是純善而無惡,故不以淨名。即是相違決定。又復惑者純染而無淨,故不以惡名,如是世間一切言說,皆成雜亂,了無定義。

第八十三頁云:亦必俱尋伺,以於境淺深推度故。由推度已,方得決定。

慧以斷疑,其為業用。推度之時,未得決定;既決定已,不假推度。云何乃謂慧數必與尋伺俱起。又復慧力強者,分別境事,不假推度,便能決定。而彼尋伺,於意言境粗細而轉,必有解生。是故慧數不俱尋伺,尋伺必依於慧。

第八十五頁云:舊屬本惑,亦所未安,故今以疑入別境。

人生宇宙,本極明顯。以有無明,遂致不了,漸生疑惑。故知疑者,唯依痴生,定是本惑。彼夫因疑得悟,乃是由疑,更修助道,破彼無明,斷彼煩惱,明解方生,非謂由疑自然能悟。

第八十五頁云:即事求征,則難以語上。

一切玄理，靡不於事信而有徵，方成諦審。應云，即事求征，方足以語上也。世間學問，只患不徹底耳，非過在即事求征也。

第八十六頁云：若非想習潛存，則過去已滅之境像，何能再現於憶念中耶。

一切心所作用相似，不應想數，獨有想習。想為心所，且是遍行。此想習者，何依而存？若依於境，則境已滅，想習亦亡；若依於心，則遍行想習，應能令心一切時中，於一切所曾習境，皆生憶念。心境之外，更無他處，此習何存。又復既計想於現前境而取境像，奈何不許念於過去境而取鏡像？獨頭意識所未習境尚生諸見，云何已習之境，不許取像。故知唯念，定無想習。

第八十七頁云：又雖曾更而不能明記者，即念不生。

念既心所，又云想習潛存，云何於曾更事，有時專心思索終不復憶。故知定由隨煩惱中，無念心所力故。障彼念力，令不復憶，潛念不生，說名無念。

第八十七頁云：於幾席等等任運了知者，此猶屬種。必憶《漢書》而果得分明記取者，方是念故。

作用未生，方得名種。作用已生，便失種名。既已任運，了知幾席，云何乃謂猶屬種相，指彼桃樹，謂即桃核。又復心所明顯，種潛存，而以念力故，於彼《漢書》有憶不憶。以想種故，於彼幾席，任運了知，則是心所力用，尚不及彼潛存種相。指彼壯夫，謂不能敵嬰兒，如是即具比量相違過。故知幾席數數更習，念力強故，故能任運了知。若於《漢書》讚誦既久，亦能了憶，如彼幾席，審知唯念，實無想習。

第九十二頁云：私其形軀而計我、我所，是名我見。

我見有二：一人我見，二法我見，皆惡見攝。法我見是總，人我見是別。法我見深微，人我見粗顯。今釋我見，不及法我見，故以法執，謂為真詮。

第九十二頁云：植物亦物其自體，而隱有此我見。

植物若有思慮，則六趣之外，更有七趣，如來便是妄語。良由執非心以為心，遂認無心為有心耳。殊不知植物，唯是色法，植物榮枯，如彼靜物生滅，毫無異相。

第九十四頁云：此為攝受眾生故，權現惑相。

如來應化，為諸眾生權現惑相，如《興起行經》說，八地菩薩亦爾，則八地菩薩於佛何別。故知八地菩薩，留惑潤生，定有惑種。但彼惑種，較諸凡夫，直是微塵擬諸大地耳。

第九十七頁云：今以散亂入掉舉，不別立之。

掉舉令易解，散亂令易緣。初是主動，後是被動，是二雖不相離，作用不同，不可混一。

第九十七頁云：瞢重初位即是懈怠。

如人精進禪觀，以昏沉力無所堪任，故昏沉非是懈怠。懈怠數者，只是不修善不斷惡，而耳聰目利，如恆不減。故知懈怠無關昏沉。

第九十七頁云：由如理作意力故，有定數生。

無想定及彼四空處，是外道凡夫境界，以有我見及彼無明故。故知定力，不必從如理作意生，定依信起，便成出世，定依惑起，不免輪迴。定業善惡，由彼信惑。而彼定數，非善非惡，故是無記別境心所。

第一百一頁云：隨順起瞋而實非瞋。

既起瞋心，便與染俱，焉得而非瞋？起瞋而非瞋，即是自語相違。是故如來，於彼暴惡，唯生憐憫。昔者如來為法師故，乃至誅彼城口，使墮地獄。當時於彼生一子想，為愛念故，令知悔改。非以瞋心，肆行殺戮。是故應言，於暴惡者，念彼廣造眾惡，將入苦輪，應以惡心，方便拯拔，不應起瞋。

第一百八頁云：既凝成形氣，則化於物者多，而其守自性，而不物化者遂為至少。

此本心者，可增減耶，可分析耶？若可增減，若可分析，唯是物質。眾人妄心尚不可以增減，況彼本心。而言物化者多、不物化者少耶？又復豈非翕者為心，闢者為物，闢翕相待，應其等分，云何翕多而闢寡？

第一百八頁云：幻成頑鈍的物事，忽與本來的性不相似，所以性至此幾乎完全物質化了。

既曰幻成，則是本未常有而妄，見則是本性，初未常凝，只以無明妄見形氣。如彼病，目見空中華。又言幾乎完全物質化，便是形氣實有。自語相違，實成過咎。

第一百八頁云：這點真陽，是生命的本身，宗門所謂本來面目。

運乎身軀而隱為主宰者，乃禪宗所謂"但看棚頭弄傀儡，抽牽全藉裡頭人"者。如此乃自救不了，云何謂為本來面目。

第一百八頁云：此僅存之真陽，雖遍運乎形氣之內，而隱為
主宰。

此本心者，既遍運乎形氣之內，便是心在身內。此與外道執
神我者，復有何別！

第二章　《破新唯識論》判

征宗

夫篤信之士，方可征宗；邪妄之徒，難以宗詰，彼不復依聖
言量故。今征彼言，汝宗非佛教，違佛語故。彼乃將曰，吾宗定
是佛教，不執文字，得真詮故。如是便成決定相違。是故但應破
計，今首征宗，豈非虛功？

破計

甲　一元之體

如實之理，不可說，不可念。以方便故，或說一元，或說多
元，均無不可。隨情成執，便有過咎。熊君所計功能，乃有鬧翁，其
過非在一元，只是混真俗為一談，昧事理之群相，不應正理，斯
成戲論耳。破者執彼多元，攻彼一計，寧非自蹈淤泥而欲援人。至
謂三藏十二部經中，固未嘗有以眾生為同源、宇宙為一體之說。誣
彼佛教，假人口實。況復圓成實性，即是真如，假說唯一；依他
起性，眾緣生故，假說為多。如是道理，方等經處處所明，奈何
不審。

乙　眾生同源

熊君所計功能，既自云是無漏，是實體，但以真如之名，只就隨緣不變而說，未顯不變隨緣之道，故改名功能。則是此功能，應即當真如。圓成實性，眾生之源，只可親證，非可言念。有方便故，亦可說一說異。是故熊君計彼眾生同源，並非是過。只是在真如門中，說彼生滅情事，殊不知真俗二諦，不容相亂。於俗諦中，妄立真相，故其功能，名有而實無也。

丙　宇宙一體

宇宙之體，凡夫見異，隨情生執。小乘涅槃，見彼一體，以無我故。大般涅槃，離彼四句，若是一故，便無有感；若是異者，便無有應。是故古來大德，以彼交遍、圓滿、全分、中心、增上、仁愛、唯識種種方便，顯彼中邊。於今就彼異邊，破彼一執，縱許能破，還復成病，非善能破。又復於破眾燈喻中，引彼科學光粒之學。夫立喻者，但就世間共許，今引別宗，自招反覆，不成因明也。

又復破者，謂彼熊君何必更於此心之上增益本體。昔真諦立彼第九識，自是西土一家唯識之義。《佛地經》以四智皆依清淨法界，此心之上，施設本體，亦無不可。特彼熊君以攀緣心認為自性，是故彼計本體，虛誑無實耳。

丁　反求實證

夫能立者，依彼現量比量，得自悟已。隨自意樂而立宗言，更述因喻，以成所宗，不須自證，以聞思修三慧不等故。若唯親證，方可立宗，則除如來，一切大德唯應述彼已成，云何仰述法身功德。若能破者，亦應以彼三支立量顯過，以斥其非。今破者謂熊君不能止觀雙運，實證本體，以顯其生理流行而順天則，是為節外生枝，跡近攻訐，非善能破。

夫立破者，能別所別，應須極成，然後方可與辨是非。今破者依《解深密經》說心唯識，而彼熊君所說此心，乃謂實體，即是真如。應先徵云，汝所執心，非是實體，以反觀在內故。真如法相，遍一切色心，不應反觀唯在於內。又復一人向隅，滿座不樂，如是煩惱，從愛見生，是故汝所執心，唯是識變。如是破已，然後方可引彼經文，以顯止觀。不能見他心即我心之理。

戊　真如為體

破者於此引聖言量破彼邪執，若於誠實之士，是善方便，可以一言折彼妄見，使知過非，但於傲慢之徒，則不為功。以彼執不知以為知，強不解以為解，是故陳那因明之軌，能立能破，唯立現比二量。今不依現比，唯引聖言，所以反致彼之曉曉也。

己　種子為體

破者以三誤徵彼，然詳所立言，似於體義不定之旨，尚未深了。所以言體用之名，所詮之義，印度與中國不同。夫印度中國，究何所指。彼夫印度外道，執有大有勝性，對於體言，亦是固定。中國大德，知一切法無自性，亦復於體，知不固定。是故應言佛教與外道截然不同。外道體用之說固定，佛教則不固定，何以故？徹深微故，依他起故，不變隨緣故。譬如世人，謂水是實體，以去垢為用。原子說者，謂水以氧氣、氫氣為體，化合成水為用。電子說者，謂水以電子為體，結為不同統系以相凝結而成水為用。世間學說尚且如此，況彼至極之談？須知體用，唯是相待之名，就生滅說真如為體，而彼真如亦無實體。故《般若》云："空空故苦。"真如若有其實體，一切如來唯應證彼法身，無有應化。生滅門中，就能藏說，本識為體，種子為所。就苦諦說，種子為體，現行為用。就集諦說，現行為體，種子為用。苦集二諦，是世間因緣。所以《成唯識論》云："因緣體二。"種子現行是也。今熊君既執體固定，縱使全同佛教，亦是附內外道，況與佛教不符合耶！亦彼不知體用相待之義，所以曰護法唯未見體，故其持論迷謬。本說真如為體，又立功能為現界，兩體對待，將成若何關繫乎？以執體定，自謂見體，謗彼護法，知無自性，為不見體也。

庚　一闢一翕

闢翕之說，為熊君立說之肝髓，亦即其說不能立足之處。以稍習佛教者，皆知闢翕不應正理，同子虛故。今破者不就現量、比量以及世間，正折其非，而乃以為與《太極圖說》相似。夫聖言量尚不足破其執，邪外之說豈能證其非耶！況此比擬，他不極成乎。

辛　能習差違

破者以七辨責熊君能習差違，除第七則外，皆非善破者。

一辨能混為習。夫辨正是非，則能別所別信須極成。今既責熊君於法有法本不極成而謗護法之為非矣，云何又依不極成之法及有法而破熊君之不應分能與習，便自亦墮不極成過。是故於此，唯就彼不極成處，破彼不極成義，立極成義。應云，汝所執能實非功能，汝所執習實非習氣。云何汝所執能非功能耶？夫功能者，以其有成彼萬有之功能，是故此性，名曰功能。今所執能，既曰無漏，既曰法爾，既曰隨緣不變、不變隨緣，則此乃是真如實際。然真如實際，乃一切善惡色心之真實性，非能成彼萬有。彼萬有者，唯是緣所生法，非是真如。若真如效能成萬有，則如來法身，惟應即是他受用身，更無法身及自受用。而法身土乃是眾寶莊嚴，非常寂光矣。如來感應，既曰無功作用，則功能之名，是有為義，非無為義。功能是有為義者，則不應銘彼真如，號為功能。云何汝所執習非是習氣？夫習氣者，乃是業勢遺痕。而汝乃曰，心為功能，心所為習氣。然彼心所，非從業成，如彼惑中，無明無始故，又信定慧等為五根故。又先無心所，即便無業，若無業者，即無習氣，是故心所非是習氣。又復隨業受報，則業力所成，不僅能生心所，亦復能成身器一切環境受用等。是故業力，即是功能，即是習氣，即是種子。而種子有本有故，即業有初可得也。

二辨業為或然，又為定論。或然二字，在彼梵文成猶預故，便是過。然在中文，恆示讚詠之意，且無關宏旨，不應置辨。

三辨本來面目。此乃熊君引彼禪宗參父母所生前本來面目之成語。今乃責彼未見無量劫先未生時狀，亦是自墮不極成過。

四辨混天為人。熊君以人混天則將蔽於形氣而昧厥本來之語，本非有過。特所謂天，非真是天；彼所謂人，非真是人。以彼功能非真無漏，及彼習氣非真種子故。今不能正其天人之非，但立宗言，未顯因喻，非真能破。

五辨習伐。其破性者，不關責其習之不能伐其性，而謂彼所言同之外道，與前證其闢翕出於《太極圖說》，同是不極成過，成相違決定。夫宋儒言伐，言斷斷復，而佛教唯言障、言縛、言纏、言結。不言伐者，以彼真性不可增益，不可減損故。夫建立名言，本以方便顯理，今立伐言，方便成彼增益減損之，執非善立言者也。

六辨捨習之談。此處正可證熊君所執習氣之誤，惜破者未能深言。夫熊君既言習為後起人偽，則若捨習已，便是本體現前之前，於彼几案道理，便應洞徹幽微，云何又有疑問？以彼所執習非真是習，故若捨習，便有多疑也。

釋難

破者以十三則釋彼所難無著、世親、護法、窺基之言。夫破邪所以顯正，邪破則正自顯，無須乎更釋難。況古來大德所著唯識疏記，數百餘卷，本極詳明。彼讚之不審，尚生誣謗，其所妨難，豈區區數言所能釋耶！

第三章　《破破新唯識論》判

第四頁云：唯不許有無記耳。

習心唯有善惡而無無記，便是世間相違，現量相違，自宗相違。云何世間相違？以世間現見行住坐臥是無記業，若無無記之心，云何能成無記業。如彼途中行步，舉足下足之心，實無善惡故。云何現量相違？以識起緣境，要因率爾、尋求、決定、染淨、等流五心次第，方始周圓。率爾、尋求、決定，即是作意等五遍行心所功用，染淨、等流始是善惡心所作用。則前三心實是無記，非善非惡。染淨心起，方成善惡。若前三心善惡已決定者，何用更有染淨心耶！云何自宗相違？此五心次第，於彼論中亦所自許，而復不立無記性者，豈非自宗相違。疑彼如來所言以為權假，執彼凡夫所說謂為真實，寧非顛倒耶！

第六頁云：智體實非有四，如許有四，即汝本心亦是分子集聚而成。

般若空故，一切法本無實體可得。良由法執，執彼是實。是以《掌珍論》云："勝義有為空，緣生故如幻。無為無有實，不起似空華。"如是道理，大乘法印。是故智體不可說一，不可說異。《佛地經》中亦說一異，說一故稱清淨法界，說異故立彼四智。今執彼一而不許四，與許四不許一者，同是增益謗，以執有實體故。智既如是，心亦如之。眾生本心，非一非多。以彼凡夫計我，恆執身心以為純一，是故如來恆言積聚名心，以破眾生人法二我之執。今執心一，不許心多，只由我執未除，遂違如來順理之教。若知體是方便顯示，即八識四智，說一說異，皆無咎也。雖皆無咎，然立言本以破見。若無諸見，何用立言？說彼體異，隨順能破諸執，有多利益。若說體一，隨順能生諸見，有多過患。是故古師恆言體異，少言體一也。

第七頁云：我願無盡，吾生無盡。但此理終存於信念上，而理論則無法證成。

我願無盡，我生無盡，乃是華嚴圓頓宗旨，亦即唯識之第一言詮。只因於性相二途，妄生情解遂觸途成滯，無法證成。若法不能證成此理者，斯法即是邪誤。今既自謂於此二端不能證，則所立論定是邪解矣。欲明此理，須於普賢行願中求之，非文字所可辨也。

第八頁云：佛說在當年原是隨機，吾儕生於佛滅後數千年，由經文而會其妙義之存可也。

一代時教，貫徹始終，不唯隨當時之機，亦隨末法最後之機。若機感不相應，則其法自爾消歇，便有後佛代興，今生於末法之中，只因德薄，不能見佛應化。而佛所說教，恆當我機，應病之藥，只可信服，不得生疑，反致淪沉。今自不知如來立教之旨，而所見適與之違，反自以為會其義。是何異於觀指月者，指本東向，今乃西觀，不違失月，且更失指，而自謂為我見月也。

第十頁云：習比附者，絕望於懸解；喜拉雜者，長陷於橫通。

比附拉雜，不在言語文字分別，亦非道理宗旨比擬，唯在有所得心、無所得心耳。若無得心而為方便，則殊途同歸，百慮一致。所以《涅槃經》說：“一切外道典籍咒術醫方，皆是佛說。”若以為有所得心而為方便，縱使會其玄極，同於大通，亦不過拉雜之耳，比附之耳。今既以有得為心，而立恆轉闓翕，種種言說，執此為實，餘並是虛，便亦是拉雜比附耳，烏足以言玄通也。

第十一頁云：昔羅什東睹遠論，而嘆與經合，見肇文而欣其解符，此皆三玄之緒也，而什不為異。

以遠、肇二公為三玄之緒，不唯厚誣古人，且亦不知邪正之分。遠公為安師弟子，安師為佛圖澄之高足，三葉相承，如日月星之麗天。豈以遠公昔為諸生，肇公昔善壯老，便謂為三玄之緒耶！彼二公者，若不知邪正之分，執彼三玄比擬至教者，則又何為捨昔所學而出家耶。肇公之論，立言雖似老子，而旨則大異，奈何執文而廢義耶。

第十一頁云：今本論亦不違無我。

我執有二，一人我執，二法我執。人我之執，依法我起。是故外道執無想、執空、執識、執無所有者，終受彼色無色身，而不能出生死也。今所謂隨見成執，無一言而非法執者。謂闓實是闓，翕實是翕，色定是色，不可謂心；心定是心，不可謂色。如是等類，不知唯識宗旨，唯就依他起說。圓成實性，非言可詮，聖人依言以遣言。今於方便法中，橫計是非。奈何言不違無我。既執有我，便違佛宗。

第十二頁云：物各如其所如，故說如如。

唯識宗旨，斷依他起，證圓成實。欲斷依他起，必先知如何依他起之軌則，所以詳說唯識。今執此依他起以為真實，則去如如道理，奚啻塵沙萬里，此禪宗所謂驢年亦不會也。如云乃至含識，一是皆資始乎功能之一元，而成形凝命。莫不各足，豈非各各有我。殊不知天是地之天，地是天之地，人是物之人，物是人之物。乃至光線微分、野馬細塵，是含識之光線等。含識是光線等之含識，一切皆是依他起故。而如如法中，無天地、人物、光線、乃至含識，亦無形命，無足不足，以一切皆如故，證得此境，是名根本智。

今執彼功能成為天地等是真實有，執彼習心若善若惡是為人偽，是虛妄法，則是心所，非彼如如，如如不遍，便非真如。良以執相待法以為絕待，遂致迷彼絕待之真耳。

第十九頁云：此則隨說隨掃，所謂不可為典要者也。理之至極，超絕言思，繩以言表，切忌執滯。

此段文所說道理，不唯如來所說如斯，古德所說亦如斯。既明此理，何以只許自家建立恆轉，而不許古德建立唯識，只許自己建立闢翕，而不許古德建立八識耶？不責自己之不能，以此宗旨，仰尋聖典，而獨責時人之不能以此宗旨，明己所宗，豈非明於責人，昧於責己耶。信能以此宗旨鑽研至教，則知凡我所言之平易者，古德已言之既詳且盡矣。凡我所立之特異者，皆畫蛇添足、狗尾續貂之類，不唯無益，且更失真。

第二十一頁云：而謂眾生本原各別，則是本體界元屬眾多分子。

眾生本源，所謂離四句，絕百非，不可思，不可念。古德為破情執，所以立種種詮釋，方便顯示。今許一不許異，與彼許異不許一者，其失同科，而尤過之。何以故？人情恆執一以為真極，故如來說五蘊、八識種子以破一執，而《大般若經》立二十空、十二真如。今執恆轉純一，眾生同源，既順凡情，易生邊見，立而無功，則何須立。若果深徹根源，則自雖立一，亦知不與他人之立異。異見他人之立異，亦不與己之立一殊也。

第二十二頁云：則乃融俗入真，亦得云即俗詮真。

此二語正是所立宗之根本錯誤處。俗者對真之俗，真者對俗之真。俗既對真而顯，則不可融之入真；真既對俗而立，而不可即俗以詮。所以於言說上，真俗二諦，絕不可混。於修證中，真尚不有，何況於俗。嘉祥大師之三論疏，辨之極詳。若了斯旨，則自悟諸所立者，仍是構畫虛空，虛妄安立矣。只由不知何所謂真，何所謂俗，而妄欲融即，乃謂由彼恆轉，成立色心。心所習氣，唯偽唯漏，乃至縱其人偽，則天真斯喪。又安知淪沉六趣，無礙其真，業性空故。又安知貪嗔即是道，淫慾亦復然耶！

第三十二頁云：護法只是在用上建立，所以差之毫釐，而卒至謬以千里。

論者處處斥護法即用顯體之非，而殊不知不唯古來性相二宗大德，莫不皆是即用顯體，上至如來一切所說，亦只是即用顯體。以一切法無有自性，無體可得故。即使維摩默然無說，仍是即用顯體，以彼默然，仍是用故。但文殊就理，維摩就事為異耳。唯其即用顯體，方能顯示不變隨緣、隨緣不變之道。若是即體顯體，則不變只是不變，隨緣只是隨緣，以不變是體，隨緣是用故。且於無所得中，立有所得見，成增益謗，大乘正教。又復論者，尚不知有漏法、無漏法、有為法、無為法之分。如來釋彼真如，唯是無為，唯是寂靜。今計真如，乃有恆轉，乃有流行。若是流轉，若是流行，便是隨感而應，便是有為。若是有為，便是隨緣而變，非是不變。所以般若經中，釋彼如來十力、十八不共、乃至一切種智，是無漏法，是有為法。而無為法，唯是真如。今欲即體顯體，豈非構畫虛空乎？差之毫釐，謬以千里，是論者過，非彼古德。

第三十四頁云：從來沒有道得實體是怎樣的一個物事，只在變易法中見不變易。

如其所云，則三藏十二部經，亦本是即用顯體矣。便是自說所立宗旨，亦是即用顯體矣。何以獨謗護法即用顯體之非也？如彼賊子，剝竊財寶，用自莊嚴，終非己有，反致罪咎。

第三十五頁云：真俗條然，深乖理極。

古德所說真俗，似條然而實混成。今所說真俗，似混成而實條然。何以故？古德云，俗依他起，真圓成實。於言說中，理實二級，於斷證中，生無自性，即是勝義。所以《仁王經》云：“菩薩未成佛，以菩提為煩惱；菩薩成佛時，以煩惱為菩提。”今所說真是功能，俗是習氣，人偽後起，障彼真如。則真決定真，非俗即真；俗決定俗，非真即俗。深乖理極，便是自過，非他所有。

第三十六頁云：闢者為恆轉，自性力之所顯發。

既云闢為恆轉，自力之所顯發，則此闢者，為即恆轉自性力耶，為離恆轉自性力外別有闢耶？若即恆轉自性力者，則翕是物化，闢是恆轉，便是有物化恆轉二元，不可謂翕是恆轉功能之一。若闢非恆轉自性力者，則是恆轉，實有三分，一者自性力，二者闢，三者翕，則真如乃是三分之混合組織。如是則真如亦是依他起，便非圓成實矣。

第三十六頁云：而終不物化以失其自性。

夫翕即是物，闢即是心。以翕成色而闢勝之，故終不物化。今假設無闢，便將若何？豈非一切皆物化耶。如此則證想受滅已，只應化成頑石，以彼唯滅，心不起故。又復辟翕不相離者，便應無有無色界，以彼唯心無色故。又復此自性者，為若何等？為是寂靜，為是空耶？若是寂靜，乃至空者，則空性決定，云何經云“空空故空”。此空復空，豈非失其自性耶。若此自性非是寂靜乃至空等，則是有為有漏，不可為是萬象之本。

第三十六頁云：吾書實未即以一翕一闢名如。唯於一翕一闢，闢恆運翕，而常不失其恆轉之自性。即流行即主宰，是乃所謂如也。

以一闢一翕為如尚不可，況謂為非如耶。經云“一切法皆如也”，今曰闢翕非如，便世間實無此法，唯是虛妄安立。若云闢翕是如，則闢翕異用，是虛妄相，從無明生，非是功能實性，云何此虛妄相，能顯真如？又復真如是闢翕運轉所顯者，則此真如，是依他起性，便非真如矣。又復所謂即流行即主宰，皆是有為之相，須知有為有有功用及無功用之別。七地以前，是用功用；八地以上是功無用。如來之法，尚屬有為，奈何以無功用有為之相，釋彼真如無為耶！此直是於繩上計蛇，而分別此蛇有毒無毒，是生是死，以為真實。唯是遍計所執耳，尚未了知依他起性，遑論真如。

第三十七頁云：此等主宰意義，是擬人的，故成邪妄。

佛教具破人我、法我二執，但破擬人之主宰，只是破人見，而仍保著有法主宰，豈非法執。如是之論，既從法執生，便是虛妄，不應正理。

第三十八頁云：染法乘權時，其本體未嘗不在。

真如之法，非有實體，所以得云一切法皆如也。今云染法非如，只是染法障其真心，則真如非遍，即不真；真如可障，則不如矣。而《百法明門論》於四科之後，殿以無為為真實性。固明示心及心所，性唯真如，奈何云染法後起，以為非如。此真所謂真俗條然，深乖理極者矣。

第四十頁云：護法所誤者，以如為相分耳。

論者自不了無分別根本智及無分別後得智之殊。即是不了有為法無為法、及有功用無功用之殊，所以處處恆以無功用為即無為，遂鑄成大錯。護法云，根本智唯見分無相分，所以云挾帶真如相起，以故後得智有相有見。此中理趣，果能深思，便可了知己之所立，一切皆虛矣。

第四十一頁云：破者此中過極大，一不了緣起說之變遷故。

此中論者以為世尊只說十二緣生，後毗曇師始立四緣。大乘因之，隨設隨遮，此殆自不了緣起說之變遷也。十二緣生，舊云十二因緣。此十二因緣及四緣，如來於大小乘經，處處說之。《華嚴》《般若》《阿含》皆有二種道理。以十二因緣，說生死假有；以彼四緣，說諸法空。二者相須，不可闕廢。又復十二因緣，只是引申因緣，為四緣之一。其後大小乘師所釋此二門，雖有差別，皆為成佛教義，非如論者所謂施設二門有先後也。

第四十四頁云：眾緣空故，一切法空。一切法空故，眾緣空。是則阿毗曇人所施設，大乘猶從而遮撥。

論者猶尚不解《中論》之旨，以為遮撥四緣。殊不知此即即用顯體之旨，此與佛陀禪師與羅什大師所論"一微空故眾微空，眾微空故一微空"，同一道理。施設四緣，正是顯其空理，不待設已更遮，空義始顯也。古德種子賴耶乃至現行，即是顯十二因緣義；復說一一從四緣生，即是顯實體非有。奈何執云立實種子。記云，人有亡斧者，意其鄰之子，視其言語舉動，無往而非竊斧者。既而得斧於山中，視其鄰子，言語舉動，無往而是竊斧者。今論者亦猶是也。所以謗古德者，皆是論者之妄執，而未嘗自省耳。

第四十七頁云：能所條然，因果條然，不容淆亂。

論者以此責古德立種子義之失，則是以能所相混，因果交雜，為如理矣。如此則失如來所說因果報應之理。所以論者所立功能，亦不能成因果之旨。以天得之以成天，地得之以成地，人得之以成人，亦應地獄得之成地獄，餓鬼得之成餓鬼，畜生得之成畜生，一切善惡果報，非由業漂，乃是大化流行，自然如此，所以因果義不也。殊不知成天、成地、成人、成地獄，全是業報，即是種子功能，非是無為法性，以業性空故。即此諸果報即有而空，即是真如也。

第四十五頁云：種子如眾粒集聚，現行諸法亦如多數分子集聚，如是而談緣起，有立無遮。

唯識之旨，先明三自性，三無性已，總遮迄，然後方便建立緣生道理，是故一切無過。今唯許先立而後遮，不許先遮而後立，此所謂朝三暮四之情解耳，奚關至理。又復種子現行，本是集聚，若純一者，云何經云"眾生唸唸心中成就無量眾生"耶？天台一念三千，賢首事事無礙，皆不容成。一切經中顯種現集聚之義甚多，論者自寡聞耳。

第四十九頁云：諸佛菩薩說緣起者，在當時元是應機說法。若其真實義趣，只欲明諸行性空，令證實相而已。識得此意，即不沿用緣起說，而但無背於諸行性空之理，則不得謂之違佛非法。

諸佛菩薩說緣起者，即是如實顯彼性空，非是方便順俗之談。如鏡中像，唯是光影，故彼是空。若云鏡有靈幻，能生彼像，雖說是化，不應正理，不得謂諦。是故不沿用緣起說而顯諸行性空之理者，即是魔說，非是佛教。今論者謂天地色心，皆大化之流行，出於功能之主宰，即顯違緣起之義，便是魔說也。

第五十二頁云：須知現行生種，種起現行，種子前後自類相生，此是三個問題，不容淆亂。

此三問題，雖然不容淆亂，然是共顯緣起性空之理，亦不可分割。以業性本空，果報不失。此二道理，極難顯示，若但說種生現行，便是果報不從過去行業生；若但說現行生種，便是現在行業不生後報。所以具二，方顯果報不失，因緣義圓。又恐人執謂各有實體,所以說種子前後自類相生。以種子剎那滅,故非常,相續生,故非斷,以此道理,顯彼性空。今唯計功能非常非斷,便失世諦真俗相成。若失世諦,真亦非真。又復據理應有四句,更有現行前後自類相生,十二因緣中,取緣有,有緣生,生緣老死,即此說也。但此顯現報生報,不能顯彼後報,是故分為二別。種現相生,攝彼十二因緣周足,是故唯三,不須四也。

第五十六頁云:體用之名,大概一般通用,及玄學上所用之不同。

真實義者,本非思量所行境界,亦非言語所及。是故真實義無體義,此古德所謂個中若了全無事也。為方便顯示,藉彼名言,以彼名言,是一般所通用故。但一般所指體用,唯依遍計,所以不順正理。今依其分齊義,相設為體用之目,是彼了知唯是善巧建立,體非定體,依用顯體,用非定用,藉體立用。此古德所謂體用所妨分不分也。今於一般通用名言,有正有邪之分外,別立玄學名體,便是增益謗。正教唯如實顯示,本無奇特。生奇特想,唯是我執我慢,奚足以談勝義。是故應云,於玄學上所謂體用,妄生理會。此其失不在小,不可不自反也。

第六十二頁云:故此中規定種現二法,為因緣之體,卻非以種現皆稱體。

夫《述記》既分明以親辦自果為總出因緣體,現行種子皆稱為體,為別出因緣體,非總無以成別,無別便亦無總。如釋彼手,以能執持,即為總相。手有左右,即是別相。非是左右手外,別有能執持手。是故除種現外,別有親辦自果之因緣。則此二句,實是相須，不應言非以種現皆稱體也。

第六十二頁云：則俗所謂宇宙者，無他，實只此八現行識聚而已矣。

俗所謂宇宙，只是天地之間，意唯在色法。而此色法，古德云唯為賴耶相分。八現行識乃是生滅法界，與俗所謂宇宙不相侔。只由誤認俗說宇宙即是法界，所以穿鑿附會，生彼邪解也。

第六十二頁云：然則現界既因種界而得生起，何故不肯承種界為現界之體耶！

並非不承種界為現界體，要須知現界亦為種界體，此義已如前辨。因由執體為實，遂乃執其一端而橫生破斥。如人言行者屈伸左足，為步前移，更伸右足，為步如前。而破者乃執彼初句，以為人只一足，曰汝言行由足者，是妄非實，以一足既已屈伸，更無以立，身便傾倒。應知人行，唯是流轉，今此所計，何異於此。

第六十五頁云：如此二重世界，分析明白。

如是世界，名大法聚。彼一一法，無量無邊，則是世界奚止千萬億重。今約因緣一途而釋，為令易解。故攝為二別，種子現行。要不可執此為實，自作瘡疣。

第六十五頁云：世親出入外小，晚乃向大，嘗為《金七十頌》造長行，足知其受影響於數論者深。

世親向大之時，欲割舌以謝其過。則於昔日之見，深生鄙棄，後更造論，釋大乘義。皆是對昔日執小之非，奈何云受影響於數論。信如此者，則如來出家之始，學外道無所有及非非想定，亦應云滅盡定及涅槃，亦無色等耳。如來又習苦行，亦應云割身貿鴿，捨身伺虎，只是苦行餘習。似此厚誣先德，吾知論者割舌有日矣。

第六十六頁云：護法等在用上建立，實違般若諸行無自性之旨。

前第三十五頁云，頑空不可謂體，故心有用，假說流行。流行即是用之代語，流行即體，元非異體，別有實物。則論者全書言恆轉，言功能，亦只此在用上建立。於自則許之，於古德則不許，於自則不違般若，於古德便違般若，此直以愛憎為取捨耳。古德即用顯體者，謂即變而空，則真實體顯。今論者即用即體，以為即變即不變，有立無遮，易生法執。縱使全符經旨，亦不名為善巧說法。況所立宗，本從法我見生耶。況復言變，必有變之自性，言不變，必有不變之自性。云何能成無自性義。古德所示即變而空，無性自顯，深合般若宗旨。差之毫釐，謬以千里，可不深思之哉。

第六十七頁云：護法明明說真如即是識之實性，而又立種為現之體，真俗條然，無可融釋，云何不應問兩體對待若何關係耶？

此由論者自不了唯識道理，遂亦不知兩體相待若何關係。今為詳示，智者應以譬喻而得解。如人之生，實由命根。命根若存，此人便生，便有一切行住坐臥、飲食言語、一切行業。命根若亡，此人便死，雖復有屍，而不名人。是故色心唯依命根而得建立。如彼一切法，若種若現，唯以真如為真實性。復次人生，以有心故，能以眼見，能以耳聞，乃至能以意思。亦以色故，能令心生苦樂等受，乃至貪瞋等使。如彼種現，互為因緣，是故真如為體。就總相說，種現互為體。就別相說，而實無有三法可得，唯是以言遣言。是故《般若經》以內空外空乃至有為空無為空，顯如如道理。而唯識中，就依他起，建立諸法，就圓成實，顯彼無我，其義一也。

第六十七頁云：便是真俗倏然，無可圓融，云何應理。

若是真俗唯應圓融者，則如來只應立一實諦，不應於處處經中說為二諦。須知實諦，非言可顯。如是二諦，非一非二，即是實諦。是故真俗二而不二，不二而二。二而不二者，真俗二諦，共顯實相，是故非二。不二而二者，真俗倏然，不可和會。今唯許圓融之不二，不許倏然之二，便是是一非二。是一非二者，非非一非二之實諦也。又復於圓融處方知圓融，仍是情解。修證之人，見彼倏然，不礙圓融，方名如實修行也。

第六十七頁云：不知護法等既建立兩重世界，一為眾粒集聚之種界，一為複雜分子集聚之現界。而又假緣起說以自文。

論者自不了種子義，而妄生邪執。護法未嘗以種子為眾粒集聚，何以故，種子與賴耶非一非異。賴耶含藏，亦非如倉之藏粟。彼凡夫賴耶，積集無始以來無量種子，彼一一種，各遍賴耶，乃至羅漢將入無餘，唯一種在。此一種者，亦遍賴耶。以彼種者，即是功能，非可數量故。云何執為賴耶是大，種子是小，一種是少，眾種是多。既無大小多少，云何乃執眾粒集聚。只是依他起中眾緣和合，有如是用，立如是體耳。彼種界即是識界，現界亦遍識界，識非可數量，故彼二界亦非可數量。奈何執為二重種現，互為緣生，亦是就因緣中立如是用。信如所執，則如來說十二因緣，便是立十二重世界。又說彼次第緣生，亦是不應正理耶。此非以小人之量，度君子之心者耶。

第七十四頁云：吾於翕闢義，固非率爾偶立，蓋略言之。

此下論者自述所得，次弟由淺以及於深。詳其所以，只由初讀唯識，不了宗旨，依文生解，遂生情執。既而參研諸大乘經論，得少善根，見性空少分道理，以有所得心，遂生穿鑿，生諸邪見。其所立義，大謬有二：一者，自謂所悟道理，印之涅槃常樂我淨，非無主宰，都無不合。豈非其所立恆轉翕闢，即涅槃相。然而說翕為物，說闢為心，心物既二，便是自他相待。此相待中，翕是我耶，闢是我耶？二各非我，合亦非我。涅槃我義不成。若云二者不相離，具足是我，則是二我，亦非涅槃大我義。我義不成，常淨樂義亦失。須知理實一極，方可謂我。今云恆轉，乃有二歧，便是於真諦中失一極之旨。二者信如所說，天自為天，地自為地，人自為人，便無因緣果報。三途六趣，法界同然，亦無淨土穢土之分。大般涅槃，如來尚說有因因有果果，而今於俗諦中，乃失因果之義。因果義失，一切菩薩行義亦失，豈非大謬。所以然者，只由法執未除，以有所得而為方便，此《般若經》中所斥為魔事者也。馴至未得謂得，未證謂證，造大妄語，成無間業，良可悲矣。

更以二途破彼闢翕。一者翕說為物，闢說為心。為闢在翕中耶，為闢在翕外耶？若闢在翕中，則土木瓦石應有知，以有闢故。若闢在翁外，則我應自見。又人撲笞我，我不應覺，以心在身外故。二者如來恆說一切法空，今云恆轉，人得之以成人，則非內空。物得之以成物，則非外空。既有闢翕，色心相待，則非內外空。有流行，有主宰，則非有為空。爰有大物，其名恆轉，則非無為空。心者及性，是本來故，則非無始空。自性恆如，則非性空。生生不容已之大流，則非無所有空。只有此變，則非第一義空。翕以成無量動點，更成點系則非空空。識恆現起，則非大空。如是既背十二空。詳說乃至十八空二十空，亦應相違。一切法空，是如來法印。既相違反，便非正理。

第七十七頁云：心能轉物而不為物轉。

論者多舉性宗及禪德文，今還以此破之。豈不聞本來無一物，何處惹塵埃耶？即是本來無有物，何謂轉不轉，亦即是本來無有翕，何謂轉不轉也。又云覓心了不可得，即是本來無有心，云何轉被轉，亦即本來無有闢，云何轉被轉。則是實際理地，本來無翕闢。既然無翕闢，即無恆轉。則論者所說，全是空中樓閣也。

第七十九頁云：因生命力之憑物而顯。

生命力即是自性本有，若是必憑物而顯，則如來不有法身，亦無常寂光土。殊不知憑物而顯，只是無明使然，所謂四有。奈何執彼四有以為涅槃。

第八十六頁云：然必下斷定之詞以詔人，則又無可取證。

人之生死，全由業力，所謂餘勢續流者也。古德所述唯識宗旨，即是解釋此理，取證此理，人人如此，己亦如此。所以欲明業勢餘痕，只須向自己之色受想行識中參究，所謂反求實證，自能相應。今云無可取證，便是於自家生死之由來，起心動念之所以，未曾實行反求實證之功夫，致盲昧不解。自所謂實證者，只是構畫虛空，妄生校計耳。

第九十六頁云：確不曾組成為有系統之唯識論，故識與諸法平列而談。

平列與統攝，皆是說法門中方便之事，不應執為孰是孰非。若定以平列為是，而統攝為非者，則如來於真俗二諦，亦是平列。今論者必欲融俗入真，以真攝俗，立彼恆轉，幻生萬象。如是有系統之《新唯識論》，不唯顯背佛教，更成自宗相違矣。

第九十七頁云：諸經皆廣說法要，隨說隨遣，不立定準。若謂其建立唯識，則謗經亦已甚矣。

諸經雖皆廣說法要，然而一一經中各就其所述宗旨用趣不同，自始至終，皆有極完密之組織系統。試依古德所釋諸經，深參實究，便當明解。如來之言如摩尼珠，於一言中，具無量義。但各就一門而釋，亦皆首尾相應，無有差失。是故《華嚴》《深密》《楞伽》諸經，自始徹終，皆為建立唯識。論者讀經，籠統放過，所以未深思耳。至云《大論》乃《五蘊》，亦以諸法平列，未嘗以識統攝諸法者，亦由論者情愜平列，解封取捨，遂不能於平列中，見彼統攝；於統攝中，喻彼平列耳。

第九十八頁云：作《攝論》授世親，則特舉第八識為殊勝義，自是八識義益堅。

堅與不堅，執與不執，非關立論之言，全由讀者之見。末法之世，人根鈍劣，不能於如來所說無量經典，見彼理趣，唯依少文而攝廣義，方能悟解。是故無著乃造斯論，名曰《攝大乘》者，以其少文能攝大乘理盡也。今論者見文言廣泛，遂以為平列；見文言精密，遂以為有所組成。以此成見，推尋聖教，信所謂執指而迷月者矣。

第一百頁云：識既種生，則識為有自性之實法矣。

右德立識從種生，正是顯其無有自性者，有自性便不藉種而能自生。從種生識，則種識皆無自性，了然明白。今論者乃曰，識從種生，便是識有自性，是尚不知如來諸法從緣起，諸法從緣滅道理。如是法印尚自不解，何從甄別是非耶？

第一百一頁云：所變法者，非遍計所執，即是實有。

一切法空，所以三自性者，即三無性。愚夫妄計彼空為有，故說名為遍計所執。云何乃曰，非遍計所執即是實有。所謂能變所變者，唯是顯彼依他起中無實之理。若是實有，則不能變。既不能變，亦無所變。是故立彼變名，正是顯彼因緣所生無自性義。而云實有，自是論者自意識中所生遍計之執，非關古德也。

第一百三頁云：世親護法義，本說一切心心所各有自種子，既已拆成碎片。

論者自不了因緣所生之義，而妄生碎片混成之執，不知一法入無量法，無量法入一法道理，此所謂愚人唾天還墮自身者也。又復所謂賴耶執持種子，二者不一不異。正是顯碎片不礙渾成，渾成不妨碎片之道。信如所言，則如來說五蘊、十二處、十八界，便是將人生拆成五片、十二片、十八片耶？

第一百五頁云：於萬象唯觀察動勢。

此語正是論者為學根本錯誤之處。般若云者，無分別智，是故維摩默然，世尊拈花，此豈可以動靜知耶？法界中有動可得耶？有動即分別，有分別即有生死，奈何云唯觀動勢。

第一百六頁云：任意刻畫而不根事實。

何謂事實？豎有三界之分，橫有三世之別。而人者於三界中，處欲界之間，下不了三途，上不察色五色，耳聞不出十里之遙，目見不超千步之外，以隨業流轉之妄，而責彼古德三明鑑達，五眼圓照，得陀羅尼樂說辨才者之不察事實，此所謂鴟得腐鼠，仰嚇鸞鳳者也。

第一百八頁云：依彼自性，假說為我。

論者恆假涅槃常樂我淨之義，以文飾其我執。殊不知涅槃中說我，以大空故，即是自性自性空，生命生命空。今執生命有定向，恆不捨自性，便是不空。若是不空，便非大我矣。

第一百十頁云：習氣隱而未現，亦得名種子者，此則分明不就用上之說。

一切法依用立體，方能顯示一切法無自體可得。今立種子而云分明不就用上說，豈非種子有其實體。既有一混成實體之種子是虛偽法；又有一混成實體，名曰真如。豈非將真俗拆為兩重世界，條然各別耶。

第一百十二頁云：舊師三分義，明明說作三分，能量所量，不為一體。

所謂識有三分，非如剖瓜而成三分。何以故？識非數量可得故，依他起故。識尚非有，更何有分。論者自生擬物之解，以此懸揣至教，因而謗之，亦何可笑！

第一百十三頁云：發為知覺運動者，皆雜染習氣之順形而轉，不可謂之心也。

知覺運動若非心者，如來即不應周遊五天，處處說法，亦無飲食。而《金剛般若·序品》中乃曰，入舍衛大城乞食，食已洗足而坐。此非知覺運動耶？而乃於一切佛母般若經中，分明顯示，何耶？豈非於知覺運動中，有人相、我相、眾生相、壽者相者，即是凡夫；無彼四相，即是佛也。奈何執知覺運動而非是心。

第一百十五頁云：如不建立第七，一方為第八根依，一方為意識根依，則表裡何由通達耶。

論者以為賴耶深細為裡，前六粗動為表，執為隔絕，而以第七介乎其間。是何異於人告之曰，風吹水面而起波浪，遂曰，汝執波水隔絕，而以彼風介乎其間。不知適為智者笑也。三者本非隔絕，而非一體。何以故？波若即水，則一切水恆應有波，無待於風。波若即風，則彼頑石，亦應起波，云何波唯在水。故知三者，非一非異。然其生起，四緣各異，故云異體。

第一百十六頁云：無為一言，則申明惟受惟恃之旨，顯第八自身無所造作。

此亦論者根本錯誤之一端，以無為即是無功用，所以既立恆轉，當彼真如。又執恆轉自然流行，幻生一切。而不知無功用作，是有為法，彼真如者唯是無為功用都寂，所以第八應云動而無功，不同云動而無為也。

第一百十七頁云：若無末那，又焉有賴耶相可說耶？故吾將此二識相貌，總略言之。

此自是論者立言不謹之處。既欲將二識相貌，總略言之，而所述只云種子相依持。既未言及末那相貌，亦未言及末那賴耶互為根依之理，於結論中乃增末那之名，令人如何得解。統觀全論立言，類此之處甚多。亦足見論者之不善於因明。

附錄二：初版序

王季同

我少年時代喜研究數理科學，讀明季利瑪竇、徐光啟到清季江南製造局的譯本書。周美權先生與我有同好，四十年前我們二人就因為討論數學結為朋友，對於神秘的宗教，不可以科學說明的，也同抱不信任的心，而深閉固拒。後來我認識了學佛的朋友，又讀了大乘經論，才知道佛法圓融，實在不是其他宗教和近代的西洋哲學所可比擬，也決非科學知識所能推翻；於是才發了堅固的信心。而不久聽見美權先生也發心了，這是六年前的事。

新近美權先生來，把他的從弟叔迦先生在北京大學教授唯識哲學的講義《唯識研究》給我看，並且告訴我：叔迦先生先在同濟學工科，畢業後曾自辦工業，本來不信佛法，也不十分聰明，後來遇密宗傳法某大師，受持密咒，智慧大開，各宗經典豁然貫通，並且感佛現像，他自己和在旁的人一同看見。尊翁緝之先生先也不信佛法，從此也就長齋念佛了，佛法實在不可思議！

我讀了一遍，見他把《百法明門論》和《成唯識論》的大意，總括在不滿五萬字的一本小冊子裡，旁通真諦、天台、賢首、禪、淨、

~ 143 ~

密、律諸宗；而且淺顯通俗，人人可懂；也認為確是唯識入門第一部好書。

美權先生已與某印書館約定，把這本書鑄板流通。又因為中間宇宙觀一章和現在的天文學有不同的地方，恐怕讀者疑惑，託我做一篇解釋。我以為要明白佛教宇宙觀的地位，不可不對於佛教的基本問題先有相當的認識。這本書所講的雖是佛教的唯識宗；然而有三個原因，我認為有另外講幾句的必要：

第一、讀這本書的人或者未讀正文，先讀我這篇序；或者未讀完正文，倒過來讀我這篇序，所以我有先講幾句的必要。

第二、這本書的主旨，只是講唯識一宗，別的宗派不過和唯識宗互相比較，略講一些；所以我有補講幾句的必要。

第三、這本書的內容，重在把唯識宗的名相和義理，具體而微地用通俗的語言說明大意，和我所要特別說明的幾點性質不同；所以我有重講幾句的必要。

甚麼是佛教的基本問題呢？便是革命的哲學家黑格爾(Hegel)所創立的，"科學的社會主義的始祖馬克斯(Karl Marx)"所極口稱揚，現在社會科學界最時髦的科學方法——辯證法(Dialectics)。……❶

孔德(Conmte)把人類的進化分為三級：神學，玄學，科學。然而這三級的定義，它們中間的界線，很不易劃定。黑格爾和馬克斯以為宇宙間一切的一切都是流動的，不是靜止的。這樣研究一切問題便是辯證法的，便是他們所認為科學的。反之，把一切事

---

❶ 本文共四個省略號，是從出版規範上對這四處表述文字的替換，敬請讀者諒解。——編者注

物看做永久不變而研究，便是他們所認為玄學的。把數學來說，普通的代數只是玄學的數學，微積分卻是辯證法的數學。又如生物學家林南(Karl von Loune)以為生物的種是永久不變的。馬的祖宗永遠就是馬，牛的祖宗永遠就是牛。到了達爾文(Charles R.Darwin)看見地質學找到許多古生物的遺骸，他們大多數的生理構造和現在的生物不同；而且年代愈遠的，構造也愈別致。證明生物的種是逐漸改變的。又從生物地理學及比較解剖學等可知生物的變種都是受環境的影響，他就得一個結論，說：現在生物界那許多不同的種並非從不同的祖宗傳下來。同一種古生物的子孫，一支生息在某一系環境底下，就逐漸變成現在的某一種生物；另外一支生息在另外一系環境底下，就逐漸變成現在的另外一種生物了。所以林南是玄學的生物學家，達爾文是辯證法的生物學家。

然而黑格爾和馬克斯的辯證法比上文所舉的例更進一步。上文的例只顯示知識的物件——數學底量，生物學生物的種——是變的。黑格爾辯證法是糾正亞里斯多德(Aristotle)的邏輯的缺點和補充它。亞里斯多德的邏輯建築在思想的三原始定律上——就是同一律：若甲是乙，那麼甲是乙；矛盾律：若甲是乙，那麼甲不能非乙；排中律：甲或是乙或非乙，二者必居其一。這三個原始定律的基礎，全憑"甲"和"非甲"、"乙"和"非乙"之間有一個清清楚楚的界線，然而事實上清楚的界線只在我們語言思想裡底名辭上，有實際名辭"甲"所代表的事物，往往可以再細分作種種等級，和名辭"非甲"所代表的事物連續不斷，中間毫無固定的界線可尋；因此這三個原始定律，以及亞里斯多德的邏輯常發生問題。黑格爾的辯證法就在這地方應運而生。我們無論研究何種學科，它的發展差不多有一定的公式。研究的第一步，從某某時代、某某地域，或者在某種條件底下，得一結論，似乎是某學科的一個定律，一個命題(Thesis)；然而進一步研究，從別的時代、別的地域，或者在別種條件底下，又發現某某事實，得一個推翻前面的定律的結論，一個反命題(Anti-thesis)。這二個結論雖互相矛盾，然而各有它的價值。更進一步，綜合這二個結論，就得一個新結論，一個綜合命題(Synthesis)。這樣反復著正、反、合三個步驟，便是知識進展的公式。依這個公式研究問題，便是黑格爾的辯證法。所以黑格爾辯證法非但著眼在知識的物件變遷，而且著眼在研究物件的知識本身的變遷。

黑格爾是唯心論者，馬克斯卻是唯物論者。他的理論和達爾文的進化論同一個出發點，就是生存競爭。達爾文以為生物的肢體官骸是因他們的生活條件而進化的。馬克斯以為特種生物——人類——的知識也是因他們的生活條件而進化的。所以馬克斯說："決定人類生存的不是人類的意識；反之，人類社會的生存決定他們的意識。"換句話說，生活需要的物質使人類的精神進化，決定人類的精神。這是馬克斯所以稱為唯物論者的理由。馬克斯又說："在黑格爾，辯證法是倒立著的。我們為著要在神秘的外殼中發現合理的核心，不得不把這個倒立著的辯證法調過頭來。"這話的意思是說他把黑格爾的唯心的辯證法改為唯物的。馬克斯特別是應用辯證法在社會科學上的人。不像自然科學、社會科學的物件，尤其如政治、經濟、法律，一向就無人認為不變的。然而社會科學知識的本身，如政治原理、經濟原理、法理等，卻被從前的社會科學家認作永久不變的。所以馬克斯的辯證法便是說明這些知識也不是永久不變，也是隨人類的生活條件而進化。也和黑格爾的辯證法一樣，非但著眼在知識的物件的變遷，而且還著眼在研究物件的知識本身的變遷。

如何說他們的辯證法不徹底呢？玄學的方法生來滿意於現狀，是保守性的、建設的、固守的、主張的。辯證法的方法生來不滿意於現狀，是進取性的、革命的、進攻的、反對的。然而思想家不能只有反對而無主張，實行家不能只有革命而無建設，只有攻而無守，於是乎辯證法就在這些地方自己站不住了。玄學的哲學家以為矛盾是錯誤的證據。黑格爾說："矛盾引導前進。"玄學的哲學家立了種種抽象的結論，認為都是真理。黑格爾說："沒有抽象的真理，真理是具體的。"(俄人查爾內謝夫斯基曾經用比喻來說明黑格爾這個理論，大意說：譬如在播種之後下五個鐘頭的雨，這是非常好的雨；但若在開始收穫穀物的時期繼續下一個星期的大雨，這就是有害的。所以我們不能抽象地說，雨是有利的呢?還是有害的呢?)這樣，黑格爾的辯證法一股腦兒駁倒了玄學的哲學家無數的結論。然而黑格爾自己如何呢？他這幾句結論難道還不算抽象嗎？是否真理呢？他自己站不住了。為甚麼站不住了？因為他的辯證法不徹底。

馬克斯是無產階級革命的宣導者。他當然要利用這個革命武器——辯證法。所有現行的法律、經濟、宗教、道德、風俗、習慣，無一非產生在封建時代到資本主義時代那一個期間。大部分有利於資產階級，極少是有利於無產階級的，所以是無產階級革命很大的阻力。現在馬克斯有了這犀利的武器，便能毫不費力地把這些勞什子一股腦兒推翻了。這是無產階級革命何等痛快的一椿事？難怪馬克斯把它看做共產主義的一件法寶了！然而攻破了資本主義，革了資本主義的命；怎樣守？怎樣建設呢？馬克斯在《資本論》第二版序裡說："辯證法對於資產階級及他們的空論的代辯人卻是一種苦惱，一種恐怖；因為辯證法在現存事物的肯定的理解之中，要對現存事物否定，就是同時又包含著它必然的沒落的理解之故。"這就是我前面說的，辯證法是革命的、進攻的。然而辯證法對於無產階級，對於他們的共產主義如何呢？"因為辯證法在現存事物，肯定的理解之中，同時又包含著它必然的沒落的理解之故"，"對於資產階級及他們的空論的代辯人"是"一種苦惱，一種恐怖"。……他在《哲學之貧困》第二章說："勞動階級解放的條件，是一切階級的廢止，僅在再沒有階級與階級對立的狀態內，社會進化才是不會有政治革命。"又在《新時代》第九卷第一部裡，更躊躇滿志地說："到了由於分業的各個人的隸屬，並精神的勞動與肉體的勞動的對立消滅了，勞動不僅是生活的手段，且變成他自身第一的生存欲，伴隨個人一切方面的發展，生產力亦同時增大起來，以及共同組合的一切財富的源泉能滾滾不斷地流出的共產主義社會的更高度的階段時——此時才是完全的超越狹隘的資產階級的權利的眼界，且社會是在其旗幟上高高地寫著：各盡所能，各取所需。"因為他認為到那時候"在現存事物的肯定的理解之中"同時不復"包含著它的必然的沒落的理解"之故；所以他還不惜把全世界人類幾十年的長期戰禍做代價，來博取他的理想的辯證法的唯一例外的共產主義。試看他在自由貿易問題演講結句說："總而言之，商業的自由制度，促進了社會革命。諸君，只有在這種革命的意義上我是贊成自由貿易。"又在凱侖共產黨事件(一九一四年柏林版)裡說："我們要向工人們說，諸君不單是要變更周圍的環境，而且還要變化諸君自身，這就必要經過十年、二十年、五十年之久的國內戰爭及國際戰爭。"……

如何說佛教卻是徹底的辯證法呢？這個問題應分兩步說

明：第一、佛教何以是辯證法？第二、佛教何以是徹底的辯證法？

佛教的世界觀總括在《涅槃經》諸行無常偈上半偈“諸行無常，是生滅法”二句中，別處不過發揮這兩句的意思。把這兩句譯成現在通行的文字：諸行便是一切精神現象、自然現象的總名，“常”便是永久不變；所以諸行無常這句便是說一切精神現象、自然現象都不是永久不變的；和上文所說辯證法的世界觀一般。生滅是“生住異滅”四相的省文。生便是發生，住和異便是發展。住是互相適應的發展，異是互相矛盾的發展，滅便是消滅。又和馬克斯主義者蒲列哈諾夫(Ple khanov)所說“辯證法是在發生、發展、消滅上觀察現象的方法”(《史的一元論》第五章)符合。又各派玄學的哲學家和宗教家各有他們的理論。或說宇宙是二元的、或說宇宙是一元的；或說宇宙是唯物的、或說宇宙是唯心的；或說有絕對真理、或說無絕對真理；或說本體和現象是同、或說本體和現象是異，他們都認自派的理論為是，敵派的理論為非。基於亞里斯多德的邏輯、思想的三原始定律——佛教總稱這些理論為“邊見”(參看本書第十六章第二節)，惟有遠離一切邊見的才是正見。一切邊見都是玄學，遠離一切邊見的正見，才是超乎思想三原始定律的辯證法。

依辯證法沒有抽象的真理。然而無論哲學家、自然科學家、社會科學家，他們的企圖無非是要從他們所研究的物件裡面求出種種定律。這些定律便是他們所認定的真理，而且沒有不是抽象的，所以都不能不和辯證法矛盾。不但別的哲學、科學如是；辯證法的本身也不能不和它自己矛盾，這是黑格爾、馬克斯及任何哲學家、科學家都不能免於辯證法地不徹底的緣故。無論怎樣地描寫、怎樣地思維，都不能免於辯證法的不徹底。所以徹底的辯證法決不能用語言文字描寫，決不能用意識思維。這便是佛教的"無分別智"(參看本書第二十章"慧學")。無分別智是不能用語言文字描寫，不能用意識思維的。所以佛教是徹底的辯證法。

　　然而佛教的無分別智，既不能用語言文字描寫，不能用意識思維；那麼除了一個空名之外還有甚麼？這個無分別智還有甚麼用處呢？不！無分別智雖不能用語言文字描寫，不能用意識思維，卻不止是一個空名。我們可以依佛教的方法，訓練自己的身心，有一天工夫到家，那個無分別智就了了現前。至於訓練的法門，大旨雖都是一樣，細別尚有種種不同。誰應該如何訓練？是要看他的個性而定的。本書第十七章資糧位的三種磨煉，加行位的四種尋思，就是許多法門之一。另外還有無數別的法門；有的是偏的、漸的，有的是圓的、頓的。這裡面至圓至頓，然而卻很難不發生誤會的，是禪宗參禪的法門；就是把一切問題放下，一心參究這"不能用語言文字描寫，不能用意識思維的徹底的辯證法"到底是甚麼。我們的辯證法所以永遠不能徹底，病根全在我們一天到晚被語言文字意識的羅網罩住了而不能擺脫。現在只要依這個法門參究，參來參去，參到火候純熟，便能突然透過語言文字意識的羅網，徹底的辯證法就現前了。為何這個法門很難不發生誤會呢？因為我們一向在語言文字意識底羅網裡慣了；非但透不過這個網，而且還不容易認識這個網。黑格爾、馬克斯向前面一看，認識這個網了；然而向他們自己腳底下一看卻還不認識。他們自以為透出網外了，其實依舊站在網裡；所以他們的辯證法不徹底。參禪的人一百個之中有九十九個，自己以為透出網外了，其實還在網裡，還是被語言文字意識罩住，所以說很難不發生誤會。讀者當知，我雖竭力描寫透網，但我的描寫仍是語言文字，仍不過是網；所以真透網的境界，也透過我的描寫，這樣就叫頓悟。頓悟的人，雖不能把他自己的境界用語言文字告訴別人；然而見地高超，機鋒敏捷，別人固然不及他，他自己也前後判若兩人，這是禪宗頓悟最普通的一種效驗。修別的法門也可以得同樣的效驗，然而參禪得悟的人尤其多。

總之，語言文字、科學是相對的、玄學的；而現實的宇宙哲學是絕對的、辯證法的。西洋哲學家或立二元論、或立一元論、或立唯物論、或立唯心論，無非想用科學的知識，玄學的方法，說明辯證法的宇宙。元鑿方柄，無怪聚訟紛紜，莫衷一是。我們從徹底的辯證法的佛教眼光看來，真是笑話。近代自然科學特別發達，自然科學是物質的科學，用物質的科學的知識測度哲學，這個哲學不消說是唯物的。他們便貿然根據這種見解立無神論，反對一切宗教。說宗教和科學矛盾，斷定它們是錯誤的。……

說到宗教和科學矛盾，這其間有二種矛盾，不可混為一談。如創世紀說上帝六日間創造世界、日月星辰、動植物及人；顯然與現在天文學和地質學的證據矛盾。這可以說宗教和科學矛盾。如自然科學家只研究質和能，他們雖然也研究有機化學和解剖學，然而有機化學和解剖學所研究的仍不過質和能；雖然也研究實驗心理學，然而實驗心理學所研究的仍不過外面的質和能，對於感官的刺激和肢體對於外面的質和能的行為，以及刺激和行為的相互關係，總之他們本來只研究物質，並不研究精神，現在他們武斷地立唯物論，這實在是科學家的空想和哲學矛盾，並非哲學或宗教和科學矛盾。現在說到佛教，除了第二種矛盾以外，很少和科學矛盾的地方，並且有許多地方和科學不謀而合。不過佛教是宗教，它的目的和科學不同，所以內容可以互相比較的地方不多。我曾經詳細研究，它們彼此重迭的區域大概屬於哲學、天文學和生理學三科。

佛教的哲學，最重要的便是上文說過的辯證法。佛教非但和黑格爾哲學不謀而合，且比黑格爾哲學更徹底。此外還有佛教的"真如"，就是斯賓諾莎(Spinoza)的實體(SubStantia)、康得(Kant)的物如(Ding an Sich)、謝林(Schelling)的絕對、黑格爾的理性。它和他們幾位哲學家所說的一樣，是萬有的本體，又是絕對、又是理性、又是真理。然而哲學家對於這個不過是推測。佛教入"見道位"(參看本書第十七章)卻是親證真如(佛教用這"證"字意思和"見"字差不多，並非作推論解)。所以佛教哲學大旨和近代西洋哲學彷彿，而精密過西洋哲學好幾倍，限於篇幅，我不能詳述了。

佛教的天文學，稱我們所居之地叫"四天下"。四天下之中有"須彌山"，須彌山四面有東南西北四大洲，最外有"鐵圍山"，日月眾星繞行須彌山腰，日光被須彌山遮成夜。日在須彌山南，北洲夜半，東洲日沒，南洲日中，西洲日出，日在他處類推。南洲人的西方，西洲人以為東方；西洲人的西方，北洲人以為東方；北洲人底西方，東洲人以為東方；東洲人底西方，南洲人以為東方。我們倘使把須彌山當地球，須彌山頂當北極，須彌山腰當赤道，鐵圍山當南極講，那麼上面說的，就和新知識一般無二。佛經上又說：大地依水輪，水依風輪，風依空輪。倘使把我們住的一點算作地的上面，經過地心到地球對面的一點算作地的下面；那麼地球就好像安放在對面的海水上面，海水又安放在對面的空氣層上面，空氣層安放在真空中。水輪風輪可以當水球空氣球講。又前面講的日月繞行須彌山腰，下有一句說明:因眾生業力持日等令不墜。這裡講的水依風輪下亦有說明：眾生業力持令不流散。佛教說自然定律是眾生共業，所以第一說可以作離心力講，第二說可以作地心吸力講。這樣也完全和新知識符合。

又佛教一千個四天下叫"小千世界"。一千個小千世界叫"中千世界"。一千個中千世界叫"大千世界"。我們所居住的這個小千世界叫"娑婆世界"。娑婆世界之外還有無量無邊的三千大千世界。現在天文學說：一顆顆恒星都是太陽，都被行星圍繞。一顆顆行星都是地球。佛教雖未曾這樣明說，然而四天下既明明是地球，那麼小千世界差不多是太陽系。因為我們的太陽系有几個行星和幾百個小行星，別的恒星周圍或許有更多的行星；所以這樣講是很妥當的。中千世界應當是許多太陽系的小集團。現在天文學雖然還沒有這樣的證明，卻也沒有這種小集團不存在的反證。三千大千世界明明就是天河全恒星系統。而無量無邊的別的三千大千世界明明就是別的星雲。佛並且說世界不是永久不變的。它有"成住壞空"四個時期。成的時候空中先起大重雲，注大洪雨，經過極長時期，有大風吹水生泡沫，成須彌山等。和康得的星雲說恰合。大重雲便是氣體的星雲，大洪雨便是一部分氣體凝成的液體，風吹水成泡沫便是液體凝固體的地球等。

生理學是物質的科學。然而佛教是綜合物質和精神的宗教，所以我發現有和生理學不謀而合的地方。自然科學所研究的質和能，佛教稱"色法"(參看本書第二章)；這個宇宙或自然界，佛教稱"器界"；我們的身體佛教稱"根身"；器界和根身都是"阿賴耶識"的"相分"(參看本書第八章)。"根"就是感官，"眼根"就是眼睛，"耳根"就是耳朵，餘類推。然而佛教說根還有二種：是別人看得見的，譬如像葡萄的眼、像荷葉的耳，叫做扶塵根，不能發識(就是不能生感覺)；一種是別人看不見，卻能發識，叫做淨色根(參看本書第十章)。我們把唯識哲學和生理學一比,可見淨色根便是感覺神經(參看本書第二章),因為它們是色法(物質),能發識(生感覺),而別人看不見,又佛教說八個識生的時候都有四分(參看本書第六章)。現在單講"前五識"的相分:前五識(即五種感覺)生時,依五淨色根(即五種感覺神經),緣阿賴耶識相分器界(即自然現象)為"本質"即"疏所緣緣",變"影像"為五識相分,即"親所緣緣"(參看本書第十一章末節)。此處五識相分即五識親所緣緣,明明是指眼睛裡網膜上的倒影,耳朵裡毛細胞的震動回應等。因為是依五種感覺神經,托自然現象做本質,變起的影像,說得很明白的緣故。

上面所舉都是從佛說的經和菩薩造的論上摘下來的重要證據。確確鑿鑿同新知識不謀而合,一些也不牽強附會。另外還有一句兩句的,不勝屈指,從略。天文學上哥白尼(Copernicus)創地繞太陽之說,牛頓(Newton)又創天體力學說明它,還不過是理論。而一八四六年法人來勿利爾(Leverrier)從天王星的運動算出未發現的新行星軌道。柏林天文臺助理迦勒(Galle)依他所算的結果,在離算出的經緯度不及一度的天空尋得海王星,這是哥白尼和牛頓的理論鐵證。科學家所稱道不已的。現在我舉出新知識和佛教不謀而合的這些證據——尤其前五識相分明明說出是自然現象本質上的影像——實在不比天體力學所算出的海王星遜色。可見佛菩薩的神通決不是假話。

至於佛教和新知識不合的地方,固然也不是完全沒有。最說不通的是北洲福報,人壽千歲,無有中夭等。我上面證明須彌山是地球,四洲在一個地球上。然而本書第十四章說現在的五大洲只是一個南洲,幾年前讀興慈法師的二課合解,也說四洲是四個球。不知此說何人所創？猜這位先生的意思，大概就為避免北洲福報和現在事實的矛盾；然而避去了這一個矛盾，卻把許多本來不謀而合的地方都變矛盾了。記得從前批評有人把好文章改壞的，說點金成鐵。現在把一洲作一個地球講，未免點金成鐵了。所以我不贊成這個講法。我以為上文許多證據已足夠表示佛教的價值了。至於少數矛盾的地方像北洲福報之類，可以下面幾種理由解釋它們。

一、佛雖有神通，無所不知，然而他是對當時群眾說法，自然不能不理會當時群眾的知識。前面講須彌山和四洲，雖然我們用新的眼光看它，覺得和地球繞太陽的理論很貼切。但是用舊的眼光看它，以為地是平的，也不覺得有衝突。這是所謂佛的善巧方便，又叫做密意。倘使佛不這樣說法，卻說地像一個橘子，浮在太虛中，上下周圍都有人住。只怕當時立刻就有極大多數的人不相信他了。所以他的話不過影射一些新知識，並不能明明白白地照現在的話說。這樣遷就聽眾的演講，我們平常亦常用。比方普通力學講沒有重量，絕對堅硬的杆，就是這個道理。

二、現在的知識，也不過是現在短期間的知識。例如哥白尼以前的人都以為地是不動的，日月星是繞地運行的。自從哥白尼創了地球繞太陽的新說，後來的人就說地是動的，太陽才是不動的。再後來又有人發見太陽和恒星彼此的地位關係也有變更，又說太陽也是動的。然而愛因斯坦(Einstein)創新相對論說明動靜只是相對的。於是乎岸上的人看見船動說船動，雖然不錯；而船裡的人看見岸動說岸動，也比說船動妥當些。同樣地球上的人看見日月星東升西沒說日月星繞地運行，也比說地繞日運行妥當些。因此倘使佛明說地繞日運行，也只能使哥白尼以後，愛因斯坦以前四百年間的人認為妥當。哥白尼以前的人固然不表同情，愛因斯坦以後的人也不表同情。其餘一切科學理論也不免受一樣的時代性所限。所以三千年前的佛所說的法，當然不能完全和現在短期間的知識相合。

三、佛本非大學教授。他的動機不是要教人學天文地理。所以不能把現在的天文學、天體力學、天體物理學、地文學、地質學，甚至一切的自然科學一股腦兒搬出來。他偶爾談天說地，無非為宣教起見。和文學家做詩，藝術家繪畫一樣，不妨一會兒用科學新知識做資料，一會兒又用神話舊傳說做資料。因為他沒有這個需要，所以不必完全照現在的新知識說。

四、佛經是佛說出來，大眾聽在耳朵裡；等到佛入寂之後，大眾重開法會，結集下來的。但那時候還沒有印刷術，輾轉抄寫很不容易。況且要再經過翻譯方始傳到中國，裡面錯誤的地方當然難免。並且和別的古書一樣，被人妄改，甚至於造偽經攙進去，都在意中。如許多部經，曾經先後譯過幾次的，往往幾個譯本互有出入。可見必有錯誤攙改的地方。又如尊者世親造《俱舍論》(小乘論)，分別世品說器世間，並存諸師異說，而甚少引佛說的地方。可見現在阿含部經(小乘經)說器世間安立，是否全出佛口親宣，亦不敢說定。

有上述的四種理由，所以這和新知識矛盾的少數地方，決不至於影響佛教的真價值。這是我應美權先生之命，對於佛教宇宙觀的解釋。我的意見然否？還請美權先生昆仲和讀者指教。

廿二年十二月七日

附錄三：“正信者”的情懷*

周啟晉

秋日的斜陽穿過窗坎，把點點碎金拋向房中，映得壁上新掛出的四條屏更加神采異常。書桌前的我，久久凝視著這一切，似乎希望能更多的回憶起點什麼，又仿佛什麼也想不起了。那麼遙遠，又像近在眼前。也許這便是“惘然”，如薄暮將四周籠上一層淡淡的哀愁。

書寫這四條屏的是我的高祖玉山老人周馥，至於它們是何時，又為何從家中流失，我想今天是誰也說不清了，該是動亂所至吧。有緣的是，日前友人告訴我，海王邨文物店有四屏書法出售，可能與我周氏家族有關。趕去一閱，果然。流暢的行書，寫的是范石湖的詩。更可貴的是上款題為“夔孫留玩”，明夔是先祖父叔迦先生的名字。亟為買下裝池後，便掛在我的小書齋裡了。三十幾年之後，像是又和祖父面對面。逝者如斯，能不懷感。剎那間，往事有如一首樂章綿綿撲面而來。有高亢昂揚，也有低回婉

---

* 本文乃周叔迦居士長孫周啟晉先生為《周叔迦佛學論著全集》（全七冊，中華書局，2006年12月）所作的“後記”。——編者注

轉。只是低回處，從今又添更多思念罷了。

先父紹良先生是家中的獨子，我也是。所以，從小便經常和祖父母住在一起。至德周氏在家庭傳統上，禮教的意味很濃。聽長輩們說起當年祖父輩同曾祖周學熙談話時，是不能有座位的，話講完了，還要倒退出門。今天看來實在太"恐怖"了。可是到了我們這一代，在我的印象裡，爺爺卻永遠是和顏悅色、慈愛異常的。現今，每談起先祖父，家姐啟琇總是淚眼婆娑。七十年前，未滿四十歲的祖父同甫及稚齡的長孫女之行樂圖，可能是人所共知的佛學大師對於生活的另一解讀吧！

祖父確很疼愛我們。記得 1964 年我讀大學時，不幸患上肝炎，住在祖父母處養病，爺爺每天下班都必來房中看我。舐犢情深，猶在眼前。不久，"文革"劫至，城西老宅的一切皆化為飛煙。祖父母也被趕到一間陰暗的小屋裡居住。因摧殘太甚，祖父患了尿毒癥，漸到晚期，又無醫療條件。那時我正要下鄉，臨行之前去探別老人。因生活費奇窘，只能買了四隻蘋果奉上，寓盼祖父平安，但心知此去生離死別。後來聽祖母說，我走後，祖父久久不忍食之，並多次歎道："這是我孫子給我買的蘋果……"幾個月後，噩耗傳來，一生慈悲為懷的祖父在那間小屋裡悄然故去了。

那是 1970 年的 1 月，正值"文革"中期。先父因在幹校接受審查，未能獲准返京奔喪。而先祖父又為未定性的"黑幫"，故不能下葬。小妹啟瑜等陪伴遺體在那冰冷的小屋裡停了七日，幸得周恩來總理批示"登人民日報，火葬送八寶山革命公墓，不舉行儀式"，故世的老人才算有了在"另一世界"的安寧。

直到中央批示下達，我經過發瘋似的抗爭，才獲准回京。可先祖父的遺體已火化，終未能見上最後一面。記得送葬的那一天，天是那麼的晦暗，滴水成冰，北風凜冽，卷起滿階枯葉。先祖母因悲傷太過，不克前往。大家姐啟琇因驚聞噩耗早產了。只有我和二家姐啟璋給老人送行。空曠的八寶山，寂寂的仿佛只有我們兩個手捧骨灰的人，慢慢的、一步步的走向靈堂，淚灑滿面而渾不自覺……多少年過去了，但那一切仿佛都刻在了心上。有時我甚而很怕去回首，索性讓時間的灰塵把所有痛楚的往事都淹沒掉。但提起筆來，卻依舊覺得心在流血。這種撕心裂肺的感覺，但願我們的後代再也不用重複了。這也可算作我們這代人的一種"財富"吧。

先祖父逝世時，我還是個小青年，於今已年過六旬。對祖父更深刻的認識，

我想應該是始於他身後。也是伴隨自己在生活上的波折而逐漸加深的。按照我今日半通不通的理解，先祖父一生所追求的佛學從某種角度上大概可以區分為出世和入世兩部分。

可謂出世者，便是對佛家崇高理想境界的追求而超脫世俗。當時先祖父作為中華民國兩任財長、工商業巨擘"北周"之子，投身佛教事業，其本身便是一種極大的超脫。這讓我想起幾件小事：記得在上個世紀六十年代初，有一段時間爺爺回家時總顯得悶悶不樂。當時，還是一個小孩子的我向他問起時，他只是苦笑著說被"批判"了，至於為什麼，他說是因為他講了佛教是"七層寶塔"，而當時的主流說法是"三層"之故——在當時極其嚴酷的政治氛圍中，其結果是不言而喻的。又一次，在先祖父靈骨移葬時，聽他的學生、弟子們講起，他為了支援佛教事業，甚而賣掉了自己的住宅。在先祖父身後，我還聽到過許多這樣的故事。至今，佛教界許多老人還以"大功德""活菩薩"稱之。我想這樣的評價對畢生

追求佛家理想的先祖父，應是一種安慰。

在入世度人方面，先祖父一生的實踐，也貫穿了慈悲為懷、普度眾生的信念。讓我印象最深的是，在他故去後，我去中國佛協辦理手續，遇到了一位淳樸的老廚師，當他聽說我是叔迦老人的孫子時，趕上前來，緊緊地握住我的手不放，不停地說："感謝你爺爺，沒有他，我沒便沒有今天。"當時我忙回答他："要感謝共產黨，毛主席。"可他卻說："他們也管不了那麼許多，我還是感謝你爺爺。"搞得我啼笑皆非。後來聽人說起這位普通的老人一生都受到先祖父的關心，多次幫他安排工作，以至安享晚年，所以對先祖父終身不忘。

先祖父移靈時，有一位年過八旬的張姓老人，匆匆趕到玄中寺山上。他對我說起：他原來是一文盲，故初到佛學院時，先祖父即安排他半工半讀，始而補習文化，繼之教以佛教知識，從而終成學人。在談起"老師"及往事時，老人泣不成聲。

先祖父生前，曾在各大學執教，如北京大學、清華大學、輔仁大學、中國大學等七所大學。所以，他的學生可謂桃李滿天下。他的學生中央民族大學教授蘇晉仁先生生前曾有這樣一段回憶："周先生的講課跟別的教授比，有一個很大的特點，就是他不要報酬，也不收鐘點費。他純粹是憑著自己的理想和興趣，去大學教授佛學思想，是自願地去到大學裡服務和貢獻的。我記得那時他在北大紅樓講課，那是民國二十三、四年左右，當時有一份報紙，是《華北日報》還是《世界日報》記不清了，報紙上有一篇小文章，文章記了一段叔迦先生在北大上課的事情。文章裡說周先生很樸實，很隨便的，他穿著一件長衫去上課堂，有時下午還有課，他也不回去，就在北大紅樓門前的小飯館隨便吃一點東西。他在生活方面是很隨意、很自儉的，一點也不講究，一點也不鋪張，完全沒有世家公子的氣息和作風。這在當時是很令人驚異，很讓學生讚歎的！"

在"紀念一代佛教文史大家周叔迦誕辰一百周年——蘇晉仁先生訪談錄"中，有這樣的一段對先祖父總結性評價的對話：

程（按：即程恭讓先生）：最後，有兩個帶有總結性的問題，我想在此提出來。我們在整個訪談中其實都一直在涉及這樣一個問題：如果把叔迦先生放在民國以來的整個現代佛教學術史中來考量，就可以不斷地發現叔迦先生非常獨特。例如他既不像歐陽竟無、韓清淨及後來的呂秋逸等居士，也不像胡適、陳垣、陳寅恪等佛教學者。我個人有這樣的看法：在每一個學者的背後，推動他一生的生活、事業和研究的，往往存在著一種動力。例如在"南歐北韓"那裡，這動力源是很明確的，那些便是開宗作派的意識；而在胡適等人那裡，謀求學術研究上的發現和滿足，這自身也是一種促使他們繼續伸展的動力。

那麼在我們這個談話臨近結束的時候，我不禁要問：叔迦先生既不是有意識地去謀求做一個大大學者，更不是有意識地去謀求開宗立派，可是先生無論是在佛教學術研究還是在推動佛教文化事業的方面，卻又都是一生精進，一生努力的。叔迦先生這一生努力、精進和奮鬥的背後，真正的動力究竟來源於何處？

　　蘇（按：即蘇晉仁先生）：我覺得他是一位真正的純粹信仰者，有許多連出家人做不到的事，他都能做到。這種信仰在佛教裡面是一種正信，這就是一種純粹的毫無私心的信仰，這種信仰使得他為了佛教的學術研究和文化事業，能夠犧牲一切也在所不惜。所以你問他事業背後的動力是什麼，照我的體會，他事業背後的動力就是來源於他純潔的信仰。

　　比方吃素吧。他自己在年輕時就開始吃素，生活很儉樸，經常跟大家一塊吃，有時到廟裡跟和尚一塊吃素。叔迦先生吃素是十分嚴格的，而且終生不渝。這一點並不是小事，近現代許多有名的居士其實都很難做到。

　　這種純潔、真實的信仰貫穿在他的生活中，使得他為人處世的態度就和一般人大不相同。叔迦先生一邊自己研究，一邊也十分注意為別人作鋪路的工作。過去我們常說一句話“甘為人梯”，這句話用在他身上再合適不過的。他是在兩方面施捨：一是法施，一是財施。法施就是把佛教的理論、思想、信念傳達給願意聽的人；財施就是慷慨解囊，支持佛教公益事業、佛教文化事業及佛教學術事業，如向廟裡佈施、培養青年學者等等。一個人偶爾一兩次隨喜佈施是不難的，可是一個人一輩子都能做到"給予"而不"索取"，那就實在是很困難了。在當時北京的廣濟寺、法源寺、柏林寺等幾座大廟裡，都留有"周三爺"的足跡。大廟的供養簿上他一定有份。

我想起一件事情，現在金陵刻經處有一片員工宿舍，原來的宅子也是周家的祠堂，那是周馥做兩江總督時留下的。後來叔迦先生和他的幾個兄弟把這片宅子佈施給了刻經處。

我記得在三十年代，當時的北京佛教界給叔迦先生起了一個外號。《華嚴經》裡不是有善財童子五十三參嗎？大家就給叔迦先生取了個名字叫"散財童子"。所以從佛教信仰的角度而言，他是一位純粹的信仰者。他與人為善，待人隨和而通達。這便是他的動力。

程：和其他一些年輕後輩的學者一樣，過去總有一個困惑，即在近代佛教學術的研究中，總感覺叔迦先生的身份和特點比較模糊，很難把握。今天的訪談幫助我終於消解了這個困惑。其實叔迦先生在現代佛教學術上的貢獻，是可以從兩個方面去評價的。一個方面是他具體的學術成果。比方說敦煌殘卷的辨認，石經的發掘整理，佛教藝文提要的撰寫以及佛教史料的編纂等等，那自然是他個人在佛教學術上可以傳世的貢獻。可是另一方面是他在佛教學術研究上的學科意識。他如此關懷中國佛教學術研究中打基礎的工作，這種關懷其實是和對佛教學術的一種執著而誠意的學科意識、方法意識關聯在一起的。這後一點我現在是愈來愈清晰的感覺到了。這是他學術努力的真正魅力之所在，是他獨具一格的重大貢獻。

綜上所述，先祖父人生最突出的特點，便是他對於佛學純潔的"正信"，是他之所以不同於其他同代學者，也是他取得輝煌學術成果的來源。他的一生，是默默耕耘的一生。正如家母沈又南女士所回憶："他雖篤信佛教，但從不勉強家人信佛，只是以慈愛去感化周圍的人。"故時至今日，在時代滄海桑田的巨變中，他的許多遺著依然散發著巨大的魅力。

又是許多年過去了，改革開放，四海承平。承先祖父的弟子、山西省佛教協會會長根通法師大力協助，並承國家宗教局批准，先祖父的靈骨移葬淨土宗的祖壇——山西交城玄中寺內。並修建一座金剛寶塔為紀念。移葬之日，舉行了隆重的法會，中國佛教協會、北京市佛教協會分別派出代表，五臺山的眾位高僧也到場，追念這位為中國佛教事業貢獻了自己一生的可敬老人。其時，在香煙繚繞中，在悠揚的誦經聲中，我仿佛又看到了先祖父慈祥的面容。老人沒有死，他還活在人們的心裡！

二〇〇六年十月于城南帝京花園